大井赤亥
大園　誠
神子島健
和田　悠
編

池田雄一
小野寺研太
片上平二郎
田澤晴子
丹波博紀
徳田　匡
新倉貴仁
松井隆志
山之城有美
山本興正
著

戦後思想の再審判

丸山眞男から柄谷行人まで

法律文化社

目次

II 戦後思想の相対化

III 戦後思想の新展開

IV——戦後思想の現在

本書で取り上げた思想家12人の比較対照年表

（2015年 8 月時点）

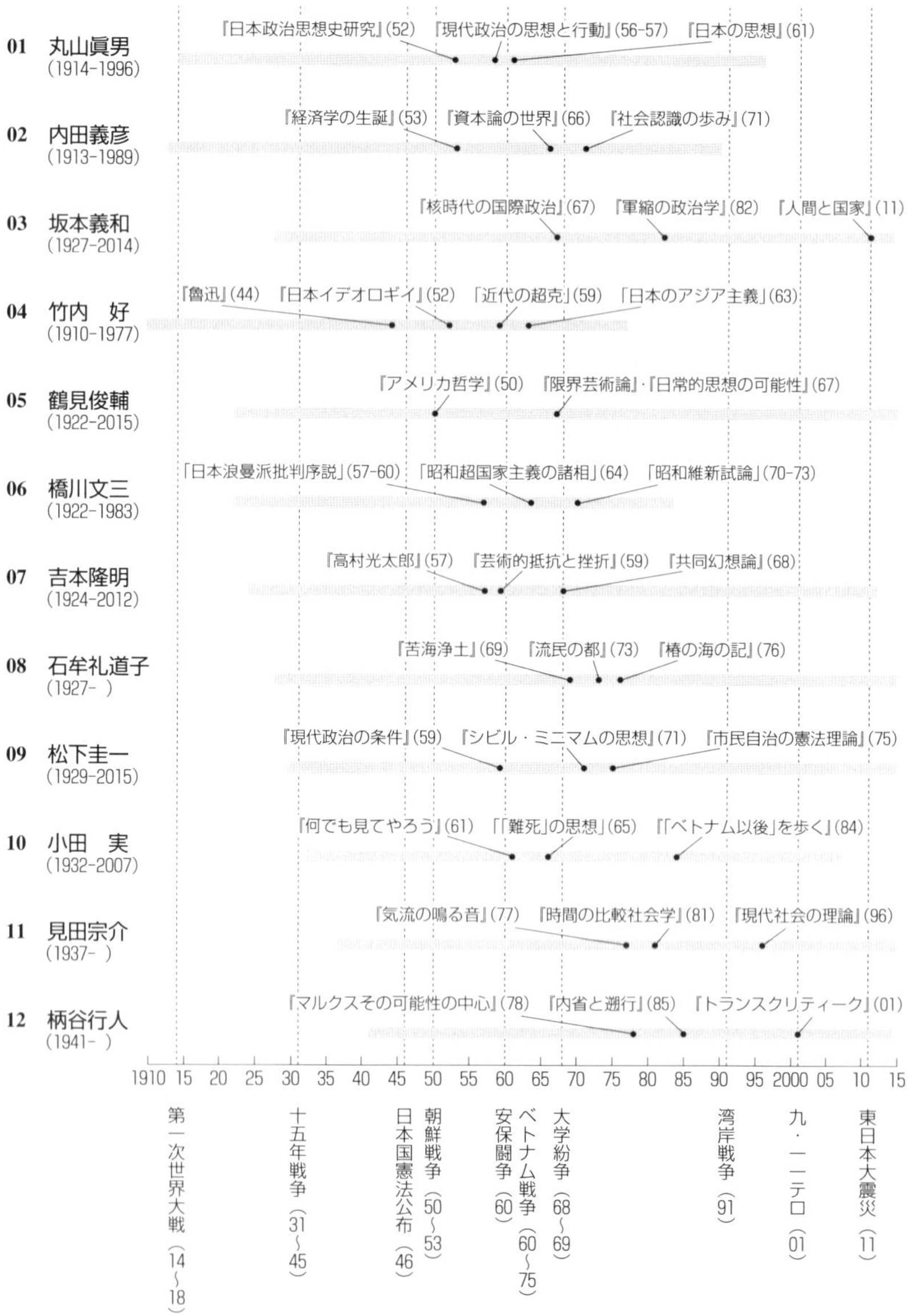

序　いま、なぜ戦後思想か

二〇一五年、日本は「戦後七〇年」を迎えた。本書は、戦後日本が生み出した一二人の「戦後思想家」に即して、戦後思想に関する一つの見取り図を提供しようとするものである。

二〇世紀末の冷戦崩壊以降、グローバル化の進行とそれがもたらす国民国家の相対化、先進諸国における代表制民主主義の機能不全とそれに対する民衆運動の高まり、あるいは「第三の波」「東欧革命」「アラブの春」に象徴される新たな民主化の拡大など、世界の状況は大きく変容している。このような変化は当然日本にも及んでおり、とりわけ現在、新自由主義的改革とそれによって引き起こされる社会不安を復古的ナショナリズムで乗り切ろうとする政治潮流は、戦後日本を支えてきた立憲主義、民主主義、平和主義などの基本原理や価値を、国民的合意を得ないまま、あまりに強引に捨て去ろうとしている。

このような時代状況において、戦後七〇年という歴史のなかで、日本においてそれぞれ独自の思想を展開した戦後思想家の営為を再検討することには大きな意義があると考える。なぜなら、多くの戦後思想家たちが力を込めて論じてきた民主主義、市民社会、平和、人権、連帯などの戦後的価値について、時代状況への対応が避けられない現在だからこそ、その原理に立ち返って再考する必要性があるからである。さらに、「戦後思想」を再考することで、戦後日本において「思想」それ自体が持ってきた歴史的意義（社会を変え時代を前進させていく力）を追体験することもできるのではないだろうか。
以下、本書の標題と問題意識、対象とする戦後思想家の選択基準、本書が意識する先行研究と、それに対する本書の独自性と意義について、順次述べていきたい。

本書の標題と問題意識

「戦後思想」とは、さしあたり戦後日本において一定の影響力と歴史的意義を持っているとわれわれ編者および執筆者が考える思想全般を指す。そのうえで、今回「戦後思想の再審判」を遂行するにあたっての、われわれが共有しようとした問題意識は以下の三点である。

すなわち、①これまでに行われてきた「戦後思想」の肯定的評価と批判的評価の双方をふまえたうえで、現時点でその思想的遺産を再評価し、掬《すく》い出すこと。②「戦後思想」を再評価する際には、広く戦後日本における「近代」の捉え方をめぐり、いわゆる「近代」と「超近代」あるいは「脱近代」を模索する論者を包括的に対象とし、その議論の様々な対立、交錯あるいは共通性などに留意すること。「近代」の捉え方は各思想家の戦後認識を理解する前提として重要だからである。③幅広く現在の若手・中堅研究者に執筆を呼びかけ、その共同作業として、「戦後思想」に対する現時点でのわれわれの問題提起を行うこと。もちろん、このような視点から戦後思想を「再審判」することは、本書が示した戦後思想解釈が後に「再々審判」されることへの可能性にも開かれている。

対象とする戦後思想家の選択基準

本書が対象とする戦後思想家を選択するにあたっては、丸山眞男など戦後思想を代表する思想家はもとより、既存の研究では必ずしも戦後思想家として考察の対象とされてこなかった知識人や、アカデミズムの領域にとどまらず活躍した作家や評論家、それぞれの持ち場から行動を通じて言葉を紡いだ市民運動家をもできる限り包括するよう試みた。それによって、戦後思想に対する本書独自の俯瞰図を提供できると考えたからである。

そのうえで、「戦後思想」を立ち上げそれを擁護し啓蒙する役割を担ってきた思想家を「第一世代」（本書Ⅰ）、これに対峙し「戦後思想」を批判的に相対化しようとした思想家を「第二世代」（本書Ⅱ）、「戦後思想」の新たな可能性を模索した思想家を「第三世代」（本書ⅢおよびⅣ）として、一二人の対象思想家を四つのパートに区分けした。そして本編を補うべく、戦後思想を捉えるうえで重要な思想潮流のなかから、「マルクス主義」「沖縄」「フェミニズム」「朝鮮史研究（梶村秀樹の思想）」の四つのテーマを「コラム」というかたちで取り上げた。

本書が意識する先行研究

本書を構成するにあたって、編者たちが意識してきた先行研究が三つある。その一つは小熊英二『〈民主〉と〈愛国〉』（新曜社、二〇〇二年）であり、「戦後思想の巨大タペストリー」（上野千鶴子）とも評される同書は、膨大な文献にもとづく浩瀚《こうかん》な戦後思想研究である。「戦後思想は戦争体験の苛酷さから生まれた思想である」と捉える同書は、戦後日本思想研究の嚆矢《こうし》ともいえる久野収・鶴見俊輔・藤田省三『戦後日本の思想』（中央公論社、一九五九年）で提示された戦後思想における「戦争体験の重要性」というテーゼをさらに深め、戦後思想を相対化する作業を行った研究であるが、われわれとしてはさらに積極的に戦後思想を再評価し、その展開可能性を掬い上げるスタンスを示したつもりである。

いま一つは、岩崎稔・上野千鶴子・成田龍一編『戦後思想の名著50』（平凡社、二〇〇六年）であり、同書は「戦後啓蒙」を批判的に相対化しようとした世代の作品を圧倒的に多く取り上げている点に特徴があるが、われわれとしては、「戦後啓蒙」の肯定的遺産とも向き合いながら、戦後思想研究がその次の段階に進むためにはどうしたらよいかを意識した。
以上の三つの著作は、編者たちが特に意識し、影響と恩恵を受けてきた先行研究であると同時に、乗り越えようとして定めた壁でもある。

本書の独自性と意義

これらの著作や先行研究と比較したとき、本書の独自性と意義がどこにあるか、簡潔に指摘しておきたい。まず本書は、企画開始時に存命中であるが対象化可能であると判断した思想家を意識的に取り上げ、それによって戦後初期から現在にかけての戦後思想の全体像を提供しようと努めた。

また本書は、各章については思想家をめぐる個別論点を深めるという点で専門論文の性格を維持しながら、全体を通じては戦後思想全体の見取り図を提供しうるように工夫し、大学等の授業でも活用できる「戦後思想」への入門的テキストになるよう努めている。その意味で本書の独自性・意義は、日本の「戦後思想」という学問領域を確定しようとする初の論集をめざした点にあると自負している。

最後に、本書の執筆者の多くは、二〇一四年（丸山眞男生誕一〇〇年）に、全国各地の若手・中堅研究者らで立ち上げた「丸山眞男研究会」のメンバーでもある。同研究会には、それぞれの専門分野は異なるが、「戦後思想」の遺産を再検討し、その内在的な理解をふまえて、それらを批判的に継承していくことに強い関心を持つ者が集っている。

戦後日本が歩んできた歴史といまおかれている現状をどう捉え、今後の日本をどのような国にしていくべきか、政治家や専門家だけでなく市民のあいだでも様々に異なる見解が交錯するなか、いま日本はまさに歴史的分岐点に立っている。そのような時代状況において、専門化・権威化された知ではなく、それぞれ個々人の視点から戦後という時代に鋭く切り込もうとした「戦後思想」はいまこそリアリティを増しており、その真価が問われている。われわれなりの立場からあらためて「戦後思想」を読み解き、その可能性を論じようと試みた本書の問題提起が、広く読者にも伝わることを願っている。

【大井赤亥・大園誠・神子島健・和田悠】

I

戦後思想の出発点

01 丸山眞男——日本発の「普遍的主体」像をめざして

まるやま・まさお（一九一四-九六年）政治学者・政治思想史家。著作に『日本政治思想史研究』『現代政治の思想と行動』『日本の思想』など。

はじめに

丸山眞男は、戦後日本を代表する政治学者であり、日本政治思想史を専門分野とした研究者である。ただし、丸山自身は「政治思想史家」と自己規定することを好んだ。

丸山が亡くなった一九九六年に加藤周一は「戦後日本は丸山眞男から始まった」（朝日新聞コラム「夕陽妄語」一九九六年九月一九日夕刊）と書いた。戦後日本は丸山眞男から始まるとは一体どういう意味だろうか。たしかに丸山は、戦後日本が語られる際に、国内・海外を問わず、これまで最も多くの人々に言及されてきた思想家の一人である。その意味で丸山を「戦後思想家」の一人として取り上げることに異論はないだろう。なぜ丸山は、それほど参照され続けるのだろうか。また、丸山が語られる際に、それを擁護する側も批判する側も、ある種の「独特の熱気」（苅部 2006：3）を帯びることが多いともいわれる。丸山を語るとき、人はなぜ熱くなるのだろうか。様々な問いが湧いてくるが、本章では、それらの疑問に対して、丸山の人生の軌跡と、その代表的な業績を読み解くことで、筆者なりの結論を導き出したいと思う。

その際に最も注目したいのは、丸山の問題意識である。丸山が最も重要であると考えた問題とは何なのか、その問題意識は変化したのか、あるいは変化しなかったのか。本章では、丸山眞男の問題意識に焦点を当てることで、丸山という「戦後思想家」の魅力と歴史的意義の一端を明らかにしていきたい。

まずは、丸山の人生の軌跡を簡単に見ておこう(1)。丸山は、一九一四年三月二二日、父・丸山幹治、母・セイの次男として大阪に生まれた。その後、七歳で東京に転居、九歳で関東大震災を経験、東京府立一中（現・日比谷高校）から第一高等学校（一高）、東京帝国大学法学部政治学科に進学した。父幹治は戦前日本を代表するジャーナリストであり、その父の友人には長谷川如是閑らがいた。また、母セイの異父兄には、国粋派の井上亀六がおり、日常的に右翼たちの姿を見かけたという。政治的に右から左まで異質な思想を持つ多様な人物と身近に接する、当時としてはかなり特殊な家庭環境に育った。丸山の進路は一見すると「典型的エリート」のように見えるが、映画・演劇・音楽などに没頭した時期もあり、受験にも失敗している。

特筆すべきなのは、高校時代の二つの事件だろう（松沢・植手編 2006）。一つは、丸山が如是閑の講演を聴きに行き検挙・拘留された事件であり、以後戦争が終わるまで特高刑事や陸軍憲兵隊から思想犯被疑者として長く監視下におかれた体験を持つ。もう一つは全寮制の一高で寮委員を務めていたときに起きたストーム事件である。この二つの事件は、一方では戦前の「恐怖」の記憶として、また他方では、肝心なところで「弱さ」を露呈した自分自身を自覚させる体験として、丸山に刻まれた。丸山の人間理解や後の「他者感覚」につながる「原点」となったと考えられる(2)。

一九三七年東京帝国大学法学部卒業。法学部助手に応募、採用された。政治哲学者の南原繁に師事する。西洋政治思想史の専攻を希望していた丸山だが、南原からは「日本の伝統思想あるいは中国古典の政治思想」を研究するよう強くすすめられ、不本意な専攻の変更を余儀なくされる。ここに「日本政治思想史家」丸山が誕生する。一九四〇年には助教授となり、新設の東洋政治思想史講座を担当する。

一九四四年七月、三〇歳の丸山は陸軍二等兵として応召。朝鮮平壌に派遣された丸山は、二か月後、栄養失調から脚気となり入院、召集解除となる。四五年三月には再び召集を受け、広島県宇品の陸軍船舶司令部に配属される。同年八月六日、同地で被爆している。特に軍隊体験は、戦後数々の日本政治分析に結実する。

一九四五年八月一五日、日本敗戦。同日、母セイが亡くなったことを後日電報で知らされる。復員後は、研究を再開。一九四五年から一九五〇年代にかけては、丸山が「悔恨共同体」と名づけた、戦争への反省と悔恨を共通心理として持つ多くの知識人たちと交流した。(3) 一九四六年に雑誌『世界』五月号に「超国家主義の論理と心理」（丸山 1946b→1995）を掲載したところ、驚くほどの反響があり、一躍「戦後民主主義の旗手」と見なされるようになる。丸山の研究者としての業績を見ても、この時期が最も充実している。(4) この時期には、大塚久雄、内田義彦（⇒02）、川島武宜、吉野源三郎、清水幾太郎、日高六郎、加藤周一、鶴見俊輔（⇒05）、橋川文三（⇒06）らと議論し、竹内好（⇒04）、武田泰淳、埴谷雄高、木下順二らとは近所づきあいも含めて親しく交わった。

戦後の丸山にとって転機となった政治的事件は、一九六〇年の安保闘争と一九六〇年代末の学生紛争であろう。前者と後者とでは、丸山をめぐる「世間」の評価は一八〇度転換した。前者では、岸信介内閣による日米安全保障条約改定の強行に対して、日本国内でそれへの反発から大規模な大衆運動が起こり、丸山ら知識人も含め幅広い連帯が実現し、丸山も「戦後民主主義」を擁護する立場から論陣をはった。その一方、後者では一転、当時東京大学教授であった丸山は権威的存在として、学生たちから格好の標的とされ、糾弾されることになる。紛争のさなか、丸山は、「吊るし上げ」のため何度か講義中止を余儀なくされた。その後、体調を崩し入院、一九七一年三月、定年を待たず辞職する。この両事件における差異は丸山を含めた戦後日本の知識人をめぐる興味深い事例を提供している。丸山に対する吉本隆明（⇒07）の批判（吉本 1962-63→2014）などはその後の丸山批判の典型である。

一九七〇年代以降、東大退職後の丸山は、日本政治思想史の研究に本腰を入れ、大きく二つの研究テーマを追究した。一つは「原型＝古層＝執拗低音」論、もう一つが「正統と異端」研究である。「原型＝古層＝執拗低音」とは、日本が様々な外来思想を受容する際に繰り返し現れるある種の「パターン」であり、丸山はそれを突破するにはどうすればよいかという新たな課題に取り組んだ。(5)「正統と異端」研究については、その成果はついに生前に刊行されることなく、未完に終わった。今後の解明が待たれるテーマである。

一九九三年の年末、肝臓ガンが発見され、闘病の末に、一九九六年八月一五日、戦後日本にとって象徴的な日に、丸山は戦後日本の現実と最後まで格闘し続けた八二年の生涯を閉じた。(6)

1　現代日本政治論における「主体像」の模索：「夜店」の研究から

前述のように、丸山本人は、「政治思想史家」と自己規定することを好んだ。そのため、晩年、みずからの研究人生を振り返って、専門の日本政治思想史研究を「本店」、それ以外の日本政治分析などを「夜店」と呼んで区別したことはよく知られている。本章では、この丸山の区別を尊重して、最初に「夜店」に関するもの、次に「本店」に属する研究業績を読み解いていく。これらの考察を通じ、その「夜店」と「本店」双方の分野における丸山の問題意識は一貫していること、その中心には「日本発の普遍的主体像」の確立という課題があったことを示したい。

「近代的人格」という主体

「夜店」に属する文章として、ここではまず、丸山が戦後最初期に発表した「近代的思惟」（丸山 1946a→1995）を見てみたい。このなかで、丸山の「主体」についての認識が明確なかたちで示されているからである。たとえば以下の箇所である。「私はこれまでも私の学問的関心の最も切実な対象であったところの、日本に於ける近代的思惟の成熟過程の究明に愈々腰をすえて取り組んで行きたいと考える。従って客観的情勢の激変にも拘わらず私の問題意識には何ら変化がないと言っていい……我が国に於て近代的思惟は「超克」どころか、真に獲得されたことすらないと云う事実はかくて漸く何人の眼にも明かになった。……私は、近代的人格の確立という大業をまず三＋二＝五という判断の批判から始めたカント、乃至は厖大な資本制社会の構造理論をば一個の商品の分析より築き上げて行ったマルクスの執拗な粘着力に学びつつ、魯鈍に鞭打ってひたすらにこの道を歩んで行きたいと念願している」（丸山 1946a→1995：3-4）。

ここで丸山は、戦前と戦後でみずからの問題意識にまったく変化がないこと、日本において近代は未達成であり、そのような状況においては、最大の課題は「近代的人格の確立」にあると述べている。それでは、丸山がめざした「近代的人格」とはどのような特徴を持つ主体像なのであろうか。

この点を知るために、次に、「日本における自由意識の形成と特質」（丸山 1947→1995）を見てみよう。この論文において丸山は、西洋政治思想における自由観を二つに区別し、フィルマーやホッブズの自由観を「拘束の欠如」、ロックの自由観を「より積極的に理性的な自己決定の能力」と捉えている。そのうえで丸山は、この区別を日本における近代意識の成熟過程を論じる際に活用する。徳川期（江戸時代）思想史は、「拘束の欠如」としての自由観によって理解される。つまり丸山にとってこの時代は、「アンシャン・レジームにおける規範意識の崩壊がひたすら「人欲」の解放という過程を辿った」時代である。したがって仮にこの時代に「自由」が存在したとしてもそれは「拘束の欠如」としての自由にとどまる。そのため、「外部的拘束としての規範に対して単に感覚的自由の立場にたてこもることはなんら人間精神の新らしき規範の樹立へと立向かわせるものではない」との評価が導かれる。丸山にとって「主体」は、新たな規範意識を持つものでなくてはならず、そのためにはホッブズ的な「拘束の欠如としての感性的自由」がロック的な「自己決定としての理性的自由」に転化する「自由意識の飛躍的転化」を遂げなければならない。

それでは、そのような「自由意識の飛躍的転化」という課題は、「明治維新」によって果たされたのだろうか。丸山はそうは考えない。明治維新は「自己決定としての理性的自由」の実現を果たすべきであったが、現実にはそうならなかった。それゆえ、その課題は、なお果たされるべきものとして残されている。だからこそ丸山は、「吾々は現在明治維新が果すべくして果しえなかった、民主主義革命の完遂という課題の前にいま一度立たせられている」と指摘したうえで、戦後日本において「吾々はいま一度人間自由の問題への対決を迫られている」との認識に立つ。そしてそのような自由な主体の実現は決して単なる大衆の感覚的解放ではなく「新らしき規範意識をいかに大衆が獲得するかということにかかっている」（丸山 1947→1995：161）のである。以上のように、丸山のめざした「近代的人格」とは、「自己決定としての理性的自由」の実現を通じて「新らしき規範意識」を獲得するような主体であった。

「高度なプラグマティスト」としての主体

ここまでのところで、丸山の想定する「主体」とは、近代的人格を持ち、日本に民主主義を定着させるためのものであり、新たな規範意識を身につける必要があるものであることが確認できた。では、そのような主体は政治的にはどのような主体として想定されているのだろうか。

この問題を考えるために、ここでは「ある自由主義者への手紙」（丸山 1950→1995）を参照したい。この論文で丸山がまず強調するのが、イデオロギーにもとづく現実把握の問題性である。丸山は、「およそ我々の社会とか政治とかの問題を論ずる場合に、抽象的なイデオロギーや図式から天降り的に現実を考察して行くということの危険性」を主張する。なぜなら「現実の社会関係はつねに具体的な人間と人間との関係であり、その具体的な人間を現実に動かしている行動原理は、その人間の全生活環境――家庭・職場・会議・旅行先・娯楽場等々――における全行動様式からの経験的考察によって見出されるべきもの」だからである。したがって、行動原理は「必ずしも彼が意識的に遵奉しているつもりの「主義」から演繹されるものではない」（丸山 1950→1995：319-320）と指摘する。

それでは、政治における「行動原理」はどのように導かれるべきなのだろうか。ここで丸山が強調するのが、「プラグマティスト」としての主体のあり方である。「僕は少くも政治的判断の世界においては高度のプラグマティストでありたい」。それは、「実践としては、社会・政治の問題がいつも最善（ベスト）と最悪（ワースト）の間の選択ではなく、ヨリましなもの（ベター）の選択であること」を理解し、「いかなる政治的イデオロギーにせよ、政治的＝社会的諸勢力にせよ、内在的先天的に絶対真理を容認せず、その具体的な政治的状況における具体的な役割によって是非の判断を下す」（丸山 1950→1995：332-333）ような主体のあり方である。政治の世界では、常にプラグマティストであるべきという主張は、その後も繰り返し指摘される丸山の不変的立場である。

政治の世界における主体のあり方としての「プラグマティスト」については、「政治的判断」（丸山 1958→1996）でより詳細に論じられている。丸山は「政治的判断」における注意事項を次のように挙げている。①現実を「いろいろな可能性の束」として見て、そのなかにあるいろいろな可能性のうち、どの可能性を伸ばしどの可能性を矯めていくかを政治の理想や目標に関係づけていく考え方が重要なモメントであること。②政治的な選択はいわゆるベストの選択ではなく、せいぜいベターなものの選択、「悪さ加減の選択」（福沢諭吉）であり、政治への過度の期待は、それが裏切られると幻滅・失望・絶望などに転化しやすいこと。③現政権への批判力を大きくさせるために、反対政党に投票するなどの「全体状況の判断」が必要なこと。④広汎な国民のあいだに存在する「正しい意味での保守感覚」の動員が必要なこと、などである。これらの注意事項が、前述した「プラグマティスト」としての特徴と重なり合うことは明らかであろう。

さらに、この同論文におけるデモクラシー観も「プラグマティスト」的な視点を反映したものである点を指摘しておきたい。「デモクラシーの円滑な運転のためには、大衆の政治的な訓練の高さ」が前提であり、デモクラシー自身が人民の自己訓練の場であり、大衆自身が、失敗や経験から学んでいくしかなく、民主主義自身が運動でありプロセスであるという考え方が政治的思考の非常に大きな条件になってくると結論づけている。

民主主義を単なる理念や形式的な手続きとして捉えるのではなく、経験をふまえた「過程の哲学」として捉える点もまた、丸山の大きな特徴である。後に丸山は自分の政治的立場を「永久革命としての民主主義」者と規定するが、その含意はここにある。「高度なプラグマティスト」である主体は、たとえ政治的に敗北したり失敗したとしても簡単にあきらめてしまうような主体ではなく、常に「現実」を見極め、どのような状況におかれても試行錯誤を続ける「主体」なのである。

2　日本政治思想史研究における「主体像」の模索：「本店」の研究から

前節では主に、一九四五年から一九五〇年代にかけての「夜店」の研究における丸山の「主体像」がいかなるものであるかを見てきた。それは一言でいえば「近代的＝自立的個人」であり、政治的にはプラグマティストであることを要求される主体像であったといえる。以下では、その時期とも少し重なり合う一九五〇年代から六〇年代にかけての「本店」の研究において、丸山の主体像がどのようなかたちで練り上げられていくかを見ていきたい。

丸山の日本政治思想史研究はもちろん戦後になってから始められたわけではない。徳川時代を対象とした戦前に書かれた研究論文をまとめたものが『日本政治思想史研究』として一九五二年に刊行された。その「あとがき」において丸山は戦前の研究を振り返りながら、「儒教や国学に対する私自身の理解の浅さ」を認め、「今日から見てまず最も目につく欠陥は、冒頭の中国の停滞性に対する日本の相対的進歩性という見地であろう」と率直に自己反省している。丸山の『日本政治思想史研究』は、徳川時代の朱子学の変容・解体過程を描きながら、その時期の荻生徂徠などの思想に「近代の萌芽」を見出そうとするものであったが、それらを論じる前提に、ヘーゲル的な「中国」停滞認識や、近代主義的な発想が強かったことを自己反省しているのである。では、政治思想史研究におけるいわば「方法論的な反省」を経た丸山は、その後、どのような展開を遂げたのだろうか。戦後の丸山の日本政治思想史研究は、戦前の「近代的主体」という主体像から、独自の方法論的展開を経て、新たな「主体像」の模索へと向かうのである。

座標軸なき日本の思想を突破する「主体」

丸山が日本政治思想史と向き合いながら、新たな境地にたどりつくきっかけとなった論文は「日本の思想」（丸山 1957→1996）である。この「はなはだ茫漠とした」タイトルの論文を書くなかで、丸山は「あらゆる時代の観念や思想に否応なく相互関連性を与え、すべての思想的立場がそれとの関連で――否定を通じてでも――自己を歴史的に位置づけるような中核あるいは座標軸に当る思想的伝統はわが国には形成されなかった」という現実を指摘し、そこから出発するほかない決意を固めた。

この論文において丸山は、日本において新しい思想は次々と無秩序に埋積され、精神的に雑居していくと捉えた。また、丸山は、戦前の天皇制の果たした役割に注目し、以下のように述べている。戦前の「近代天皇制はまさに権力の核心を同時に精神的「機軸」としてこの事態に対処しようとしたが、國體が雑居性の「伝統」自体を自らの実体としたために、それは私達の思想を実質的に整序する原理としてではなく、むしろ、否定的な同質化（異端の排除）作用の面だけ強力に働き、人格的主体――自由な認識主体の意味でも、倫理的な責任主体の意味でも、また秩序形成の主体の意味でも――の確立にとって決定的な桎梏となる運命をはじめから内包していた」（丸山 1957→1996：242）。つまり、「近代天皇制」こそが、「人格的主体」の形成を妨げたと分析している。

　同様の認識は、論文「超国家主義の論理と心理」（丸山 1946b→1995）を執筆した当時の心境を後年綴った回想にも見られる。「敗戦後、半年も思い悩んだ揚句、私は天皇制が日本人の自由な人格形成――自らの良心に従って判断し行動し、その結果にたいして自ら責任を負う人間、つまり「甘え」に依存するのと反対の行動様式をもった人間類型の形成――にとって致命的な障害をなしている、という帰結にようやく到達したのである」（丸山 1989→1996：35）。ここにも、天皇制が日本人の人格形成にとっていかに致命的な障害になっているかが明確に指摘されている。丸山は、みずからの学問にとって最も重要な対抗相手は「対象としての天皇制と方法論としてのマルクス主義」の両者であったと繰り返し述べるが、日本における「主体」形成にとって乗り越えるべき最大の障害として、近代天皇制を意識していたことがここでも明確に述べられていることがわかる。そして、論文「日本の思想」の末尾は、「雑居を雑種にまで高めるエネルギーは認識としても実践としてもやはり強靭な自己制御力を具した主体なしには生れない。そのような主体を私達がうみだすことが、とりもなおさず私達の「革命」の課題である」（丸山 1957→1996：244）と締め括られている。

　上記からうかがえるように、丸山にとって「人格的主体」とは、「自由な認識主体」であり、「倫理的な責任主体」であり、「秩序形成の主体」でもある。したがって、丸山のめざす主体像は、日本思想の「座標軸なき伝統」を変革するような「強い個人」[7]として提示されている。丸山が「主体」に要求するレベルはここにおいて最高度に高まっているといえる。このような丸山の要求レベルの高さについては、渡辺浩によって「要求の過酷さ」（渡辺 1998：226）と表現されることになる。では、なぜ丸山はそれほど高い要求を主体に課そうとしたのだろうか。その理由を見出すためにはまず、日本における主体を取り巻く歴史的条件を丸山がどう見ていたかを検討しなければならない。

「閉じた社会」から「開いた社会」への移行と「主体」

日本における思想的課題を「主体の形成」と見定めた丸山は、以後、日本の思想史的伝統を突破する「主体」をどう生み出していくか、さらには「主体」を取り巻く歴史的条件をどのように考えるかについて関心を深めていく。まずはその第一の事例として、「開国」（丸山 1959→1996）という論文を紹介したい。

この論文は、丸山の思想史研究の方法論に新たに「文化接触論」（マルクス主義などに代表される「歴史的発展段階論」に対して、異なる文化圏との接触による社会変容を重視する議論）が登場したことを示すと同時に、丸山の政治観の特徴をもよく表している。丸山は、日本の歴史における開国という状況を、「「閉じた社会」から「開いた社会」への相対的な推移」と捉え、日本はこれまで三度（室町末期から戦国にかけて、幕末維新、今次の敗戦後）開国のチャンスを持ったとする。この開国の過程で、「異質的な社会圏との接触が頻繁になり、いわゆる「視野が開ける」にしたがって、自分がこれまで直接に帰属していた集団への全面的な人格的合一化から解放され、一方で同一集団内部の「他者」に対する「己れ」の個性が自覚されると同時に、他方でより広く「抽象的」な社会への自分の帰属感を増大させる」ことが「私達の日常的な経験からも見当がつくところの一般的な傾向性」（丸山 1959→1996：66）であるとされる。そこでは個人関係の次元では、「他者」への寛容と「われ」の自主性との相関的な自覚がめばえるチャンスも生じるという。

日本においては「閉じた社会」から「開いた社会」への移行が必要であり、歴史上はそのチャンスを何度か経験してきたにもかかわらず、そのチャンスをものにしていないのではないか、と丸山は考えていたようである。つまり、「閉じた社会」から「開いた社会」に移行することで、ある種の「主体」が形成される可能性について思想史研究のなかで追究していたのではないかと考えられる。

それでは、「開いた社会」における上記のような主体とは、誰なのだろうか。同論文で丸山は、そのような主体は通常の意味での「政治」の領域で活動する「主体」ではなく、「非政治的領域」において現れることを期待している。この点について丸山は、明治を代表する多様な分野の知識人たちが集った啓蒙団体「明六社」について論じながら、以下のように述べている。「明六社のような非政治的な目的をもった自主的結社が、まさにその立地から政治を含めた時代の重要な課題に対して、不断に批判して行く伝統が根付くところに、はじめて政治主義か文化主義かといった二者択一の思考習慣が打破され、非政治的領域から発する政治的発言という近代市民の日常的なモラルが育って行くことが期待される」（丸山 1959→1996：83）。すなわち、いわゆる「政治」を本当の意味で支えていくのは、通常「政治的主体」であると考えられる政治家や運動家たちではなく、一見すると「非政治的主体」であると思われるような「近代市民の日常的なモラル」なのである。

以上のように、丸山において「主体」とは、日本社会が「開いた社会」へと移行するなかで、日常的には必ずしも政治的であるとは限らない「市民」が重要な課題に直面したときには政治的発言をしていくことで形成されるものであった。丸山は、「開国」という歴史的条件を、日本社会が「閉じた社会」から「開いた社会」へと移行し、「主体」が形成されるための可能性を開くチャンスと捉えようとしたのである。

『丸山眞男講義録』に見られる「主体像」の模索

日本の「思想史的伝統」を突破する主体をどのように見出していくべきかについて参照したい第二の事例は、丸山没後公刊された『丸山眞男講義録』における一連の思想研究である（丸山 1998-2000）。一九六四年度から一九六七年度の講義においては、いずれもその冒頭にいわゆる「原型」の枠組みが示されたうえで、「古代王制・儒教・

仏教・鎌倉仏教」（一九六四年度）、「武士のエートス・神道」（一九六五年度）、「キリシタン・幕藩体制と近世儒教」（一九六六年度）、「近世儒教・国学」（一九六七年度）を論じている。

そこで扱われている思想家や思想潮流は、いずれも丸山が日本の「原型＝古層＝執拗低音」を突破する主体を探るために取り上げられたものと考えられる。第一に、聖徳太子（一七条憲法）の場合、その精神は「自然と人間世界を超越した聖なるものとしての「絶対者の自覚」」と把握される。第二に、親鸞・道元・日蓮などに代表される鎌倉仏教の思想的著作も丸山は「独創的」と評価し、たとえば親鸞は「超越的普遍者の自覚」という観点から位置づけられる。第三に、武士のエートス論では、「武士／サムライ」という人間像を日本独自のユニークな国民的人間類型であるとする。そして「武士／サムライ」における御恩と奉公という主従関係から生まれる「忠誠」の精神構造が、「非合理的な主体性ともいうべきエートス」を生み出し、江戸時代に変容・衰退しながらも伏流していたその「伝統」が、のちに「維新の志士」たちにおいて、「反逆」のエートスあるいは「抵抗の精神」または「謀反の哲学」として復活するという壮大な図式が語られる。第四に、「キリシタン」時代は、「日本人がまったく異質的なカルチュアに突如として直面したときの反応を示す歴史的実験として大きな意味を持つ」としたうえで、いわゆる「西欧の衝撃」の一事例として分析される。第五に、近世における儒教や国学のなかに、「近代性の萌芽」を見出そうとする。もっともこれは戦前から丸山が試みてきたことである。

以上見てきたように、丸山はオーソドックスな日本思想の通史を描こうとしていたわけでは決してない。あくまでも「原型＝古層＝執拗低音」という日本思想史におけるある種の限界を突破しうるような「主体」を、日本思想の歴史のなかに探り当てようとしていたわけである。彼の思想史的分析の正否についてはむろんその後思想史の専門研究者たちによって様々な批判がなされている。(8) しかし丸山の問題意識が一貫して、日本発の「普遍的主体」をどうつくり上げることができるのかにあったということはここでも明らかであろう。

3　丸山眞男のめざした主体像とは：他者感覚への注目

ここまで丸山の「夜店」と「本店」それぞれの研究業績から、丸山の問題意識とは何であったかを見てきた。しかし、結局のところ丸山における「主体」がどのようなものであったのかについては、これまでの叙述において完全に明らかになっているわけではない。なぜなら、丸山における「主体」を語る場合に、「他者感覚」という要素を外すわけにはいかないからである。

「他者感覚」を備えた主体

丸山における「他者感覚」が最もよく表れているのは、彼の福沢諭吉論である。晩年の丸山は、「他者感覚」という言葉をよく口にしたといわれるが、それは福沢研究を通じて徐々に明確になっていったものと考えられる。最終的に丸山が到達した「主体像」は、「他者感覚を備えた主体」であった（大園 2011）。それは、常に自己の精神の内部において「想像上の他者」を想定する（「自己内対話」）ことで自己を相対化しながら価値判断を不断に検証し続ける主体である。その「他者」には、空間的あるいは文化的な他者や、時間的他者も含まれると考えられうる。

「他者感覚」についての言及は、断片的ではあるが、福沢論以外の論文や座談などにおいても見受けられる。ここでは、「日本思想史における「古層」の問題」（丸山 1979→1996）を見てみよう。この論文では、丸山が強く影響を受けたカール・マンハイムの言葉がまず紹介される。「学問的自由の前提は、他のいかなる他の集団をも、またいかなる他の人間をも、その「他在」において把握しようとする根本的な好奇心」であって、「ナチズムに決定的に欠けていたのは、そうした知的好奇心である」（丸山 1979→1996：172）。戦前、ドイツと同じく日本で「暗い時代」を生き抜いた丸山にとって、マンハイムの言葉が生々しく響いたに違いない。他者感覚は端的に、「他者を他在において把握する能力」もしくは「他者を他在において理解すること」とも表現される。

丸山にとって「他者感覚」の問題は、過去の日本、そして現代の日本においてもずっと未解決の課題として考えられている。丸山の共同研究者であった石田雄は、この「他者感覚」の問題を、丸山における「永久革命としての民主主義」と並べるかたちで「永遠の課題としての他者感覚」と位置づけている（石田 2010）が、たしかに丸山にとって「他者感覚」は生涯にわたって重要な課題であり続けたと思われる。

「他者感覚」を備えた人物

では、丸山の理想的主体像として「他者感覚」を備えた主体像があったとして、それは具体的に実在したのだろうか。丸山がそのモデルとして評価していたと考えられる人物としては、先の福沢以外では、丸山の隣人としても親しく付き合いが続いた竹内好がいる。「好（ハオ）さんについての談話」（丸山 1966→1996）で丸山は親しみを込めて竹内論を語っている。丸山は自分を中心に考えた場合、「自分と発想や資質が非常に似ているにもかかわらず、気がついてみると離れてしまって距離が遠くなった人」と「逆に、思想的資質・発想が全くちがっているけれども、ちがった方向から思いがけずばったり会うというか、思いがけず隣にいる、という人」という二種類の人間がいて、竹内はその後者の例だという。丸山にとって竹内は自分とは異なるタイプの人間であるにもかかわらず近い感覚を抱かせる人物であった。

さらに、竹内を「根本的に、インタナショナル」であり、「むしろコスモポリタンなところさえある」と捉えており、「民族的内発性ということをあれだけいう人が、世界中どこでも同じ人間が住んでいるという感覚、隣の人は日本人である前に人類の一員なんだという感覚を体質的に身につけている」点を高く評価する。丸山にとって竹内は、お互いに「他者感覚」を持って接することのできる貴重な存在であり、丸山が自分を相対化するうえでも重要な思想家であったことは疑いない。丸山は生涯において数多くの人物論を書いているが、それらに触れることで、丸山がどのような人物を「他者感覚」を身につけた人であると評価しているかがわかりやすくなると同時に、丸山のめざす主体像もより具体的にイメージできるのではないだろうか。

おわりに

第一に、丸山をめぐる現在の状況と、丸山の「戦後思想家」としての意義について考察する。

二〇一一年三月一一日におきた東日本大震災と福島第一原子力発電所事故のあと、戦後日本の歩み全体をいま一度見なおそうとする言論があふれるなかで、ある奇妙な状況を目にした。これまで丸山をかなり批判的・否定的に捉えてきた論者までもが、丸山の言葉を引用しながら現在の日本の状況を批判していたのである。[9] その際に筆者は、丸山の思想はやはり依然として現在の日本を批判する射程をも有することを確認しただけでなく、これが「思想家」の運命なのかと思わざるをえなかった。吉田松陰や福沢諭吉らと同様、思想家と名指される人物は、常に時代の変化とともにめまぐるしく評価が変わり、毀誉褒貶の渦のなかに巻き込まれ続ける。そして、そのたびに都合よく活用されることを避けられない。丸山もまたそのように遇されてきた。本章が注目した丸山の主体像に絞っても、これまで様々な立場から多くの批判を受けてきた（小林編 2003；田中 2009）。本章はそれらの批判に逐一反論して丸山を擁護するのではなく、まずは丸山の「主体像」の内実と可能性を捉えようと試みた。

結論として、丸山の「主体像」には、夜店の研究から明らかになった「近代的＝自律的個人」を出発点として政治的には「プラグマティスト」という側面と、本店の研究から明らかになった日本の「原型＝古層＝執拗低音」を突破する可能性を有する主体という側面がある。それらを可能とする主体として丸山が最終的に到達したのが、ろうか。

本において、「普遍的主体」をめざして悪戦苦闘した末に到達した、一つの主体像であったといえるのではないだ吉であり、竹内好であった。丸山にとって「他者感覚」を持った主体とは、西欧とは異なる思想史的伝統を持つ日いて、自己を相対化する契機は「プラグマティック」な思考や「他者感覚」であり、それを体現するのが、福沢諭「他者感覚」を備えた主体像であったといえる。西欧における神にあたるような「超越者」が存在しない日本にお

第二に、丸山の特徴について指摘しておきたい。その一つは「普遍的理念」であろう。丸山は常に普遍的理念を掲げる思想家である。丸山がめざしたといわれる「永久革命としての民主主義」という理念にも、本章に即していえば「日本発の普遍的主体」が確立されるという課題にも、文字どおり終着点はない。しかもそれらの課題は日本にとってのみ重要な理念・課題なのではなく、異質な他者が共存しなければならない人類全体にとっても重要な理念・課題となりえるものである。普遍的理念を掲げ続けた姿勢ゆえに、丸山は何らかのかたちでこれからも参照され続けるだろう。

また、もう一つの特徴は「訴えかけてくる力」であろう。丸山の文章が人を揺さぶるのは、丸山自身が常に目の前の他者に訴えかけようとする情熱をもって文章を書いているからであり、どのような対象を論じる際にもその背後には明確に生々しい現実に対する強い問題意識がある。丸山の言葉を借りれば、「理論と現実の弁証法的統一が実践」（丸山 1998：22）であり、だからこそ、丸山は「日本の思想」において「理論信仰」と「実感信仰」をともに批判した（丸山 1957→1996）。丸山にとって現実的問題関心に裏打ちされた思想史研究もまた一つの実践であった。だからこそ丸山を読むとき、人は「熱く」ならざるをえない。なぜなら、いつも丸山はわれわれを挑発するかのごとく鋭い問題提起を突きつけてくるからである。

第三の特徴として、丸山の有する一定の限界にも触れないわけにはいかない。それは、丸山の問題意識の特殊性

や時代拘束性である。丸山が「日本発の普遍的主体」の確立という課題を立てた背景には、丸山自身の戦前・戦中における強烈な自己体験があった。さらに、戦後の自己体験もまたそれを強化する役割を果たしたと思われる。つまり、丸山の思想形成にとって具体的な時代経験が色濃く影を落としていることも事実である。とりわけ、丸山の思想形成上重要と思われる五つの体験に注目しておきたい。①本富士署による「留置体験」（一九三三年）、②朝鮮での「軍隊体験」（一九四四年）、③肺結核患者としての「療養所体験」（一九五一年）、以上三つは丸山自身が「三つの真空地帯」と呼んで意識しているが、さらに、④広島での「被爆体験」（一九四五年）と、⑤東大での「紛争体験」（一九六八年）があり、この二つは丸山が明確には思想化しえなかったものである。今後検討すべき課題として残されている。

丸山にとって何よりも重要だった原点は、高校三年生のとき一晩だけ体験した「留置体験」とその後の監視生活であり、鶴見俊輔の言葉を借りれば、そのときの「恐怖の持続」（鶴見 2007: 31）こそが丸山を生涯とらえて離さなかったことはたしかだろう。人の内面にズカズカと入り込んでくる戦前の天皇制を中心とした軍国主義体制といかに思想的に対決し、二度とそのような国にならないためにどうすべきか。それを防ぐためにどのような主体を日本でつくり上げなくてはならないか。戦前の日本を徹底的に分析し対決するという「特殊」な立ち位置から、「日本に限定されず世界にも通用する主体」をめざすという「普遍」的テーマに到達したこと、これも丸山の特徴である。

丸山を「戦後思想家」と捉える場合、小熊英二が戦後思想家にとって最も重要な要素として強調した「戦争体験」（小熊 2002）というよりは、もう少し時代的には先立つ、みずからの「戦前体験」によって特徴づけられるだろう。丸山は「戦前日本の現実」が誕生させ、「戦後日本の現実」に常に抗いながら育まれたという意味では「反時代的」思想家であり続けた。逆に、その戦前からの問題意識が一貫して強烈なるがゆえに、戦後日本の現実が高度経済成長等によって大きく変容していったとき、時代が要求する思想的課題と丸山自身の思想的課題が少しずつずれていったことは否めない。その新たな局面に対応するような新たなかたちでの思想的挑戦は、丸山門下のより後継世代の藤田省三や松下圭一（⇒09）、研究者に限らない多様な戦後思想家たちによって担われていくことになる。戦後思想家たちはそれぞれを意識して相互に影響を与え合いつつ、論争や批判を繰り返しながら、戦後思想を時代とともに豊饒化していったのである。

最後に、丸山が戦後直後にメモした「デモクラシーの精神的構造」についての一節（丸山 1998：10-11）を紹介して、本章を閉じたい。果たしてわれわれは、戦後七〇年を経た現在、丸山がめざしたところの「戦後の出発点」（原点）から前進したといえるのだろうか、あるいは戦後民主主義を「脱却」するどころか、「達成」すらしていないのだろうか。戦後七〇年目を迎えた日本の現状を直視し、何よりも自分自身にも問いかけてみたい。

（昭和二〇年十一月四日のメモ）

デモクラシーの精神的構造

一、まづ人間一人ひとりが独立の人間になること。真偽、正邪を自らの判断に於て下す。↓　他人のつくった型に入りこむのでなく、自分で自分の思考の型をつくって行くこと。間違つてゐると思ふことには、まつすぐにノーといふこと。この「ノー」といひうる精神――孟子の千万人といへども我行かんといふ精神――は就中重要である。このノーといへない性格的な弱さが、雷同、面従腹背、党派性、仲介者を立てたがる事、妥協性等々もろもろの国民的欠缺のもと。

二、他人を独立の人格として尊重すること（一の裏面である）。ギリシアのデモクラシーと近代デモクラシーとの根本的差異は近代デモクラシーが宗教改革を経てゐること、換言すれば人間の内面的独立性の認識の上に立つてゐることにある。之を欠いだギリシア・デモクラシーは奴隷の存在を許容し、単なる多数支配に堕し、少数者の権利尊重（いはゆる Grund-rechte）を知らず、従つて雷同的、貝殻投票的デモクラシーに堕し、自らの中から独裁政を準備して行つた。

注

（1） 丸山の人生の軌跡については、丸山（1997）所収の「年譜」、松沢・植手編（2006）、坂本（2005）、苅部（2006）などを参照。

（2） この「留置場体験」と「ストーム事件」は、丸山に「自分はふだん偉そうなことを言っているが、いざとなるとだらしがない人間だ」という苦い思いを沈殿させた。この体験が丸山の「いざという時、周囲が何といおうと自分が違うと思ったらノーと言える人間にならなくてはいけない」という教えとなった。また、自分自身の「弱さ」を自覚することで、「弱い」人間を理解する感受性や、のちの「他者感覚」の源泉になったとも考えられる。

（3） たとえば以下のものがある。青年文化会議、庶民大学三島教室、思想の科学研究会、二〇世紀研究所、民主主義科学者協会、平和問題談話会、知識人の会、憲法問題研究会など。

（4） この時期に公刊されたのは、戦前発表した一連の研究論文集の『日本政治思想史研究』や、戦後精力的に発言し続けた現代日本政治論についてまとめた『現代政治の思想と行動』などが代表的業績である。

（5） 丸山の構想では、この「原型＝古層＝執拗低音」論を、「歴史意識」「政治意識」「倫理意識」の三つの領域に分けて解明しようとした。この議論をめぐっては、日本思想についての「文化決定論」であるとか「宿命論」的であるなどの批判がある。しかし、丸山としては、そのような思想的伝統を突破する主体を探し求め続けていたわけであり、その意味で単純に宿命論者とはいえないと考える。「古層論」の可能性について論じたものとして、飯田（1997）、飯田（2006）、冨田（2015）を参照。

（6） 丸山を知るための文献資料としては、『丸山眞男集』をはじめ、『自己内対話』『丸山眞男座談』『丸山眞男講義録』『丸山眞男書簡集』『丸山眞男回顧談（上・下）』『丸山眞男手帖』『丸山眞男話文集』『丸山眞男話文集 続』『丸山眞男集 別集』のほか、三冊の文庫本『福沢諭吉の哲学』『政治の世界』『超国家主義の論理と心理』などがある。また、東京女子大学の「丸山眞男文庫」には丸山の蔵書を含めた貴重な資料が所蔵されている。これほど膨大な量の関係文献が没後約二〇年を経た現在もなお増え続ける戦後思想家も珍しい。

（7） 「強い個人」については、戦後憲法学のなかにも議論の蓄積がある。たとえば、樋口（1996）、樋口（2014）を参照。

（8）丸山の日本思想史研究の内容に関する批判は、日本思想史研究者や、渡辺浩や平石直昭らの研究などにより、その朱子学理解や荻生徂徠理解の不十分さが指摘され、検証が進んでいる。大隅・平石編（2002）、平石（1984）、渡辺（2010）を参照。

（9）たとえば、酒井直樹は、「「無責任の体系」三たび」（酒井 2011：33）のなかで、丸山の造語である「無責任の体系」という言葉を引用しつつ、「無責任の体系」を三度生み出さないためにも、国民性とは違った共同性を模索しなければならないだろうと指摘している。

【大園誠】

02 内田義彦

――戦後啓蒙の「市民社会」論

うちだ・よしひこ（一九一三-八九年）　経済学史研究者。著作に『経済学の生誕』『資本論の世界』『社会認識の歩み』など。

はじめに

内田義彦（一九一三-八九年）は、東京帝国大学経済学部を卒業後、いくつかの変遷を経て、専修大学の教員となった。しかし一介の大学教員というには遥かに豊かな人間関係に、彼は恵まれていた。丸山眞男（⇓01）や大塚久雄、加藤周一といった戦後の代表的知識人はもとより、野間宏や木下順二といった文学者から武谷三男のような科学者に至るまで、その交友は広く、また深かった。学者が学者然とすることを良しとせず、常にみずからの言葉で語ることを強く意識した内田の文体は、専門とする経済学史から種々のエッセイに至るまで貫かれ、『経済学の生誕』（一九五三年）、『資本論の世界』（一九六六年）、『作品としての社会科学』（一九八一年）などで多くの読者を持った。

戦後思想史における内田のイメージといえば、一般的には「市民社会」論者としてのそれだろう。戦後日本における「市民社会」の重要性を訴え、その思想的志向を共有していた（内田自身を含む）世代を「市民社会青年」と規定したことから、彼はそう受け取られてきた。(1)

とはいえこれだけでは、内田のいう「市民社会」が何を意味したかはまったく明らかでない。そこで彼の思想に迫ろうと、主著である『経済学の生誕』（以下、『生誕』と略記）を繙いてみても、現代の読者は読後に少々とまどうはずである。そこには、東欧革命を契機に欧米で注目された、一九九〇年代以降の市民社会論が論じる中間集団論やデモクラシー論が見当たらないのだ。そもそも『生誕』では、「市民社会」という言葉すら、そう多く書かれているわけではない。

これは単に時代が古いからではない。現代の論者が想定する「市民社会」と内田の「市民社会」は、議論の立て方からして食い違うものなのだ。しかもややこしいことに、それらはたしかに食い違っているが、ある部分では重なっている。内田の「市民社会」を延長すれば、現代の市民社会論にたどり着くような、同一線上の前後関係はそこにはない。系統の異なる線が集まり、どこかで撚り合わさって一本になり、そしてまたどこかでほつれるといったほうが正確だろう。「市民社会」という語のレベルの同一性に拘泥すると、この概念の厄介さに翻弄されてしまう。

内田のいう「市民社会」を理解するには、この言葉を別のものに言い換える必要がある。『生誕』は、近代的な自由主義経済学の創設者とされるアダム・スミスについて論じた研究書である。内田はこの著作の冒頭で「市民社会の創設者スミスの全体像を、……ぼくの中に芽生え再生しつつあるスミス的なものをおもいきってえがきってみたい」（内田 1953→1988：16）と決意表明している。「市民社会の創設者」という言い方が示唆するように、内田にとって「市民社会」とは、社会科学が研究対象とするような意味での客観的対象＝社会ではなかった。それは彼にとって「えがき」だすもの＝社会像としてあった。

結論を先取りすれば、内田が「市民社会」として想定したのは、特定の社会像である。それを内田は、スミスの自由主義経済学を通じて、理念的な〈近代〉の姿として描こうとした。すなわち「市民社会」という言葉で実質的に語られていたのは、〈近代〉のあるべき姿は何かということだった。そのヴィジョンに沿って社会が形成されたほうが望ましいと、内田は考えたのだ。

本章では、内田の市民社会概念の素描を通じて、それが象徴する戦後思想の一側面を批判的に解明してみたい。

1　講座派マルクス主義と「市民社会」

マルクス主義者のスミス再評価

内田の理論的な背景にあるのは、マルクス主義、特に「日本資本主義論争」の文脈である。これは、明治維新や天皇制の性格規定をめぐる理論的対立をめぐって展開された論争である。野呂栄太郎など共産党系の論者を中心とする「講座派」は、明治維新を絶対主義の成立と位置づけ、社会主義革命より先にブルジョア革命が必要だと説いた。これに対し、猪俣津南雄や山川均など、明治以来の社会運動家や経済学者を中心とする「労農派」は、明治維新をブルジョア革命の一つと捉え、来たるべき革命を社会主義革命と位置づけた。後者からすれば、明治以降の日本はそれなりに資本主義化が進んだ社会ということになるが、前者にしてみれば日本は伝統的な農村経済が残った前近代的な社会である。

内田をはじめ「戦後啓蒙」に名を連ねる論者の多くは、二派のうち講座派に強い影響を受けた。内田自身は、先の「市民社会青年」について「「講座派」理論の圧倒的影響をうけながら政治的窒息の時代にそれぞれの専門領域で独自な知的活動を開始した者」（内田 1967→1988：87）と述べている。

こうした教養としての（講座派）マルクス主義の摂取自体は、同時代の青年知識人では決して珍しいものではない。内田が独特だったのは、マルクス主義的な教養からすれば「ブルジョア的議論だ」として批判対象になるはずのスミス経済学を、あえて積極的に評価したところにあった。なぜマルクス主義者が、「ブルジョア・イデオローグ」であるスミスの経済学など、わざわざ再評価したのか。

この再評価には、当時の社会状況に対する内田の認識が影響している。端的にいえばそれは、日本の「前近代性」認識である。ここで重要なのは、「日本は前近代的な社会だ、だから近代化すべきなのだ」という「前近代性」批判を、表面的に受け取ってはならないということである。内田の「前近代性」批判が含意するところを慎重に取り出さないと、この議論は途端に矮小化され魅力に欠けたものになってしまう。「前近代性批判↓近代性擁護」という図式を安易に理解すると、「戦後啓蒙」論者はナイーヴな「近代主義」者であるようにしか見えないが、実際はもう少し複雑である。

「前近代性」批判の意味

日本が「前近代」的な社会だという判断は、講座派理論をもとにした見解である。しかし歴史的に見れば、内田が想定している二〇世紀初頭の日本が「前近代」的だという理解は、部分的には当たっているが、部分的には誇張である。

たしかに一九二〇年代の有業人口は、その半数近くが農業に就いていた。それ以外にも、伝統的な生活必需品やサービスの生産・流通を行う「在来産業」（たとえば建具や畳、醸造といった昔ながらの職人、理容師、人力車夫など）に従事する者も多数おり、人口構成という点では伝統社会の色合いが強かった。

しかし一九二〇年代は、第一次世界大戦によって欧州からの輸入が途絶えたため、工業製品の国産化に向けた設備投資が開始された時代でもあった。一九三〇年代に入ると明治以来、日本の代表的な輸出産業だった繊維業に代わって、自動車や造船、鉄鋼、石油化学といった重化学工業が発展した。さらに熟練労働力需要の高まりにあわせて労使協調も模索され、企業側も年功賃金制導入などの取り組みを始めた。また関東大震災からの復興で東京や横浜の都市化も進み、農村からの人口流入や比較的余裕のある中間層の出現も生じた。つまり当時の日本は、それなりに進んだ近代的な側面と旧来の伝統的な側面が混交した社会だった（中村 2007：15-26）。

こうした状況を、講座派は「半封建制」や「封建遺制」といった言葉で批判的に強調した。その理論的根拠となったのが、講座派の社会認識のもととなった「三二年テーゼ」という政治文書である。これはコミンテルンが一九三二年に日本共産党に送った文書であり、日本の情勢分析とそれにもとづく革命戦略を示したものだった。

このテーゼは、日本の政治体制を「天皇制」と名づけ、さらにそれを半封建的官僚と大土地所有者、資本家からなる「絶対君主制」と特徴づけた。そして三二年テーゼをベースに編まれた「日本資本主義発達史講座」（岩波書店）の論者たちは、日本社会を「半封建的」「前近代的」社会として分析した。意地悪く考えれば、前近代的な「絶対君主制」である天皇制をまず倒せという指示がコミンテルンからあった以上、それを受けた当時の共産党系の論者たちは、日本を「前近代的」なものに仕立てなければならなかったといえるだろう。講座派という知の一群は、マルクス主義の政治性と不可分だったのである。

だがそうした政治性以上に、当時の青年知識人たちの問題意識を刺激するリアリティが講座派理論にはあった。実際三二年テーゼは、情勢分析という点では、日本の国家体制が官僚制と大土地所有者（地主）、独占的資本家（財閥）の緊密な連携とバランスからなる複合的な権力構造であることを示し、日本がなぜ植民地獲得のための戦争に乗り出すかという問題について、それなりに体系的な説明をしていた（石堂・山辺編 1961：81-85）。この体系的視座は、部分的には「近代化」しているにもかかわらず、依然として国内格差は深刻であり、日本社会のひずみが解消されないのはなぜなのかと問うた青年知識人たちにとって魅力的なものと映ったにちがいない。だからこそ彼らは、一定程度の説得力のある議論として講座派理論を受容できたのである。

重要なのは、講座派的な社会認識を農村での地主小作関係や閉鎖的な社会秩序に対する批判、つまり古いものに対する一方的な非難として理解するだけでは不十分だということである。伝統性への論難という側面はあるものの、そこだけで講座派理論を捉えれば、それは当時の文脈を半分しか理解していない。その「前近代性」批判には、たしかに共産党の革命戦略という政治性が結びついていたが、それ以上に、同時代の切実な問題を理論的に洗い出してくれる認識体系としての魅力が備わっていると、当時は考えられたのである。

〈近代〉像の提示

内田は、この講座派理論から何を学んだか。内田が、たとえば講座派の代表的著作である山田盛太郎『日本資本主義分析』（一九三四年）から学び取ったのは、日本における生産体制と権力構造の連関だった[2]。

本来であれば、近代化は農村秩序を解体し、国内産業を工業中心へとシフトさせるはずである。ところが日本では、農村の家父長制が根強く残っているため、その解体が進まない。しかも工場労働者の供給源は農村部の過剰人口に限定されるから、彼らの賃金は低いままであり、工業の生産性や労働者の生活水準は上がらない。

また国内市場は狭いのに軍需産業は先行して発展しており、その軍事力を背景にして、対外市場向けの繊維製品（たとえば生糸）が主要な輸出産品となる。国家の「稼ぎ頭」である養蚕業を営む中堅自作農たちは、家族に対するみずからの権威と自国の威信をかけて、国内産業の近代化を押しとどめると同時に、政府の対外強硬策を支持する。山田の著作は、日本の産業構造と経済発展のあり様が先進的な資本主義社会とは異なるタイプであり、そのことが家父長制や強硬的な対外世論と強固に結びついていることを説得的に示していた（山田 1934→1977：中林 2006）。

こうした講座派理論のエッセンスを通じて、内田は日本社会が「歪んだ近代化」に進んでしまったのだと考えた。本来であれば、近代的な産業発展は人々の生活水準と国内需要を高め、社会全体を豊かにするはずである。ところが日本は、そうした「近代化」のプロセスをふまなかった。そのために、軍需重視の重化学工業化と家父長的な伝統社会が共存する「歪んだ近代化」を行った。そのことで社会内部の格差は解消されず、販路拡大をめざした対外強硬策がさらなる軍需生産を必要とするという悪循環に陥っている。一九二〇〜三〇年代をリアルタイムで過ごした内田にとって、講座派理論は日本の「近代」と「前近代」が奇妙なかたちで接合されたことを説明する点で、きわめて示唆に富むものであり(3)、だからこそ彼は、「歪んだ近代」を軌道修正するための規準、「歪んでいない近代」、すなわち理念的な〈近代〉像は何かということを問題にした。

しかもこの〈近代〉像は、当時の西欧社会そのものでもなかった。第一次世界大戦や一九三〇年代の世界恐慌を同時代で経験すれば、アメリカを含む「西欧近代」が、そのまま理想的な社会などではなく、大きな限界を抱えたものであることは明らかだったからである。

内田が追求したのは、あくまでも理念たるべき〈近代〉のあり方、人々が社会形成において共有すべき〈近代〉の原像だった。その最初の成果が、『生誕』のスミス読解である。

2　戦後社会のヴィジョン形成

スミスの一八世紀的「全体主義」批判

『生誕』がアダム・スミスの研究書であるといっても、内田はそこで、「神の見えざる手」のような経済的自由主義を積極的に擁護する論陣を張っているわけではない。内田にいわせれば、それはスミスの時代に必要だった処方箋に過ぎない。内田が重視したのは、スミスから理念的な〈近代〉像を編成することだった。

『生誕』の内田は、スミスのどこに注目したのか。まず内田は、一八世紀の西欧社会に対してスミスが向けた批判的眼ざしに注目する。内田によればスミスの経済的自由主義論の背景には、当時の重商主義に対する批判があった。

内田は、スミスの重商主義批判を一八世紀的な「全体主義」批判の議論として読んでいる。重商主義は、「国家理性」や「公共的利益」といった建前を使って市場経済を統制しようとする。そのために、自国に対して様々な悪影響をもたらしている。重商主義は貨幣の蓄蔵を「富」と捉え、一部の産業を保護して国富を増やそうとするが、それによって国内向けの生産は冷え込み、自国の消費者の利益が犠牲となる。さらに販路拡大のための植民地獲得競争が激化することで、西欧の社会はまさに文明的な危機に陥っている。重商主義という「人為」が、国内経済を圧迫し、本来の経済のあり方を歪めているのである。

だからこの文明的危機を脱するには、経済のあり方を、「人為」ではなく「自然」的な発展法則に則ったかたちにしなければならない（内田 1953→1988：64-67）。内田は、こうしたスミスの学説のすべてが、一八世紀重商主義という「人為」的な「全体主義」批判に向けられたものであることを強調する。

水平的紐帯の〈近代〉像

内田はスミスの『国富論』に則して、「人為」によって歪められない「自然」な経済発展とは何かを論じる。具体的には、「自然」な資本投下の順序とは何かという問題である。

スミスによれば、「自然」な経済発展は農業に資本投下することで始まる。農業によって生活資料が十分に生産され余裕ができれば、それをもとにして、今度は工業に資本投下がなされるはずである。さらにその工業製品を売買するための商業も発展するだろう。すなわち農業→工業→商業（さらに国内商業→国外商業）という順番で資本投下が進んでいけば、生活必需品は豊富になり消費者の生活水準は向上する。個々人は、自己の資本から最大の利益を得ようと勝手に行動するが、その集積は結果的に社会全体の利益、すなわち「国富」の増進につながる。これが「自然」な経済発展である。

アメリカはこの投資順序に従った典型的社会であるのに対し、ヨーロッパは「自然」なあり方が「人為」によって転倒している。西欧では封建的な土地所有が根強いため、生産的な農業への投資はなされない。そのため確固たる国内産業の基盤は育たず、各国は貿易収支を健全化するためとして、外国向けの産業（生活必需品ではなく奢侈品）を保護し、独占的な対外市場を狙って植民地獲得のための実力行使や対外干渉を厭わない。内田の言葉を借りれば、「このストックの投下の順序（あるいは構造）と、それに相対応するところの市場構造の「型」こそ、諸国民の富裕の発展の早さを規定するものとして、同時にまた、諸国民のあいだに平和的・独立的な共存の可能性があたえられるか否かを決定するものとして、スミス理論の中心におかれる概念をなしている」（内田 1953→1988：126）のである。

さらに内田は、イギリスで農業利潤の増大を訴えた新興の農業資本家層や地主層が、アメリカの独立承認を支持する勢力にも合流することも指摘している（内田 1953→1988：164-165）。重商主義経済の解体という経済的志向を持った『国富論』の実質的な担い手は、アメリカ独立承認という政治的志向も備えており、その意味でスミスのいう経済的自由主義は、開かれた民主的な社会への展望とも連続するものであることを内田は示唆している。(4)

つまり〈近代〉のあるべき社会とは、生産を通した人々の水平的な紐帯を柱とする、平和的で民主的なものだと内田は考えた。「各国の真実の富裕の発展をそこなうものとしてとらえられていた市場構造のゆがみと脆弱性……、そして封建的特権の解消によるところの農業における資本主義の発展を中軸とする国内市場のゆたかな形成と発展が、いまやたんに富裕の根源としてではなく、国際的平和と独立の条件として……この激動のなかにあらわれつつある」（内田 1953→1988：132-133）と内田が述べるとき、人々が広い社会分業関係を通じてゆるやかにつながり、豊かな生活と平和を享受できるはずだというスミスの〈近代〉像は、戦後日本のヴィジョンとも重ね合わされていた。こうして内田は、スミスの経済思想を通じて戦後社会に向けた〈近代〉の理念を再編成したのである。

3 「市民社会」の歴史哲学

スミスとマルクスの連続性

ただし世界恐慌や二度の世界大戦といった「西欧近代」の問題性を経験し、さらにマルクス主義を受容した内田にとっては、スミスから理念的な〈近代〉像を構築するだけでは不十分であることも明らかだった。その意味でスミスは乗り越えられるべき思想家でもあった。だが他方で、スミスから編成した〈近代〉像を重視する以上、内田は教条的なマルクス主義的スミス批判で事足りるとも考えなかった。

そこで内田は、スミスとマルクスを切断するのではなく、むしろ徹底してスミスとマルクスの連続面を見出そうとした。内田は、スミスから編成される〈近代〉像が、ある面においてはマルクスと連続していることを強調する。すなわち「市民社会」は、社会主義と部分的には連続するのだと主張した。

この点を論じた代表的な著作が『資本論の世界』（一九六六年）である。この著作で内田は、スミスとマルクスのあいだに一種の「歴史哲学」が共有されていたことを指摘する。『生誕』の内田が強調したのは、文明が豊かで平和的なものであるためには、保護産業だけに資本が集中するような偏りを起こすことなく、「自然」な順序の資本投下で生まれる広範な分業体制によって、人々の生産的労働の結合を最大化せよということだった。言い換えれば、生産的労働と分業の拡大に、文明＝歴史の形成要因があると捉えた。ここにスミスの彗眼があったと内田は考える。

内田によれば、マルクスはこのスミスの「歴史哲学」（文明観）を批判的に継承した。何を継承したのか。それは、経済構造を歴史理論の一部として捉える視点である。スミスは、商品交換による分業の結合が文明社会に共通した社会の形式であり、それが量的に拡大していくことを歴史発展の軸と捉えた。だからスミスの歴史観は「資本主義に向って無限に発展してくるという格好」（内田 1966→1988：277）になる。分業を媒介にした人々の広範囲な結合が社会の基底をなすという発想こそ、スミスとマルクスに共通する認識であると内田はいう。

ではマルクスは、スミスのどの部分を批判したのか。それは、労働が結合される形態は時代によって異なるから、歴史はスミスが考えたような単線的な量的拡大ではないということである。「マルクスは、人類が……つねに、社会をなして生産してきたという事実を歴史認識の正面におしだ」すが、「結合労働のくみ方——分業の構造——が社会の各段階によってちがう」ことを強調した。そこからマルクスは、「従来の社会に類をみないような尨大な労働の社会的結合が行なわれている産業資本の時代を……本来の歴史が始まる最後の段階として位置づけ、私的所有の下で発展する社会的生産力の矛盾を分析」した（内田 1966→1988：277-278）。つまりマルクスによる資本主義社会の歴史理論的な位置づけは、「スミスが資本主義社会以前の社会を批判する原理として使った価値論を鋳なおした」（内田 1966→1988：260）ものだというのが、内田のマルクス理解である。

「市民社会」のポジとネガ

スミスの議論を「鋳なおした」マルクスの分析を使って、内田は資本主義をどう捉えるべきだと考えたか。ここで注目すべきは、資本主義という特異な歴史的段階が有する「両義性」を理論化することに、マルクスの生涯にわたる関心があったとする内田の指摘である。

内田によれば、初期の『経済学・哲学草稿』から『資本論』の労働過程論に至るまで、人間にとって労働こそが存在の基底であるという認識を、マルクスは持っていた。労働は、何かを自発的に「つくろう」と目的を立て、与えられた条件をうまく活かして加工し、そしてその環境そのものを人間に合うようにつくり変える。さらに人間は労働を通じて、道具の使い方や労働のための精神を洗練させ、動物とは違う人間らしさを身につけていく。個々の人間が一人前になるには労働することが必要であるし、人類はこれまでも、そしてこれからも、労働を通じて環境と人間自身をつくり変えていくだろう。過去／未来、ミクロ／マクロいずれの視点から見ても、人間にとって労働とは、「現在および将来の生活に必要な一切のものを作り上げるということと、そこで他ならぬ人間が作り上げられてゆくという、この二つの意味」（内田 1966→1988：304）を持っている。

しかし同時に、労働はその自発性（みずからやりたいことを設定すること）とその成果物が、他者に容易に奪われる行為でもある。特に資本主義社会では、何をつくるかという目的（どんな仕事をするか）の定立は資本家に奪われており、生産物そのものも資本家の所有になる。このように資本主義下では、労働は二重の意味で「疎外」されている。つまり労働は、人間にとって本質的活動であるというポジティブな側面と、二重の意味で容易に「疎外」されるというネガティブな側面という両義性を持っている。

初期マルクスの両義的視角は、彼の後年の資本主義分析全体にも貫徹していると内田は論じる。きわめて巨大な分業体制である資本主義下の大工業制は、資本家どうしの競争によって労働者の搾取率を高めてしまうが、それは同時に人間の自然支配を強化し、工業生産力を飛躍的に上げることにもなる。生産力上昇によって労働者の「疎外」は強められるが、工場労働が組織的に行われることで労働組合が出現する契機ともなる。生産規模拡大で労働者の数が増えれば、資本家との敵対関係も強まるが、その分、生産現場の中間的管理者の重要性も増すため、生産の目的定立という資本家の権能は労働者群へと一部引き渡されるようになる（内田 1966→1988：348-351）。資本主義の両義性が有するダイナミズムは、「変革の主体とともに客観的条件が……剰余価値生産の法則それ自体によってつくりだされてくること」を示しており、この点が「社会主義を考える上に重要」だと内田は述べる（内田 1966→1988：354）。

資本主義にはポジティブな側面とネガティブな側面が両方あり、その両義性のダイナミズムから社会主義につながる社会的諸条件が生み出される。つまり社会主義は、資本主義との断絶というより、むしろその連続性において捉えるべきものである。スミスの提示した生産者中心の単線的歴史像、いわば「市民社会」の歴史理論は、その「市民社会」の両義性に着目するという改鋳を経ることで、マルクスの社会主義像につながるのだと内田は考えた。生産者中心の水平的紐帯からなる「市民社会」概念を軸にして、スミスとマルクスは思想的に連続することを、彼は示そうとしたのである。

言い換えれば内田のような論者にとって、社会主義は瞬間的な「革命」という出来事によってのみ十全に達成できるものではなく、長期的な資本主義的発展の土台の上に築かれるべき体制だと考えられた（現在の資本主義体制をそのままにしておけば、社会主義が自動的に到来するということでは、もちろんない）。だから内田にいわせれば、スミスから読み取れる「市民社会」＝理念的な〈近代〉像を、単なるブルジョア・イデオロギーとして切り捨てるだけでは、マルクスの社会主義像の重要な側面も一緒に見落としてしまうことを意味した。

スミスを延伸した先にマルクスを据えるという理解は、六〇年代末以降、平田清明や望月清司らに引き継がれ、正統派マルクス主義の批判を視野に入れた中期マルクス読解という仕事へと連なっていった。内田の「市民社会」論は、単にスミスからヒューマニスティックな社会ヴィジョンを再構築したことにとどまるのではなく、通俗的な社会主義像の刷新をも視野に入れた理論的連続性を見出されることで、一つの「歴史哲学」として創造されたのである。

4　「市民社会」と現代

「生産」的社会の射程範囲

では、こうした内田の理念的〈近代〉像やそれを軸にした「歴史哲学」が、現在のわたしたちにとってどのような意味を持つのかを考えてみよう。

前述したとおり内田は、人間と社会の形成では、生産的労働とその交換（つまり分業体制）の拡大が重要だと繰返し論じた。人々の生産的労働が広範囲にわたって結合できるよう社会の体制をつくり変えていくことが、内田にとっての「近代化」である。そしてそれは、ある面では国家の独立と平和を支え、そしてある面では社会主義にも連続すると考えられた。

だがこうした〈近代〉像を提示されたとき、現代の感覚からすればとまどう部分もある。第一に、「生産」という活動を行わない／行えない人間は、内田のような社会像ではどのように位置づけられるのか。第二に、「生産」の拡大から生じた〈近代〉特有の問題、たとえば公害や環境問題に対して、内田の社会像はどのように応答するのか。

第一の問題に関して、内田は「生産」の射程範囲をかなり広くとろうとしている。たとえば内田は、子どもの無邪気な遊びや芸術家の創作活動、さらに個々人が社会についての知見を深めていく学問も、人間の生産的活動だとしている。内田は、目的定立とその達成のための試行錯誤も「生産」や「労働」と見るため、それは意味として「製作」ともいいうる。したがって、その適用範囲はかなり広い。「マルクスが労働過程について言ったと同じことが、彼ら〔子ども〕の遊戯の中で行なわれています。／まず目的を定立する。きょうはどこへ、何をとりに行ってやろうかなというように目的を立てる。そして、その目的に合うような道具を自分で作り、その道具をとんぼとの間に挿入して、とんぼをとる。……／つまり、とんぼを生産するというとおかしいけれど、とんぼをとることを通じて同時に彼は自分自身を生産している」（内田 1966→1988：309）。日常的な仕事だけではなく趣味的活動すらも、内田にいわせれば「生産」である。

特に『資本論の世界』の姉妹編と位置づけられた『社会認識の歩み』（一九七一年）では、一人ひとりが学問をし、社会と人間についての合理的・「科学」的認識を深める（人々が知的生産をする）ことの重要性を、内田は強調している。ここで想定されている「学問する個人」は、学者や知識人だけではなく、様々な職業を持った市井の人々を含んでいる。学問も、アカデミズムでしか通用しないような専門的研究などではなく、読書と討論を通じて、一般の人々が古典的な社会科学思想のエッセンスに通暁することを指している。高度化した資本主義社会では、産業の変化や技術革新についていく必要があるから、「素人といっても、ずいぶん勉強しなきゃどうにも生きられない」のであり、「まさにそのなかで、相互に相寄って国土と地球を科学的に管理してゆく主体たらざるを得ない」。しかしそうした知性の広範囲な発達こそが、「社会主義社会の主体的基礎になる」。学問もまた、内田にとっては社会的に有意義な生産的労働なのである（内田 1971→1988：171）。

こうした議論は、現代からすればあまりにも楽観的であるように思える。資本主義が人間の能力を発展させていくという社会観は、次々に訪れる技術革新の波にさらわれまいと必死にもがいている現代人のあり様と表裏一体である。内田がスミスに見たヒューマニスティックな社会像と昨今の労働事情は、かなりかけ離れて見える。

こうした違和感の原因は、文脈の変化による「市民社会」の機能変容にある。内田が問題視したのは、土地や工場といった資本の所有者が不労所得を得、その他多くの人々が持っている能力の発達と発揮を妨げていたことである。それは、伝統的な地位と権威が今以上に影響力を持っていた戦前〜戦後初期という時代と強く結びついた主張だった。内田が「市民社会」を強調するとき、彼は資本家と労働者の従属関係によって歪められた「生産」の本来性を、生産する側に取り戻すことを意図していた。この議論の焦点からすれば、「働かない／働けない人々」への非寛容性に対する批判的視座や彼らに対する国家的ないし社会的な救済策といった思考は、後景に退かざるをえない[5]。そのような弥縫策よりも、「歴史哲学」的な視点から長期的な社会変革の方向性を明らかにする役割のほうが重要だと考えられるからである。

そうである以上、伝統的地位や権威が物をいう時代そのものが変わり、能力ある「人材」の最大限可能な活用を企業や国家がむしろ積極的に喧伝するような社会になれば、内田の主張は、表面的にはそれに棹さす思想へと機能変容するだろう。「市民社会」という概念が多義的なものである以上、文脈の変化によって生じる機能変容を視野に入れておかないと、肝心な点を取り違えてしまう。

「科学」への信念

だからこそ余計に、先ほど挙げた第二の点が重要になる。すなわち、近代的な「生産」の結果として二〇世紀に生じた様々な公害問題や環境問題の深刻化に対して、内田の議論はどう対処したかという問題である。内田は「自然と人間」（初出一九七六年）という論考で、科学の発達がもたらした成果が、今度は民衆の生活を押しつぶす役割を果たしているという逆説を指摘している。それは、科学がその成果に溺れ、世界や人間の身体の全部を理解したと錯覚することで、一定範囲の現実しか明らかにできないという科学的認識の性格を忘れた結果である。

しかし、科学が見落とした側面に対する「認識の眼が全然なかったのではない」と内田はいう。科学と現実のギャップに対する認識は、科学者たちではなく、患者や生活者、あるいは公害の被害者たちから、シグナルとして発せられていた。だが、そのシグナルを鋭敏に捉える装置が社会科学を含めた科学者全般に欠如していた。そのために、結局は「科学」が社会の差別と無権利状態を放置する事態を生んできた（内田 1981→1989：152–153）。当初は社会全体の豊かさとは何かを問うことから始まった経済学も、自然と人間からの略奪性を高め、現在では「管理の学」となっている。

だからといって、ここで内田が「科学」に依拠する視点を丸ごと手放したと考えるのは早計である。むしろ内田は、「科学」によって受苦と無権利の状態にさらされた社会的弱者たちこそ、スミスやマルクスに見出せる意味での、すなわち人間や社会の「管理の学」とならないような科学的認識、「科学の現状を見すえつつしかも真の科学」を身につけることが必要だとした（内田 1981→1989：155–156）。内田にとっては、「科学」もまた労働と同様にポジティブな面とネガティブな面という両義性を備えた人間的営みであり、賭けるべきはそのポジティブな面の可能性なのだと彼は考えた。

この論考は「少なくともそういう「夢」の局面を持たぬ「現実主義」の立場からは、現実を打開する方策のリアルな認識は出てこない、と私は思う」（内田 1981→1989：157）と結ばれている。ここでいう「夢」を、社会に生きる一人ひとりが合理的認識を身につけることと理解すれば、内田は「科学」によって支えられる近代観を維持し続けたといえるだろう。スミスやマルクスを通じて内田が「啓いた」展望は、決して楽観的な側面だけではないものの、最終的にはどこか優しく、そして明るい。

だがこのような内田の「信念」に触れたうえでも、社会的弱者や「近代」に虐げられた者たちにとって必要だった言葉が、彼のいうポジティブな意味での「科学」と重なるものだったかは、依然として疑問である。公害病患者にも「科学」の眼は必要だと呼びかける内田の言葉は、たとえば石牟礼道子（⇒08）が『苦海浄土』（一九六九年）で描いた、水俣病患者らの言い知れぬ「言葉」とどこまで通じ合うものなのか。現代に生きるわたしたちにとっては、内田が掲げた「科学」の意義を手放すことは賢明ではないし、同時に様々なかたちで虐げられ追いやられ打ちのめされた人々のシグナルをつかまえ、手を差し伸べることも欠くことはできない。そうだとすれば、〈近代〉の明と暗の部分がどのように通交可能であるかに思慮をめぐらすことが、「戦後思想」の再審判となろう。

おわりに

内田の「市民社会」論は、能力も風貌も好みも異質な人間どうしがいったいどのような原理でつながりを得られるのか、広範囲に及ぶ文明社会のなかで相互を尊重し生存を確保するためにはどんな関係性であるべきなのかを、経済学的に言語化したものだった。そうした人々の社会的なつながりを、スミスとマルクスに内在して明晰に語ろうとしたところに、その特徴はあった。

この「市民社会」論が放つ明るさにこそ、彼の思想を「戦後啓蒙」とする理由の一端がある。それは決して〈近代〉を手放しで礼賛するような思考ではない。〈近代〉に対し楽観的でいられるにはあまりにも苛烈な時代、自由主義経済の破綻と近代的な総力戦がもたらした暴力を目撃し、人間の未来に対する一九世紀的な信頼が揺らいだ時代を、内田は生きていた。だからこそ彼は、信ずべき社会像を納得のいくかたちで言語化しようとした。人間の生と知性には進むべき望ましい方向があるはずだという「信念」を、社会について理論的に語る言葉を使いながら内田は語ろうとした。ここに彼の思想の「啓蒙」性がある。

しかも、スミスとマルクスの連続性を見出す論理へと至る内田の長い思索過程が物語るように、その「啓蒙」性は彼にとって最初から揺るぎない前提だったのではない。むしろその生涯にわたって「再措定」されなければならないものだった。彼は〈近代〉の意義を信じたいからこそ、〈近代〉とは何かを問い続け、その可能性の条件を慎重に選り分けようとした。内田義彦という個性を通じて広く読まれた、この思考様式の「啓蒙」的性格を理解することは、戦後思想を批判的に読むことにつながっている。

注

（1）具体的に内田が名を挙げているのは、武谷三男や大河内一男、大塚久雄、高島善哉、丸山眞男、野間宏、木下順二らであり、一九〇〇～一〇年代生まれを指す。

（2）内田の山田盛太郎評価は内田（1946→1989：59-64）を参照。なお山田の著作が検討対象にしているのは、第一次世界大戦以前の日本である。

（3）なお丸山眞男は、「現代日本はすでに「近代の超克」が最大課題になるほど、それほど近代化されてはいない。そこには、世界第一級の戦艦をつくりうるほど高度に発達したテクノロジーが、アマテラスの神勅によって日本の最高統治者が永遠に定められているという国家神話……と共存し協力しえた」（丸山 1974→1983：398）と、内田に似た問題関心を語っている。

（4）ただしこの内田の指摘が実証的には問題ある記述であることは、小林昇によって同時代に指摘されており、また現在のスミス研究の水準からいってもそれは明らかである。たとえば竹本（2005）を参照。

（5）この点については、鈴木（2010：50-52）や平田清明による以下の指摘も参照。「社会主義社会は……人間を「労働者としてのみ観察する」という「一面」を堅持しなければならない社会である」、それゆえ「労働という平等な権利は、労働能力があって労働しない者の存在をもはや許容しないという意味において、公正である」（平田 1969：117-119）。

【小野寺研太】

03 坂本義和
――革新ナショナリズムの思想

さかもと・よしかず（一九二七－二〇一四年）国際政治学者。著作に『核時代の国際政治』『軍縮の政治学』『人間と国家』など。

はじめに

坂本義和は、戦後長らく東京大学法学部で「国際政治」を担当しながら、雑誌『世界』を中心にジャーナリズムでも活躍した国際政治学者である。坂本は一九二七年、母親がアメリカを訪問していた折にロサンゼルスで生まれ、その名前は中国に通じていた父が義和団事件になぞらえてつけたという（坂本 2011：19）。

幼少期を上海で過ごした後、一九四八年に東京大学法学部に入学。丸山眞男（⇒01）のゼミに参加し、イギリスの政治家E・バークについての助手論文を完成させて助教授に就任。その後、一九五五年から二年間アメリカに留学、モーゲンソーの下で国際政治学を学ぶ。帰国後は日本の国際政治学の草分け的存在であり、論壇では「戦後民主主義」を代表する論陣を張り続け、二〇一四年一〇月、八七歳の生涯を閉じた。

本章の目的は、坂本の思想変遷を、とりわけその「革新ナショナリズム論」に即して再構成し、それを通じて「戦後日本のもう一つの体制像」を浮かび上がらせることである。

もちろん、小熊英二の『〈民主〉と〈愛国〉』（二〇〇二年）が代表的に示すように、戦後初期の左派ないし進歩派知識人によるナショナリズム言説は二〇〇〇年代に入ってにわかに着目されてきた。そこでは、南原繁や矢内原忠雄などに共有された「健全な国民主義」、石母田正らによる「国民的歴史学」、竹内好（⇒04）らが提唱した「国民文学運動」、あるいは日本共産党に体現された「民主民族戦線」などが詳細に論じられてきた。

これら戦後の左派ないし進歩派知識人によるナショナリズム言説において、坂本の「革新ナショナリズム論」は、他の論者とは異なるユニークな内容を示しており、その独自性は突出している。しかしながら、小熊に代表される既存の戦後初期ナショナリズム研究において、坂本は「革新ナショナリズム」という呼称の最も早い使用者として言及されるのみであり、その思想内容に対する検討は重要な課題として残っていた。

一九六〇年代以降の坂本のナショナリズム論の特徴は、以下の三点にまとめられよう。第一に、「東西冷戦の論理」によって政治的構想力を拘束されることへの抵抗であり、坂本において、冷戦イデオロギー克服の突破口は「日本の新たなナショナリズム」の創生に求められた。第二に、しかし坂本において、このナショナリズムは、ヒロシマとナガサキという特殊経験に根ざした国民的反核思想、すなわち「平和」という象徴に依拠して構築されるという独特の展開をとげる。そして第三に、「平和」に依拠したナショナリズムによって東西両陣営をトータルに否定した坂本は、その理念の連続的展開として、日本の主体的な防衛構想を追求し、それは冷戦構造への依存を断ち切って日本の軍事的主権を国際連合へ譲渡していく具体的構想を必然化させるものであった。

以下、本章では、坂本の思想変遷を通時的に考察しながら、坂本においてナショナリズム、平和、そして日本の防衛構想の具体的提示とが必然的に連関していたことを示したい。

1　「イデオロギー・トランスファーの弁証法」

まずはじめに、坂本のナショナリズム論の前提として、戦後の占領改革の日本への土着化に関する、坂本の興味深い認識に触れておきたい。

日本の非軍事化と民主化をめざした初期の占領政策は、アジアにおける冷戦の高まりを受け、一九四七年以降、「反共」を眼目とする「逆コース」へと変容していく。坂本は、「逆コース」を経て占領軍は「民衆の解放者」から「民衆の支配者」へ、「大衆運動の支持者」から「大衆運動の抑圧者」へと性格変容したという（坂本 1963b→2004：57）。

占領軍は当初、日本における改革の継承者として、リベラルな中道勢力に期待を寄せていた。しかし、一九四八年、穏健中道勢力として期待された片山、芦田内閣が相次いで崩壊。その反面、終戦によって解放された革新勢力や大衆運動はその高揚期を迎える。結果、坂本によれば、占領政策の継続と定着は、「ＳＣＡＰ〔連合国最高司令官〕によってではなく、ＳＣＡＰに対して、戦後改革の最大の受益者である革新勢力と大衆運動によって担われなければならなくなった」（坂本 1987：30／強調原文、以下同じ）。すなわち、「一見米国政府や占領軍当局と非連続的な対立関係に立った革新勢力が、米国や占領軍の戦後改革との連続性の担い手」になるという、興味深い現象が起きることになる。

しかしながら、占領軍とその継承者をめぐる「ねじれ」は日本に固有の現象ではなかった。坂本は、たとえばイギリスに留学した植民地エリートが帰国後に反英運動の指導者となったり、アメリカの価値体系を内面化した知識人がラテン・アメリカの反米闘争を主導したりする例を挙げ、次のように述べる。「すなわち、あるイデオロギーや価値観がＡという先発社会からＢという後発社会に移転される場合、Ｂ社会の中でＡ社会のイデオロギーや価値観を最も具体的に継承する勢力は、実はしばしば「反Ａ」的な政策や運動の担い手であるという現象は広く見られることである」（坂本 1987：35）。

このように、非対称的な二つの政治社会のあいだで、先進社会の支配的イデオロギーに一見「敵対的」と見られる勢力が後発社会においてその実質的な受容者となるという現象を、坂本は「イデオロギー・トランスファーの弁証法」と名づける（坂本 1987：35）。そして、このような「イデオロギー・トランスファーの弁証法」によって生じた、占領軍に対する抵抗を通じた占領政策の土着化こそ、坂本における革新ナショナリズムの出発点であった。

2　「革新ナショナリズム」の原型

「革新ナショナリズム試論」

一九六〇年は、世界的にはＡＡ諸国の独立運動やナショナリズムが高揚する一方、日本では岸内閣に対して六〇年安保闘争が生じた年であった。このような時代状況のなかで、坂本は「革新ナショナリズム試論」（一九六〇年）を発表し、独自のナショナリズム論を展開する。同論文の執筆の意図は、戦後日本において潜在化していた「即自的ナショナリズム」を「新たなナショナリズムとして自覚的に意識にのぼらせてみることであった」（坂本 1967a→2004：201）。元来、ＡＡ諸国におけるナショナリズムは「民族」、「国家」、「主権」といった象徴と結びつき、それが宗主国からの独立運動を支える場合が多かった。しかしながら、坂本が戦後日本の「新たなナショナリズム」の中核として措定する象徴は、それらとは大きく異なり、そこに坂本の独自性があった。

坂本が自身の「革新ナショナリズム」を構成する中核的象徴として挙げるのは、第一に「デモクラシー」である。戦後日本の新たなナショナリズムは、戦後に生じた条件の下での国内体制の実質的民主化と並行しなければならず、そのようなナショナリズムは、「中国との激しい「体制の競争」の下で鍛え上げられていく、日本独自の民主主義体制の未来像に他ならない」（坂本 1960→2004：157）とされた。

坂本によれば、西欧近代国家の形成においてナショナリズムとデモクラシーは相互補完的な関係にあったにもかかわらず、戦後日本のデモクラシーは大日本帝国とその「国体」観念の破綻によってしか可能にならなかった。そのため、日本においては、「デモクラシーが正教として確立される瞬間に、ナショナリズムは異教として葬り去られねばならなかった」。換言すれば、終戦による虚脱状況のなかで、「日本国民は超国家主義とともにナショナリズム一般を抹殺」してしまったのであり、それゆえ、「戦後日本の政治意識とその混迷との核心の一つは、まさにデモクラシーとナショナリズムとのこの相反的な不安定さに求められよう」（坂本 1960→2004：141-142）。

しかしながら、坂本によれば、デモクラシーの「普遍的モデル」とされるイギリスの民主政治が議会や王政など特殊イギリスの慣例の上に構築されてきたように、民主的制度が安定的に機能するためには、その政治社会の国民的伝統との相互媒介が不可欠であった。「いかなる普遍主義的イデオロギーも、個々の民族や地域に特有の個性的イデオロギーに媒介されない限り、決して安定した強力なイデオロギーとはなりえ」（坂本 1961a→2004：181）ないというテーゼは坂本において強く存在していた。

それゆえ坂本は、普遍的イデオロギーであるデモクラシーが、戦後の日本国民に固有の経験を通じて、個性的イデオロギーとしての日本のナショナリズムに相互媒介される条件を模索し続けたといえる。そして、六〇年安保闘争はその模索に応えるものであり、坂本はこの時期、竹内好や丸山眞男などの知識人と同様、それを日本における「国民運動」と捉え、安保闘争というかたちで日本において初めてデモクラシーとナショナリズムが結合したと捉えている。

「革新ナショナリズム」の第二の象徴は「平和」であり、これが坂本のナショナリズム論を独自なものとしている。本来、二〇世紀のナショナリズムは「主権」や「領土」と結びつき、それゆえ「軍事」や「戦争」に傾斜する思想や運動と見られてきた。しかし、坂本によれば、日本国民は核戦争という経験を「いち早く先取り」しており、それは日本国民に核戦争の絶対否定という「他の諸国民には見られないようなユニークな民族的特質を与えてきた」。それゆえ、「「平和」という本来的にインターナショナルなシンボルは、戦後日本の場合、広島と長崎というユニークな体験によって高度にナショナリスティックなシンボルとなっており、日本国民だけが核戦争の体験と記憶を持っているという民族的特殊性に徹底することが、かえってインターナショナルな平和への特殊な民族的使命感へと導く」」（坂本 1960→2004：152）という。

事実、一九六〇年代において、「核兵器に反対する国民感情の尊重」は平和運動のみならず保守政権によっても共有されており、坂本の言葉でいえば、それは「戦後日本に実在した「ナショナル・コンセンサス」」であった。それゆえ、坂本にとって、「戦後日本で「平和主義」と呼ばれるものは、何よりも国家の原理あるいは民族の理念」（坂本 1961b→2004：225）なのであり、戦後日本の「新たなナショナリズム」は、「平和」をそのシンボルとして据えなければ存立しえないものであった。

「中立日本の防衛構想」

このようなナショナリズムのシンボルを先取りし、「長期的な未来の展望の下に新たな体制像を打ち出していくこと」は、本来、革新政党の役割であった。しかしながら、坂本によれば、日本の野党はその役割を担っておらず、未来像不在のまま「常に権力の作用に対する反作用として、構造的に事後的・受動的・反射的である」抵抗団体の役割を果たしてきたに過ぎないという。このような「戦後日本の新たな体制像」の不在を埋めるべく、「革新ナショナリズム」の理念の先に展開されたのは、日米安保体制に代わる防衛構想の具体的なオルタナティヴであった。

一九五九年、坂本は雑誌『世界』に論文「中立日本の防衛構想」を発表。ここにおいて坂本は、偶発的要因による核戦争すなわち「錯誤による破滅」を警鐘しながら、日米安保体制と非武装中立論の双方を否定し、それらに代わる防衛構想として、「中立的な諸国の部隊から成る国連警察軍の日本駐留」を提案する。

坂本は、このような「国連警察軍の日本駐留」に、四つの条件をつけている。それらは第一に、このような駐日国連警察軍は、まさに「中立日本」の防衛構想であるため、東西対立に中立的立場をとる中小国の部隊に限られるべきこと。第二に、各国から派遣された部隊は国連の指揮下に入り、国連への忠誠義務を負うこと。第三に、この国連警察軍は非核装備でなければならず、第四に、国連警察軍の経費を日本が負担する国際的決定がなされれば、日本政府はそれに従うことなどである（坂本 1959→2004：118-120）。

そのうえで坂本は、自衛隊を縮小改組のうえ、この国連警察軍の指揮下に編入することを提唱する。これは、日本の防衛主権を国連管理下に譲渡することを意味し、坂本は、「もしわれわれがこのような決定を下した場合、それが近代主権国家の歴史上で、いかに画期的な転換点となるかは多言するまでもない」（坂本 1959→2004：119）と強調している。

「中立日本の防衛構想」に対しては、左右双方から反響と批判が寄せられることになる。保守の側からは、高坂正堯が一九六三年に雑誌『中央公論』に「現実主義者の平和論」を発表、坂本が在来兵器の抑止機能を無視していると批判し、後に「坂本・高坂論争」として知られる議論が生じる。他方、社会党もまた、「防衛構想」という観念自体に根深い不信感を示し、それが保守政権の進める自衛隊の海外派兵の正当化に「悪用される危険」を指摘し、坂本や『世界』に注文を向けている（坂本・安江 1991：33）。

後年、坂本は、これら「左」からの批判に対し、自身の議論が「悪用される危険」を認めながらも、「政府の構想は、国家主権や日米安保体制を前提とした上での国連軍参加であるのに対し、私の主張は、あくまでも軍事的国家主権や軍事同盟を否定した上での国連軍創設であって、この二つの間には原理的な差異がある」（坂本 1982b：60）と強調している。「駐日国連警察軍」による日本防衛構想の特徴は、何よりも、日本が「伝統的な主権を自発的に放棄するという行為のもつ意義」に求められるべきものであった。

総じて、一九六〇年前後の坂本においては、戦後日本に固有の新たなナショナリズムの創生、それによる冷戦イデロオギーの克服、そして冷戦を超克した日本の現実的安全保障としての国連強化論とが、相互に連続した主張として導かれていた。そのような論理展開こそが、冷戦思考を押しつけられてきた戦後日本において、日本国民がほぼ唯一主体的に選択しうる道筋であった。その意味で、「中立日本の防衛構想」で示された現状へのオルタナティヴは、「革新ナショナリズム試論」の必然的展開というべきものであったといえよう。

3　冷戦イデオロギーと「革新ナショナリズム」との相克

ソ連の核実験

一九六〇年代から七〇年代にかけて、冷戦構造は米ソ二極化から米中ソの三極構造へと変容していく。この時代の坂本の言論の多くは、ベトナム戦争やアメリカの核戦略などアメリカをめぐる情勢分析と批判に向けられたものであった。しかしながら、坂本において、中国やソ連など東側の国際政治に対する関心も常に並行しており、東側の核や覇権主義を批判的に論じた論文も相当量に上る。

坂本は「思想」としてのマルクス主義それ自体に敵対する姿勢はとらなかったが、自身とマルクス主義との「目的の違い」は明瞭に意識していたといえる。日本の中立を求める坂本の「革新ナショナリズム」の中核は「平和」であり、決して「革命」ではなかった。もちろん中立主義運動は中立を「革命の手段」と考える親社会主義勢力をも包含して展開される必要がある。しかし、社会主義体制の現実はしばしば「平和」と衝突する場合もあり、ソ連と中国の核実験は、「革命」と「平和」とのジレンマを日本の知識人に突きつけることになる。

一九六一年、米ソ対立が再び表面化し、同年八月、ソ連は核実験を再開する。米ソ核競争再開の口火を切ったのがソ連であったことは、日本の原水禁運動に深刻な衝撃と混乱をもたらした。一九五四年の第五福竜丸事件を受けて「国民的運動」として出発した原水禁運動だったが、これを契機に、共産党は「帝国主義反対」を優先してソ連の核を黙認し、他の運動団体との摩擦が表面化する。

このような混乱に際して坂本は、ソ連の核実験を擁護ないし黙認しようとするイデオロギー的誘惑を斥け、東西冷戦思考を打破する「原水爆の無条件否定」という「国民的な共有財産」、すなわちナショナリズムの論理を打ち出す。「もし平和運動が、原水爆の無条件否定の精神を軽視ないし放棄するならば、その運動は、戦後日本に実在するほとんど唯一の国民的《ナショナル》な原理を裏切る結果になり、もはや日本の平和運動としての力を持ちえなくなるであろう」（坂本 1961b→2004：221）。ここには明確に、東西の核武装を区別する冷戦イデオロギーに対し、無条件的反核思想という戦後日本の「革新ナショナリズム」が優先されていることがうかがえよう。

中国の核武装

一九六四年一〇月には中国が核実験を断行、冷戦構造は米中対立を主軸として新たな展開を迎える。中国の核実験はまた、中国に対する「道義的な負い目」にもとづき日中復交を唱えてきた革新陣営に「いわば内面崩壊の危険」をもたらすものであった。戦後、中国の指導者は日本の軍部と国民を区別し、後者の侵略責任を許すことで道義的優位に立ち、その姿は「日本の民族的良心の一つの支柱」となってきた（坂本 1963a→2004：205）。したがって中国の核武装は、ソ連の場合と異なり、日本の平和運動のなかに、過去の侵略に発する贖罪意識から「何らかの道義的正当化を施したいという欲求」を生じさせる危険性があり、そこに深刻なジレンマを生み出すものであった。

このようなジレンマに直面しながらなお、坂本は、中国核武装に対する冷戦イデオロギー的正当化と、中国に対する「道義的な負い目」に起因した道徳的扮装の双方を否定し、再度、核兵器の絶対的否定という日本の「国民的精神」を貫徹させる。中国に対する日本国民の贖罪意識が過去の侵略にもとづくならば、「そうであればこそわれわれは、絶対的な権力手段でしかありえない原水爆の絶対的否定という基本的態度を、この場合、米ソに対するとき以上に、努力して確立しなければならない」（坂本 1963a→2004：211）。中国の核武装に対する坂本の態度決定は、それが単なる「反中」という政治的方向へと歪められうる危険を鋭く回避しながらも、核武装に踏み切った中国政府を中国ナショナリズムに対する自己背信として明確に批判するものであった。

「平和」を基軸とした「革新ナショナリズム」によって、東西に通底する覇権主義に対峙する姿勢は、一九六〇年代の坂本に一貫している。その姿勢は、一九六八年八月、ソ連による「プラハの春」鎮圧に対して、坂本が中野好夫、久野収、丸山眞男などと起草して国際的に発表した「アピール」にもよく示されている。そこにおいて坂本は、ソ連の軍事的覇権主義を批判するとともに、「またわれわれは、ベトナム戦争に一貫して抗議してきた者のみが、ソ連の武力行使に真の抗議の声をあげる資格をもつと考える」（坂本 1968→2004：272）と述べている。ここには、核武装や覇権主義に固執する米ソ中に対するトータルな批判の論理を見出すことができるだろう。

4　「ナショナリズム」への距離感と日本の防衛構想との交錯

「ナショナリズム」への違和感

冷戦思考に対して「革新ナショナリズム」を対峙させてきた坂本であったが、しかし、一九七〇年代中旬頃を境に、坂本は「ナショナリズム」という言葉に微妙な距離感を示していく。「ナショナリズム」や「民族」、「国民」といった言葉は、その後、著作や論文集が改訂される度、「追記」において最もしばしば限定や追加説明が付されていく用語であった。そのことは、これらの言葉について、後年の坂本が注意深く距離をとり始めたことを反映していよう。

そのような変化をもたらした契機として、第一に、一九六七年の坂本の沖縄訪問を指摘できる。坂本によれば、沖縄返還という同じ政治要求を共有しつつも、「祖国復帰」を求める沖縄のナショナリズムは「明らかに現状変革的な性格を持ち、その意味で革新的なナショナリズム」である一方、「領土回復」を求める本土政府のナショナリズムは、国益と国防を中核とする「現状維持的で保守的なナショナリズム」である（坂本 1967b→2004：90-91）。しかし、双方がいずれも「ナショナリズム」という言葉で目的を表現するため、沖縄の土着的要求がいつの間にか本土の防衛問題にすり替えられる危険性が生じているという。沖縄をめぐるこのような指摘は、自身の「革新ナショナリズム」に対しても無関係ではなかったであろう。

第二に、国際共同研究プロジェクト「世界秩序構想プロジェクト（World Order Models Project）」を通じた、坂本と第三世界の学者との交流が挙げられよう。一九六〇年代末以降、坂本はこのような国際的な研究フォーラムを通じて、アジアやアフリカからの視点から日本を相対化することになる。

たとえば坂本はこのフォーラムで、「ヒロシマ・ナガサキ」の国民的経験にもとづき「核軍縮（nuclear disarmament）」が人類的優先課題であると主張した際、アフリカの政治学者マズルイから、「disarmament という言葉を聞くと、まず念頭に浮かぶのは、アフリカを植民地化する目的で白人が原住民を武装解除（disarm）したことだ」と指摘されている（坂本 2005：vii-viii）。坂本は、「『ディスアーマメント』という言葉は普遍的な共感を呼ぶものだと確信していた私にとって、これは衝撃的な発言」であり、「『ヒロシマ・ナガサキ』のメッセージは簡単には普遍化できるものではないという事実」を再認識することになったという。

坂本の指導を受けた大串和雄が指摘するように、一九七〇年代後半以降、坂本の議論の主眼は、「ナショナリズム」に意義を見出してそれを普遍的理念へ結びつけるというよりも、むしろ直接にトランスナショナルな社会運動ないし市民社会が形成されることへの期待にシフトしていくことになる（大串 2005：341-342）。

「三層セットの防衛構想」

このような「ナショナリズム」への微妙な距離感にもかかわらず、「革新ナショナリズム」の必然的展開であった日本の主体的防衛構想の提示は、その後も一貫した坂本の問題意識であり、ここに「革新ナショナリズム」の実質的延長を見出すことも可能である。坂本は、一九八〇年、安江良介との対話「軍事化に代わるもの」において、「中立日本の防衛構想」をさらに発展させ、新たに国家・国際・国民からなる「三層セットの防衛構想」を提示している。

「三層セットの防衛構想」とは、第一に国家レヴェルにおいては、自衛隊を領海警備隊と領空警備隊に改組し、その活動を防壁機能に限定すること。第二に国際レヴェルにおいては、常設の国連待機軍（Stand-by Forces）を編成し、語学力や異文化理解能力、共同作業能力に優れた人材を育成しながら、国連の決定に従って紛争地域で平和維持機能を担うこと。第三に国民レヴェルでは市民防衛であり、非暴力抵抗の訓練と組織化をはかること、であった（坂本 1982a：153-158）。

このような防衛構想は、坂本の国際政治学における重要概念である「一方的イニシアティヴ」にもとづく発想であった。石田淳の比喩を借りれば、それはすなわち、万人が万人に対して狼か羊かわからない状況では、誰もが不本意ながら狼のように振る舞うしかないが、誰かが初めにイニシアティヴを発揮して狼を否定すれば、互いに羊として平和共存できるというものである（石田 2004：311）。

そして「一方的イニシアティヴ」は、相手国の行動にかかわらず、まず自国が軍備削減を行う「非対称的防衛」を可能にするものであった。通常の防衛は、相手の戦力増強にあわせてこちらも戦力を増強させる「対称的防衛」

が主流であるが、この発想では常に軍備の拡大均衡を招くおそれがあり、どちらかがどこかの時点で自発的に「非対称的防衛」に切り替える必要がある。「三層セットの防衛構想」は「非対称的防衛」のモデルを示すものであり、それを選び取るイニシアティヴを日本政府に求めるものであった。

5　冷戦終結と国連へのまなざし

湾岸戦争と革新勢力の「思想的混迷」

一九八九年にベルリンの壁が崩壊して冷戦が終焉するも、その安堵もつかの間、一九九〇年のイラクによるクウェート侵攻を受け、翌年、湾岸戦争が始まる。湾岸戦争後の坂本の言論は、日本と国連とのあるべき関係を積極的に再定位し、そこに日本に固有の存在意義を求めようとするものであった。

坂本は湾岸戦争の性格を「朝鮮戦争勃発以来、四〇年ぶりの、国連を錦の御旗とする米国主導の戦争」としながら、そこに二つの側面を見出している。すなわち、一方でアメリカが国連を「ハイジャック」してそれを利用したという側面と、他方で、唯一の覇権国家アメリカでさえ「国連を使って正当化しないと、国際的に強い非難の声が起こる危険」を無視しえず、結果として「国連が正当性を付与する枠組としてクローズアップされるというプラス面」（坂本・安江 1991：6-7）とであった。

湾岸戦争に際しての国連への評価や日本の「国際貢献」をめぐり、日本では保革を問わずその対応は混迷を見せた。坂本によれば、一見対立してきた戦後の保革両陣営は、日本の自衛のみを考える「一国主義」では共通しており、紛争解決のための国際貢献の視点は欠落していた。そのため、国連の平和維持活動や「多国籍軍」といった課題が生じると、いずれも「虚をつかれた格好」となり、ここに保革に「共通の落とし穴」があった（坂本・安江

1991：26)。

しかしながら、冷戦後に生じた変化に対して、保守の側は柔軟に対応した。保守政権は日米安保の論理を国連への軍事的貢献へと「拡大延長」していけばよく、それによって国連協力は対米協力と同一次元となり、政策の変更はあっても思想の転換は必要なかった。すなわち、「思想としては基本的に「拡大安保」の枠内で処理可能だった」。当時の小沢一郎などが打ち出した「日本改造計画」などは、国連への「国際貢献」をめぐる保守の側の適応力の一例であった。

他方、冷戦後の革新陣営や平和運動は、憲法と国連との関係を整合的に再定位しなければならず、ここに「保守以上に深刻な思想の混乱」が生じることになった。元来、講和条約前後の日本の革新勢力には、日本国憲法と国連憲章の類似性にもとづき、非武装日本の安全保障を国連に委ねるという発想があった。しかし、冷戦以降、国連の軍事行動が顕著になるにつれ、「国連と憲法とが矛盾するという疑い」が広がり、「憲法が安保で骨抜きにされるだけでなく、国連によって空洞化されるのではないかという危機感」が生まれたのである（坂本 1994→2004：269）。

このような混迷のなかで、日本の平和運動は、一方で国連強化の必要性を認めながら、他方、大国主導で軍事的解決を優先させる現在の国連強化には疑義を感じ、それへの日本の参加には反対という「一種の矛盾した反応《アンビヴァレンス》」を示すことになる。これに対する坂本の態度は、冷戦後の世界における国連の重要性を認める以上、必要なのは「大国中心でない、市民中心の視点からの国連改革」であるとし、再び、国連と日本との関係をめぐるオルタナティヴ構想を提示するに至る。

「国連協力隊」の提唱

湾岸危機に際し、坂本は国連の平和維持行動を「武力制裁による強制行動」と「停戦監視を主たる任務とする平和維持活動」とに二分し、後者の活動に対しては「日本が積極的に参加すべき」という立場を明確にしている。酒井哲哉が指摘するように、元来、「坂本の防衛構想は、「一国平和主義」から最も遠いものであり、歴代の自民党政権よりもはるかに強く「国際貢献」を要求するものであった」（酒井 2010：24）。そのうえで坂本は、もっぱら国連の平和維持活動に専念する、自衛隊とは独立した別組織、常設のPKO待機部隊である「国連協力隊」を日本につくるよう提唱し、この構想は晩年の坂本のモチーフとなっていく。

坂本によれば、これまで世界には国連平和維持活動を目的としてつくられた組織はなく、それゆえ、主権国家は戦争を目的とした軍隊を「便宜的に転用」してきた。「しかしこれからの世界は、まさに紛争予防専用の「別組織」を各国が創設すべき時代なのだ」。坂本の構想する「国連協力隊」は、「警察機動隊の国連版ともいうべきもの」であり、隊員は語学力や豊かな国際感覚を備え、現地のNGOや青年海外協力隊などとも連携しながら、停戦監視、インフラ整備、教育や技術への支援、人権の保護などを任うものであり、「それは単なる平和維持以上に積極的な、平和建設の役割をになう組織」とされた（坂本 1993b→2005：232-234）。

二〇〇一年の「九・一一テロ」とそれに続くアフガン戦争、イラク戦争は、アメリカの「単独行動主義」と国連との緊張関係を如実に浮かび上がらせたものであった。二〇〇〇年代の二つの戦争を通じて、坂本は、安保理の限界や国連の機能不全を嘆く論調に対し、むしろ「国連と国際社会の承認を得た本来の合法的で正当な武力行使」と「米国が実際に行う武力行使」とのあいだに生じるズレに着目している（坂本 2002→2005：320）。国連にはかねてから国際的な武力行使に対する「正当化機能」があり、アメリカの単独行動主義は、逆説的にもこの国連の役割を意識化させ、国連決議を欠いた武力行使は正当性を欠いているというコンセンサスを広めたといえる。

アフガン戦争やイラク戦争は、坂本にとって、国連の重要性を再認識させるものであり、そのような国連強化のための「国連協力隊」の重要性も不変であった。そして、日本の国際貢献を国連の平和活動と結びつけようとするこのような構想は、一九六〇年代以降の「革新ナショナリズム」の理念の延長上にあるものでもあった。坂本によれば、国連支援のための新部隊は、「人間の安全保障」の思想に依拠するものであるが、同時にそれは、「世界のなかで日本人がどう生きるかという、日本人の新しいアイデンティティにかかわる問題」（坂本 1994→2004：287-288）であり、「顔のある日本人」の育成をも見据えたものであったからである。

おわりに

坂本の言論の変遷を振り返ったとき、そこには、「坂本義和のスタイル」とでもいうべき姿勢を見出すことができる。坂本は決して「過去」の認識を第一義とする「ミネルヴァの梟」ではなかった。むしろ日中、陽があるうちに「現在」に参画し、同時代に言葉を投げかけ続けた。しかし、坂本のスタイルの最大の特徴は、何より「未来」を構想しようとした点にあろう。「過去」の認識と「現代」への参加に加え、「未来」をデッサンしようとする意志にこそ、坂本が戦後日本において特異な言論家として突出した理由があるといえる。

最後に結論として、坂本の思想がはらむ現代的遺産を二つほど指摘したい。第一に、オルタナティヴへの意志である。戦後一貫して政権を担ってきた保守政治が現実の「必然性」に開き直り、革新勢力がそれに対するいわば受動的な批判に終始してきたなかで、坂本は常に現実に対するオルタナティヴを求め、それを可能な限り具体的に提示することにみずからの存在意義を賭してきた。政治家が「この道しかない」というとき、常に「もう一つの道」があることを肯定形で示してきた。坂本を突き動かしてきたそのような内的衝動を感じるとき、オルタナティヴを提示しようとする意志は、坂本の示した遺産の一つとして判然と浮かび上がってくる。

第二に、イニシアティヴへの信念である。坂本はかつて、人間にとって未来が持っている二面的な性格を指摘している。未来は一方で不確実であり、その流動性が人間を不安に陥れる。他方、未来が不確実であることは、人間の自由な選択を可能にさせるということでもある。未来がこのような二面性を持っているとすれば、「未来を志向するわれわれの知的営為の基本目的は、不確実さを最小限度に抑え、主体的な選択の幅を最大限に広げることにある」（坂本 1975→2005：107）。

そしてこのような未来の二面性こそ、坂本の構想力の基底をなす哲学、人間が未来を自律的につくり出す力、すなわちイニシアティヴを可能にするものであった。坂本にとってイニシアティブとはすなわち、「全く先例のない場面で、新しい平和と和解のヴィジョンを打ち出す構想力、またその場合、相手の出方や反応が不確かであることに伴うリスクをまず自分の側で負うという決断、その二つによって相手の姿勢を変えていくという知恵」（坂本 2000→2004：328）にほかならなかった。

もとより、イニシアティヴにもとづいた坂本のオルタナティヴ構想が、戦後日本においてどれだけ「実現」されてきたかという問いは残る。「戦後民主主義」は、論壇では主流を占めたものの、現実政治の領域ではついに支配勢力とはなりえなかった。いかにジャーナリズムで活躍した坂本といえ、政党や政策への関与については一定の謙抑性を把持するものであり、それゆえ社会党など野党勢力の安保政策はダイナミズムを欠いたままであった。しかし、坂本など批判的知識人による一層の積極的な政治関与は、政治の緊張と倫理を高めるとともに、坂本自身のリアリズムをより一層鍛えることにもなったのではないだろうか。知識人と現実政治との有機的な関係性のあり方は、今後に残された課題の一つといえる。

坂本が二〇一四年に死去して以来、いわゆる「戦後民主主義」の遺産をめぐる状況は厳しさを増している。二〇一二年に政権復帰した自民党政権は「戦後民主主義」のコンセンサスを破壊しようとすると同時に、ポストモダン言説やサブカルチャー的な若手論客は「戦後民主主義」を時代遅れとし、その遺産に向き合うことのないままそれらを「過去のもの」にしている。

たしかに、坂本が言論を展開した冷戦時代と現代の世界とでは、われわれのおかれた状況や文脈、課題は大きく異なる。しかしながら、坂本が提示してきた現状への批判精神と未来への構想力とは、冷戦の時代文脈を越えた知性の姿を示すものでもあろう。とりわけ、混迷する国際秩序の行方に新たな未来図の見えない現在、坂本の構想力の背景にあったイニシアティヴへの信念とオルタナティヴへの意志は、坂本の示した現代的遺産として、戦後史の向こうからわれわれに向かって未来を描き出す意志を呼びかけているように思える。

【大井赤亥】

Column ①

戦後思想におけるマルクス主義——学問領域を横断した知の共通土台

共通土台としてのマルクス主義

一九二〇年代にマルクス主義の理論が日本に受容されて以来、それは「社会科学」の名前を独占する影響力を持ち（石田雄）、第二次大戦後は、軍国主義日本の敗北を予見した点で、獄中非転向を貫いた共産党指導者の精神的強靭さとともに、大きな権威をもって君臨した。

元来、マルクス主義とは史的唯物論、剰余価値学説、弁証法などを内実とする知の体系であり、それは個別の学問領域に収まらない包括的な認識枠組みを提供するものであった。それゆえ、戦後日本におけるマルクス主義は、経済学、歴史学、政治学といった諸領域を横断して受容され、多様な学者が相互に理解可能な言語で議論できる土台となってきた。

以下、マルクス主義を独自に深化させた代表的な論者として、日高六郎（社会学）、江口朴郎（歴史学）、古在由重（哲学）、鈴木安蔵（政治学・憲法学）の四者を取り上げ、戦後思想におけるマルクス主義の意義を確認してみたい。

日高六郎と「創造的マルクス主義」

マルクス主義を意識しながら戦後初期の社会学を担った人物として、日高六郎（一九一七年-）がいる。日高は青年期からマルクス主義の著作に親しみ、特にその戦争予測能力と社会認識の包括性は、戦前の日高にとって魅力であった。

しかし、戦後の日高は、経済的規定性だけでなくイデオロギー、性別、心理といった複数の視点にもとづく「トータルな人間認識」の方法を模索していく。一九六〇年の『現代イデオロギー論』は、下部構造に加え、精神倫理から社会変化を捉えるウェーバー、心理的欲求から人間を捉えるフロイトを重視するものであり、このような分析視覚の総合を、日高は「下から」（経済）、「上から」（イデオロギー）、そして「内から」（心理）の人間分析と名づけている。

この時期の日高にとって、マルクス主義と他の学問方法論との結合は、マルクス主義の相対化と同時に、諸学の知見をふまえたマルクス主義の発展、すなわち「創造的マルクス主義」を生み出す試みでもあった。

江口朴郎における「民族」への着目

歴史学では江口朴郎（一九一一-八九年）が、マルクス主義を用いて独自の歴史観を提示している。江口もまた、階級闘争を前提とする点でマルクス主義者であった。しかし、江口にとってマルクス主義は、あくまで眼前の世界を認識するための道具であり、その教義にあわせて現実世界を切りつめる公式主義とは無縁であった。

江口の歴史学の特徴は、民族への着目にある。元来、民族はマルクス主義が弱点としてきた課題であり、二〇世紀のアジアやアフリカの民族運動の勃興は、その方法論が試される試金石でもあった。一九五四年の『帝国主義と民族』において江口は、歴史発展は階級関係に規定されるとしながらも、具体的な社会変革はそれをそのまま反映するものではなく、むしろ民族的主体意識として現れるとしている。

江口の歴史学は、被抑圧民族の解放過程として世界史を捉えるものであり、固有の歴史観を提示している。その意味で江口は、歴史哲学を持った「考える歴史家」（斉藤孝）であり、その帝国主義研究は従属論や世界システム論などに先駆けて二〇世紀の歴史的位置を示すものであった。

古在由重とヒューマニズム

古在由重（一九〇一-九〇年）は、戦前、戸坂潤らが主催する唯物論研究会に参加、戦後は原水爆禁止運動に尽力し、哲学と実践の双方で活躍したマルクス主義哲学者である。

古在の課題は、「社会主義とヒューマニズムとの必然的つながり」の探求であったといえる。古在においてヒューマニズムとは、階級的条件に規定されながらも歴史を通じて反復される「屈服されえぬ人間的要求」であった。このような人間解放は、資本主義下では「自己疎外の揚棄」として要求され、そこにマルクス主義とヒューマニズムとの結合が生じる。

ヒューマニズムに裏打ちされた古在の唯物論哲学は、実践と相即不離であった。『思想とは何か』（一九六〇年）では、戦前の共産主義者の非転向をめぐり、天皇制の「力の論理」に対し、「論理の力」がもたらす思想的廉直性を論じた。「思想は冷凍保存できない」と述べる古在にとって、批判精神を抱きながらも沈黙することは不可能であり、古在の哲学には思想の一貫性と実践への勇気をうかがうことができる。

鈴木安蔵と個人権理論

最後に、戦後憲法学を牽引した人物として鈴木安蔵（一九

○四‐八二年）に触れておきたい。鈴木は戦後直後に憲法草案を発表して日本国憲法制定にも影響を与え、主著『史的唯物論と政治学』（一九四九年）を通じてマルクス主義政治学の確立を探求した論者であった。

しかし、戦後憲法学での鈴木の役割は、むしろマルクス主義の立場からの自由権の擁護、「ブルジョア的権利」の正当化であったといえる。鈴木が編集した『ラスキ研究』（一九五四年）は、ラスキの一貫した「個我の自由」、「良心の絶対的尊重」を高く評価する。鈴木によれば、「一定のブルジョア性」を残すラスキの権利理論は、「前近代的性格」の強い日本において、日本国憲法の正当化理論として十分に「進歩的役割」を果たすものであった。

鈴木による個人権擁護は、自由主義思想を飛び越えてマルクス主義を「輸入」した戦前日本の知的過程を是正し、軍国主義の反省を経て、いま再び「ブルジョア的権利」の一定の普遍性を再確認する作業であったといえよう。

戦後思想におけるマルクス主義の遺産

以上の四者に共通してうかがえることは、戦後思想におけるマルクス主義は心理学、民族、ヒューマニズム、自由権など従来のマルクス主義が捨象してきた課題に果敢に取り組んでいく時、その豊饒さを発展させてきたということであろう。

もちろん、マルクス主義が戦後思想にもたらした負の側面も無視しえない。石田雄によれば、知識人を魅了したマルクス主義の普遍性、体系性、批判性は、一旦マルクス主義が教条化されると、普遍性は外国理論の権威を借りる輸入性へ、体系性は理論の画一的適用を求める公式主義へ、批判性は学問の分裂を招く内部対立性へと転化していった。

それらをふまえてなお、戦後思想におけるマルクス主義の意義を指摘すれば、以下の二点であろう。第一に、マルクス主義は個別の専門領域を超越する横断的な認識枠組みであり、そのことが、人文社会研究者のあいだに共通の学際的土台を提供し、多くの学者がマルクス主義の概念を媒介にして、各領域の知見を総合させることを可能にした。

第二に、マルクス主義の存在は、それとの緊張競合関係を通じて、マルクス主義以外の学問方法論が自身をより洗練化させていく動機を提供し続けた。たとえば丸山眞男（⇒01）の思想史学や川島武宜の法社会学が、マルクス主義との対決のなかでその分析力を練磨したのはその好例といえよう。

かつて学問領域を横断したマルクス主義は消滅し、専門を超えた学者の討議を可能にする「共通言語」も失われた現在、戦後思想におけるマルクス主義の遺産を発掘することは、知のあり方にとって重要な意味を持つであろう。

【大井赤亥】

II

戦後思想の相対化

04 竹内好——「変革のための学問」をめざして

たけうち・よしみ（一九一〇-七七年）中国文学者・評論家。著作に『魯迅』『日本イデオロギイ』「近代の超克」「日本のアジア主義」など。

はじめに

現在、中学校の国語教科書のすべてに魯迅「故郷」の日本語訳が掲載されている。日本語訳を行った竹内好（一九一〇-七七年）は、中国文学研究者であり、また中国という視点から戦後日本のあり方を積極的に世に問いかけた思想家である。竹内が主張したアジア主義、ナショナリズムの思想は、九〇年代には歴史修正主義の議論と「通底」する部分があると指摘された（川本 1998：159）。戦前の右翼に対する本格的研究は竹内から始まったともいわれている（松本 2000：90-91）。その思想の本質は何か、あるいはその思想からどんな遺産が引き出せるのか、今まさに読まれるべき人物の一人である。

竹内好は一九一〇年長野県南佐久郡臼田町で、税務署勤務の父、女学校を出た母のもとに誕生した。脱サラして起業した父のため貧困生活を強いられるなか、東京府立第一中学校（現・日比谷高校）に入学、その後「優等生」をやめ大阪高等学校を経て「一番やさしそうだった」という東京帝国大学文学部支那文学科に入学した。私費留学先の北京で現代中国文学に開眼し、帰国後「中国」文学研究会を結成した。日中戦争勃発後再び北京（北平）に留学するも首都は南京に移転しており、なすすべもなく「酒色におぼれた日々」を送る。

帰国後回教圏（イスラム）研究所研究員となり、最初の著作『魯迅』を完成させて応召、中国の湖北省成寧歩兵第八八大隊に属し前線で戦った。敗戦後は魯迅の翻訳や紹介をしながら、国民文学論争、「近代の超克」論などの議論に参加した。六〇年安保闘争では衆議院の強行採決に抗議し都立大を辞職、以後政治評論から一歩引きつつも、「明治百年」祭や「アジア主義」の提唱など言論活動を続けた。

一般に竹内の思想といえば、丸山眞男（⇒01）と対比して語られることが多い。近年の竹内研究に大きな影響を持つ『竹内好という問い』（孫 2005）でも、竹内と丸山を対照的な存在として論じている。両者の思想の資源や個人の体験を思想化する方法は異なっていたとし、西欧近代の理論を思考の基準とする丸山に対し、日本固有の伝統や日常体験の一般化を志向する竹内の思想が対置されている。

一方、両者が親しい間柄にあることはよく知られており、思想の根本的な部分において共通していることが指摘されてきた。たとえば鹿野政直は、両者の世界観が「対角線上にあるようにみえて、じつは根本のところでふかくむすばれている」とした（鹿野・竹内 1969→1970：189）。占領軍主導の制度改革の進行のなかで日本の過去にこだわり、日本の「帝国」色の克服を内面からめざす根本姿勢において両者が共通していると指摘している（鹿野 1999：340-341）。近年においても、戦時下官僚制批判、近代的主体形成の課題は両者に共通しており、相違は表面的な表現にあると指摘されている（小熊 2002：412）。本章では、まず丸山眞男と比較して竹内の「戦前」の克服方法の特徴を明らかにしたい。

また、「中国の近代と日本の近代」（一九四八年）をはじめ、竹内が中国＝アジアを理想とする視点から日本の近代化を批判したことは有名である。しかし八〇年代初頭中国の文化大革命の実態が明らかになるにつれ、竹内の中国に対する捉え方は批判され、竹内をいかに乗り越えるかが中国研究の課題となった（佐藤 2006）。

これに対し、竹内の思想を日本思想として研究することでその中国ならびにアジア像を実態とは切り離した視点として積極的に捉える研究も進められてきた。松本三之介は「いかにして日本の思想に創造的な機能と活力を与え、それを思想として再生させるか」という課題こそ竹内が一貫して追求したものであり、「アジア主義」論はアジアの近代化の基盤である「抵抗」という契機の日本近代における可能性を探るための視点だとした（松本 1988：165，183）。近年では、丸山眞男が戦後民主主義の「虚妄」に賭けると主張したのと同様に、竹内もアジアという「虚妄」を掲げることで日本の精神的改革を実践しようとしたのだと論じられてもいる（萩原 2015：74）。

そこで本章の二つ目の課題として、竹内はアジアという視点により近代日本像をどのように構築したのかを明らかにする。その際竹内が一九六〇年に提唱した「明治百年」祭とアジア主義による近代日本論「アジア主義の展望」（一九六三年）に注目したい。竹内が描いた近代日本像の基礎にある歴史認識や研究の方法を明らかにすると同時に、日本ならびに日中関係の未来をどのように構想していたのか、歴史学者・遠山茂樹との応酬などもふまえつつ考えてみたい。

1　戦前社会の克服と「近代の超克」

近代天皇制社会の特徴

戦後日本の再建において竹内が重視したのは、近代天皇制社会の克服と「国民」の育成である。近代天皇制に対する認識は世代によって大きな差があり、竹内によれば「愛慕型」「恐怖型」「無関心型」に分類される。「愛慕型」とは、大正デモクラシー期に活躍したオールドリベラリストと呼ばれる安倍能成、津田左右吉らが代表格で、感情面において天皇制を肯定している人々である。「無関心型」とは竹内の学生たちの世代、また講座派マルクス主義の歴史学者・井上清など知性のみによって天皇制を客観化する人々である。

これに対し竹内や丸山らの「恐怖型」では、天皇制は「骨がらみになって人間の心理に巣くっている」もの（竹内 1953a→1981：171）であり、外的な制度面だけでなく精神的に克服する必要があった。竹内にとって天皇制は知性と感情を総動員しなければ対抗できない存在である。戦前日本社会の解明と克服は「生きる努力」に関わる根源的問題であった。

竹内は近代天皇制について、「明治十年代」に基礎ができ「一応の形は近代国家であるが、本質的に近代国家と背馳する要素をふくんでおり、他に例のない日本独特のもの」とする（竹内 1958→1981：150）。表面上は近代、裏面は前近代という二重性の把握は、竹内も言及しているように久野収・鶴見俊輔（⇓05）の『現代日本の思想』（一九五六年）に拠るところが大きい。二重性の原因については「日本社会の底にある部落共同体的秩序と、上層にある封建的官僚機構とを巧みに合体し、再編成したところから発している」とする（竹内 1958→1981：153）。この前近代的な機構を温存利用した国家体制の構築という側面については、丸山眞男「日本の思想」でより具体的に説明されている（丸山 1957→1996：227）。竹内の近代天皇制に対する認識は同時代の研究者の分析にもとづいており、独自の見解というわけではない。

そのなかで竹内の議論の特徴といえるのは、明治維新以後「一九四五年をのぞいて、統治形態に本質的な変化は一度もなかった」と、戦後も近代天皇制は継続していると見ていることにある。「権力と芸術」で竹内は「統治機構としての天皇制」は解体しつつあるが「精神構造としての天皇制は、それに見合う形では解体していない。精神の次元が独立し、芸術が最終的に自由になったとはいえない」と、精神構造としての天皇制は依然健在だと主張していた（竹内 1958→1981：159）。

次に、竹内は「権力として意識化されぬことが天皇制権力の特色」としている。「権力がむき出しの形であれば、それに立ち向うことはできるが、やんわり空気のように充満しているものに抵抗はできない」とする（竹内 1958→

1981：157）。なお近代天皇制が権力主体として把握困難であることは「日本の思想」で丸山が指摘しているところである。

天皇制が把握困難であるため対抗や抵抗が難しいことを強調している点に竹内の場合の特徴がある。竹内によれば「私的な自治」や芸術の自律性は、「中世的権威」から脱却しようとする不断の反逆や努力のなかで実現される（竹内 1958→1981：143）。つまり国家を対象化することなしに人間の自由や芸術の自律性などの近代的精神は実現されないのであり、対抗すべき国家権力が対象化しづらい日本では「有能な芸術家たち」も骨を抜かれてしまったとするのである。

このように近代天皇制は精神構造として戦後も継続しかつ抵抗が困難であるとする点に竹内の特徴があった。

「国民」の分裂

また、日本では近代国家の前提となる「国民」が形成されておらず、戦後も国内文化は分裂状態にあると指摘している。竹内によれば、明治維新以後形式的な身分制の解放が行われた結果、かえって国民各層の文化の分裂は複雑化し個人レベルにおいて行われた（竹内 1954a→1981：196–197）。この分裂については「岩波文化」と「講談社文化」（蔵原惟人）、「インテリ」と「疑似インテリ」（丸山眞男）などが文化の二重性格という問題として当時の知識人が様々なかたちで論じていたものである。

竹内の場合、形式上の独立を果たした戦後日本がアメリカに隷属し、それに対する国民的な抵抗が組織できない原因と見ていたことが重要である（竹内 1953b→1981：256）。竹内の「国民」とは、日本政府ならびにアメリカに抵抗し民族的独立を達成する集団であった。また、竹内は二つの文化を蔵原や丸山のように固定的に捉えるのではなく、両者を「表と裏の関係」と把握し、問題の実践的解決のための主体的把握を提唱している。それは「分裂を自己の苦痛において感じとる精神」を持つことであり、その精神は外部から与えられるものではなく、自己の内部において生じるものである（竹内 1954a→1981：197）。

国民文化の分裂をみずからの内側の問題と捉え、分裂や心情のあいだに分け入り格闘する。そのなかから国民統一の契機を導き出し、アメリカに追従する日本政府への抵抗勢力を形成する。このような展望のもと「国民」の統一が論じられていた。国家権力に対する抵抗集団であること、かつ各人の内側から形成されるという点において歴史修正主義の「国民」像とは異なっている。

また、国民の分裂をみずからの内部において捉えるというあり方は、竹内の戦前日本への向き合い方に通じている。竹内は戦前の罪に正面から向き合い苦痛に耐えることによって自力で「起死回生の契機」をつかむことよって「世界市民」になれると考えていた（竹内 1949→1980：41）。この向き合い方は、第一に近代天皇制の性質に起因するものである。先に述べたように竹内は近代天皇制が知性と感情を総動員しなければ把握できず、戦後も精神的に持続し抵抗が困難なものと考えていた。そこで戦前の克服には戦前のみずからの思想に向き合い内在的に捉えなおす必要があった。

第二に、竹内自身の戦時下の行動や思想がこの向き合い方をうながしている。日中戦争下、日中友好を願いながら苦渋の思いで戦争を見つめてきた竹内は、「大東亜戦争」開始に精神を高揚させたという経験を持っていた。「大東亜戦争と吾等の決意（宣言）」では西洋列強から「東亜」を解放するという名目の開戦に、日中友好と侵略主義打倒の意義を見出している。そして高揚した気分で戦争への尽力を誓い中国文学研究会の仲間を鼓舞している（竹内 1942→1981）。この宣言について竹内は戦後「政治的判断」としては間違いだが「思想」という点では間違っていないと述べており、評論集『日本と中国のあいだ』（一九七三年）に収録した。

一九四五年八月一五日、天皇の放送を「徹底抗戦の訴え」だと予想していた竹内にとって敗戦は「屈辱の事件」

で解放ではなかった。敗戦を解放だと捉えた丸山に比べ「基本的人権」などの人権感覚が希薄であったことを後に告白している（竹内 1957→1980：418-419）。このような態度や感覚は多くの日本人に共通のものであった。戦前におけるみずからの活動や思想を再検討し内部から戦前を克服していくことは、多くの人々の戦前の克服につながる作業であった。

「近代の超克」（一九五九年）

竹内はこの問題を考えるために、アジア・太平洋戦争下で行われ当時の知識人を集結させた座談会「近代の超克」を取り上げた。そして文学者と社会科学者の「知的協力」の「最後の光芒」である座談会の歴史的可能性を論じた。竹内の思想の原点となる戦時下の思想から「抵抗」の契機を探り出し、「戦争体系のなかから戦争体系そのものを変革する意図と実現のプログラムを提出する」ことが「近代の超克」研究の目的であった。

この論文で注目されるのは一九四一年「十二月八日」についての分析である。当時は知識人までもが「聖戦」や「八紘一宇」という神話的象徴に飛びついてしまったという後世の評に対し「主観的には神話の拒否ないし嫌悪は一貫しながら、二重にも三重にも屈折した形で、結果として神話に巻き込まれた」と述懐し当時の知識人の主観的意図そのものは肯定する（竹内 1959→1980：29）。そして「大東亜戦争」は植民地侵略戦争であると同時に対帝国主義戦争という二重性を持っていると指摘し、竹内は戦意を高揚させたみずからの内部に時代状況にねじ曲げられた帝国主義戦争に対する「抵抗」の精神を見出そうとした。

竹内の主張は、日本近代の問題点や戦争の原因を批判的に探り出すマルクス主義史学とも、またその反動として起こった自国の歴史に誇りを持つため戦前の歴史を肯定する歴史修正主義とも異なる。失敗の歴史のなかに肯定すべき「抵抗」の精神を見出し、「大東亜戦争」の思想から国家から自律した精神を継承すべきだとするのである。

最も否定すべき歴史のなかから国家の真の独立と近代化への道を見出そうとする竹内の議論は、独自の史観形成の可能性を示唆している。この歴史観は「明治百年」論においてさらなる展開を見せることになる。

2 「明治百年」祭の提起

「明治百年」と日中関係変革の伝統

近代日本では時代の節目に「第二維新」、「大正維新」、「昭和維新」という言葉によって社会の変革が論じられてきた。時代を変革しようとする人々にとって明治維新は繰り返し想起される近代の思想的伝統である。「明治百年」を契機に竹内が明治維新論を論じる一九六〇年代は、「日本とアジア」「日本のアジア主義」「明治維新と中国革命」など日本とアジアに関する竹内の代表作が発表された時期でもある。そこで次に竹内の日本近代像とアジア論の関係について考察したい。

一九六〇年二月、竹内は「「民族的なもの」と思想―一九六〇年代の課題と私の希望」を発表し、世界情勢に左右されない主体論理形成のために伝統を基礎とするナショナリズムを探究する必要があると主張する。そして明治国家の歴史のなかに現在の日中関係を正しいものに変えるような思想的遺産はあるのか、という松田道雄の問いへの回答を約束し、そのうえで「明治維新百年祭」を提起した。そしてこの課題がナショナリストのみならず西欧派もスラヴ派（日本派）も参加した国民的論議となることを期待した（竹内 1960a→1981：61-63）。この発言は「明治百年祭」へのコミットメントとして最も早いものとされている（市井 1978：37）。竹内の明治維新論は当初より日中関係を変革する思想的遺産の探究という意味を持っていた。

日本近代化論と日本型の近代化

竹内の提起は桑原武夫「明治の再評価」（一九五六年）を受けたものである。桑原はマルクス主義史学が明治維新をブルジョア革命ですらなかったと批判するのに対し、維新以後の自由の拡大や生産力の進歩の早さから「後進国型のブルジョア革命」と認めるべきだと主張する。その理由を「明治の革命は巨視的にみて、一つの偉大な民族的達成であったと認めるのでなければ、私たちに希望はないのである」としている（桑原 1956→1980：467）。桑原の議論は肉親の人生やその生きた時代を肯定したい人々の心情に訴える要素を持っていた。

桑原はその後、数量的指標（政治における民主主義、国民経済における資本の集中、義務教育の普及等々）によって近代化の度合いを論じる日本近代化論に積極的に参加していく。E・O・ライシャワーらの唱える日本近代化論は「日本大国」論を背景に日本の近代化を高く評価し、アジア・アフリカ諸国のモデルにしようとするものであった。竹内と桑原は「日本近代の百年」という対談でこの問題に触れ、双方とも日本がアジア・アフリカ諸国の近代化モデルとなることに否定的な見解を示した。ただしその理由は大きく異なる。桑原の場合日本の「徳川三百年の蓄積」という特殊事情が近代化をもたらしたとしてモデル化は不可能とする。桑原の議論は日本の封建制度を中世ヨーロッパ封建社会と同一視し評価するライシャワーと基本的に同じであった（ライシャワー 1965）。

これに対し竹内は日本の近代化は外から輸入した秀才型で、アジアでは中国のような内部からの自主的な近代化が一般的な型だとした（桑原・竹内 1964→1970：162-163）。この「後進国」における二つの近代化の型については「中国の近代と日本の近代」（一九四八年）以来竹内が論じているものである。そして日本型を克服するためには「まず埋もれている伝統を掘り起さなければならない」と主張していた。革命運動の進行と革命の伝統発掘は同時に進行するからであり、革命伝統の発掘は革命的な人間へのつくりかえをもたらすからである（竹内 1954b→1980：206-207）。「埋もれている伝統」の発掘とは従来の歴史学や思想史では論じられてこなかった課題を日本近代のなかに探求することであった。

竹内が「明治百年祭」論で提起しようとしたのも明治維新の「埋もれている伝統」の発掘である。「明治維新は「未曽有の変革」を意図し、また実現したものであるが、明治国家は一つの選択にしか過ぎず、もっと多様な可能性をはらんでいたと考える」と明治維新とその結果である明治国家を明確に区別した（竹内 1961a→1980：233）。「明治国家」に収れんされなかった明治維新の多様な可能性を掘り起こし、そこに日中関係を変革する要素を見出すことが竹内の目標の一つであった。

六〇年安保闘争の「抵抗」

また同年の安保闘争を機に国民共通の精神的な基盤を形成することが、いま一つの目標として加わった。政治的には敗北に終わった闘争を竹内は「一種の精神革命」と捉え、破壊を旨とする既成の革命概念を壊したものと評価する（竹内 1960b→1981：172-173）。そしてアジア・太平洋戦争の体験と六〇年の体験を関連させ次のように主張する。「六〇年の体験は、本来は戦争中にあるべきものが、十五年おくれて発生したと考えてもいいのである。あれはファシズムと戦争の時期におこる抵抗の型であった。そのことから逆に、日本はこの時期まで戦争はおわっていなかった、戦争体験は継続していた、とも考えうる」（竹内 1961b→1980：232）。そして「季語化した戦争体験から抜け出るために、国家批判の原点を発見することが、われらの任務」だと主張する（竹内 1964→1980：235）。

アジア・太平洋戦争下で可能性に過ぎなかった「抵抗」の精神が六〇年安保闘争で国民的な運動として実現した、と歴史を捉えなおすことによって竹内は当時風化しつつあった戦争体験を国民の共通体験として位置づけなおした。そして近代における革命伝統の可能性の発掘を国民的な歴史構築のための基礎作業とした。ここでいう国民的な歴史とは、革命への道程の探求を意味する。「明治百年祭」論は直後の六〇年安保闘争を経て革命の「未来のヴィジョン形成」のための思想課題となった。

3　「アジア主義」と「変革のための学問」

日本のアジア主義

竹内はこの提唱と前後して「日本とアジア」「日本のアジア主義」「明治維新と中国革命」等、日本近代とアジアとの関係に関する論文を発表した。

「日本とアジア」（一九六一年）において、福沢諭吉の「脱亜」論には日本がアジアから脱却できぬからこそ文明の基礎である人民の自覚をはげますというリアリズムが存在し、国家の独立は自力でかち取る以外には達成できないというアジアのナショナリズムの原理を直観していた節があるとした（竹内 1961c→1980：88，90-91）。近代日本国家の「脱亜」路線を決定したといわれる福沢の思想にアジアのナショナリズムの原理を形成する可能性が存在していたと論じるのである。

そして『現代日本思想大系』九巻解説「日本のアジア主義」（最初の標題は「アジア主義の展望」）はアジア主義の視点からの日本近代思想史の構想である（竹内 1963b→1980）。この論文は明治百年記念事業に先駆けた学術的企画のなかで、近代日本の「独立」がアジアの支配に至る道筋を検証すると同時に別の道筋を探索するために書かれたものと指摘されている（丸川 2010：12）。

その執筆過程は『みすず』に公表された竹内好日記に記されている。[1] それによれば、原稿依頼を受けたのは六三年二月半ばで「仕事そのものが興味がある」と受諾した。文章を選定する作業では「権力にこびた自称アジア主義は全部抹殺」とあり、反権力性をアジア主義の特徴としている。また「単なる海外雄飛や膨張主義」、「ファシズム

（東亜新秩序や大東亜共栄圏）をアジア主義と区別している。そして「アジア主義は結局は西郷の評価の問題に行きつく」との確信が生まれ、一気に書き上げたという（竹内 1963a→1981：381，388-389，412）。アジア主義とは、反権力性を特徴とするもので膨張主義や大東亜共栄圏構想とは切り離されるべきものと認識していたことがわかる。

その具体的内容とは、民族主義（ナショナリズム）と社会主義が結びついた思想である。一九四九年に成立した中華人民共和国の民族主義的社会主義がその範型となっている。しかし近代日本でその思想は可能性として断片的に存在するに過ぎない。竹内はこれら可能性の断片、アジアの近代の型に近いものを日本近代の歴史のなかに探り出し、その変遷を明らかにした。

なかでも注目されるのは玄洋社や黒龍会などの右翼の思想を取り上げたことである。E・H・ノーマン『日本における近代国家の成立』の玄洋社評価に対して反論し、玄洋社の歴史的役割の重要性やその秘密組織にアジア主義の発現形態があると評価した。また西南戦争を起こした西郷隆盛の側にこそ維新の精神があり、明治政府の側が反革命に転化したという認識を右翼が継承していることに注目し、維新革命の精神を継承する永久革命のシンボルとして西郷をアジア主義と相関的に定義する必要があるとした。ノーマン批判を通じ右翼の思想から反権力性に立ちアジア連帯ならびに革命の志向を持つ思想を拾い出したのである。

こうして竹内が明らかにした日本の「アジア主義」の断片とは、自国に対する小国あるいは弱国意識、「自由民権」やデモクラシーの主張、アジア各国の民衆との平等な連帯意識、西欧文明への対決や批判意識を含むもので、右翼・左翼双方に見られるものであった。しかし日本の社会主義はインターナショナリズムと結びついたため民族主義は右翼の独占するところとなった。そして後発的資本主義国日本が内部欠陥を対外侵略でカバーするという型が一九四五年まで繰り返されることになったとする。

そのような型となった根本の原因には「人民の弱さ」があったと竹内は推察している。「人民の弱さ」とは人民の自由と権利の拡大の弱さ、すなわちデモクラシーの弱さである。日本における人民勢力の拡大の契機とは明治維新であり、アジア主義の成立は維新革命の精神の拡大に大きく関わっている。その意味で現在も維新革命は進行中だと論じたのである。

「日本のアジア主義」を「明治百年祭」の課題に対する竹内自身の回答とすれば、以下の三点を挙げることができる。まず人民の自由と権利を伸張し国家に抵抗する維新革命の精神は、明治国家成立の後も永久革命の精神として安保闘争を経て現在も進行中であることを明らかにした点である。次に、いわゆる左翼対右翼の固定的な思想的対立の観念を切り崩し、両翼に通ずる共通の「未来のヴィジョン」、民族主義と社会主義が結びついた「アジア主義」を提出した点である。最後にこうしたアジア＝中国型近代を近代日本のなかに発掘し、その伸張を展望することにより、アジア型の近代化を共通項とした日中関係の変革を期待した点である。

マルクス主義史学と「アジア主義」

歴史学者の遠山茂樹は、竹内の問題提起そのものには賛意を表明しつつ、明治維新再評価が「日本帝国主義の復活と安保条約再締結の情勢」に利用されることに危惧を表明した。実際「明治百年」はアジアを切り捨てた明治国家の近代化を積極的に肯定し「国民」の歴史として定着させようとする政府主導の祭典として実現する。

遠山は、そうした悪用を阻止し竹内らの発言から積極的な学問的課題を引き出し民主的な学者による共同研究を組織することが必要だと論じた。そのうえで竹内の「アジア主義」の定義を問題にし、「アジア主義」を「アジア諸国の連帯（侵略を手段とするか否とを問わず）の指向」とする定義は無意義だと批判する（遠山 1965：27-28）。遠山は竹内の問題意識を日本が戦前も戦後も帝国主義国家の途を歩んでいることを前提に、どのような歴史的条件がそうした道を選択しアジア認識の能力を失ったかを追求することだと捉えていた。それはたしかに中国の近代化を日本のそれと対置し日本の近代化を批判した四〇年代の竹内の議論に通底する部分があった。

しかし竹内は遠山の批判に対し「つきつめていくと人間観および歴史観（または歴史像）のちがいに行きつくだろう」とした。そして遠山にとって人間とは「動機と手段の区別が明瞭な、他者によってまるごと把握できる透明な実体」で歴史は「重苦しい所与」であるのに対し、竹内にとっては人間とは「流動的な、状況的にしか自他につかめぬもの」で歴史は「可塑的な、分解可能な構築物」だと応答したのである（竹内 1966→1980：273）。

竹内は人間存在や歴史を法則や因果関係により客観的に把握可能なものとするマルクス主義史学の方法を批判した。そして歴史とはその時々の状況に規定されて主観的にのみ把握するもので、視点を変えれば異なった像を形成することができる、つまり書き換え可能なものだという構築主義的な立場に立っていた。

このような歴史認識は、竹内が依拠してきた中国の近代化の方法の延長上にある。竹内によれば、抵抗と自己の保持を基調とする「回心文化」の中国では過去を断ち切ることで新しく生まれ出る、古いものがよみがえるという動きが歴史を書き換えてきた（竹内 1948→1980：163）。この方法を「変革のための学問」として日本の歴史学の方法とすべきことをかねてより主張していた[2]。それは自由平等という真の近代を世界に実現させるという目的のために中国の近代化を方法化する「方法としてのアジア」提唱と連動し、未来の構想に資する伝統を掘り起こし明らかにすることで現状を変革する実践的な歴史学の方法であった。

「変革のための学問」

このように中国の近代化を歴史の方法として深化させた竹内は、中国と日本の近代化の相違ではなく関連性について論じる。「明治維新と中国革命」（一九六七年）で竹内は自身の見解を孫文に重ね合わせている。孫文において革命は辛亥革命以後きわめて長期にわたる過程として捉えられており、その革命像を日本に投影すれば明治維新も非常に長い未完の過程として捉えられる、とする。そして日本にも「反革命を内側から倒して革命を推進する勢力がいつかあらわれると期待してよい」というのが孫文の真意だとした（竹内 1967→1980：355-356）。明治維新と辛亥革命の精神は、その初発から近代史のなかで相互に関連し、日本では「アジア主義」というかたちで継承され様々なかたちで発現してきた。それを今後も継承することで最終的に中国と日本の近代化の型の相違は解消する。そのような視点から自生的な近代化や革命の伝統を歴史のなかから掘り起こし明らかにすることが「変革のための学問」であった。

おわりに

竹内における戦前社会克服の方法とは、分裂した国民の文化や抵抗困難な思想構造にみずからの過去を通じ内部から向き合い苦痛にたえて切り開くというものであった。これは魯迅の「掙扎《そうさつ》」から学んだ方法とされる。その方法により論じた「近代の超克」論において、竹内は知識人の知的協力最後の機会である「近代の超克」座談会を「大東亜戦争」開戦時のみずからの思考とともに振り返り、そこに時代状況にねじ曲げられた「抵抗」の精神があると論じた。そして国家から自律した精神を基礎に戦後日本の思想を形成しうる可能性を明らかにした。

竹内の議論の特徴は、「近代の超克」「大東亜戦争」論のなかに「抵抗」の契機を見出そうとした点にある。それは反権力と変革の主体としての「国民」形成、その思想的伝統の断片を構成した「アジア主義」に通じていくものである。歴史修正主義によるナショナリズムや戦前再評価論が席巻する現在において、竹内のナショナリズム論、アジア主義論、右翼研究のなかからくみ取るべきものは、その基底に反権力性と抵抗の論理が存在しているということにある。

また、「明治百年」祭提起を契機に竹内が構想した近代日本像とは、中国の近代化の方法を近代日本の思想のなかに伝統として見出すものであり、具体的には「アジア主義」(民族主義＋社会主義)である。この「アジア主義」はマルクス主義史学が近代日本における社会主義革命を阻害した要因や因果関係の理論的究明を中心にするのとは異なり、また西欧と比較して明治国家による近代化と現状の高度成長を肯定する日本近代化論とも異なる。それは未来の革命構想から過去の埋もれた伝統を発掘し歴史を書き換えることで現状を変革する実践的歴史学の方法を体現するものであった。竹内は中国の近代化を「変革のための学問」の方法として研究成果を積み重ねることより、将来において両者の近代化の相違が解消され日中関係が再構築されることを期待したのである。

竹内が「明治百年」を契機に提起したいわば構築主義的な立場から現状を変革する実践的な歴史学は、民衆史研究のなかで受け止められる傾向があったものの、その客観性が問題視されたためか今や埋もれてしまった観がある。「明治百年」提起論の歴史的展開を再検討し「変革のための学問」の系譜を明らかにすることは、今後の歴史学活性化のために必要ではないだろうか。

【田澤晴子】

注

(1) ただし公表された日記と原本を照合した飯倉昭平によれば「両者のあいだにはかなりのちがいがある」ということである(飯倉 1981：529)。

(2) 竹内は遠山茂樹議長の歴史学研究会主催平和懇談会「歴史学はどうあるべきか」でアカデミックな歴史学の方法を批判し、第一に文章の難解さにひそむ発想法の古さ、第二に歴史の法則重視による学問の実践的契機の喪失、第三にヨーロッパ近代との比較は実践的解決をもたらさないとし、中国の近代化の方法、「変革のための学問」という方向が必要だと主張した(竹内 1952：49–50)。

05 鶴見俊輔——後ろ向きの前進

つるみ・しゅんすけ（一九二二―二〇一五年）哲学者・評論家。著作に『アメリカ哲学』『限界芸術論』『日常的思想の可能性』など。

はじめに

官僚（後に国会議員）の鶴見祐輔と、後藤新平の娘・愛子の長男として、鶴見俊輔は一九二二年に東京に生まれた。母の折檻・重圧から、小学生時代に「不良」となり、万引き・家出・女性関係・自殺未遂を繰り返し、中学校も中途退学した。そのため、親に日本での将来を悲観され、アメリカへ送られる。一九三八年にミドルセックススクール入学、翌三九年ハーバード大学哲学科に入学。しかし、日米開戦後、四二年にアナキストの疑いでＦＢＩに連行され、拘置所内でプラグマティズムに関する卒業論文を書き上げた。

同年、日本の敗北を予想しながら、「日本が負ける時に日本にいたい」との想いから日米交換船で帰国。予想に反して徴兵検査に合格し、翌年海軍軍属の通訳としてジャカルタに赴任。しかし胸部カリエスのため四四年末に帰国。

敗戦後の一九四六年に、姉・鶴見和子の協力で雑誌『思想の科学』を創刊。同誌および「思想の科学研究会」は以後、「反共」を排しつつ共産党に同調もせず、独自に民主主義・平和主義の立場をとることとなる。鶴見俊輔はそうした立場を代表する「戦後知識人」の一人として認識された。

また、狭義の言論活動以外にも、一九六〇年以降、六〇年安保闘争で始まった小林トミらの「声なき声の会」の運動に中心的に関わる。六五年には、「声なき声の会」を呼びかけ団体の一つとして、高畠通敏とともに小田実（⇓10）を引っ張りだしてべ平連（「ベトナムに平和を！」市民連合）をつくり、京都べ平連を含め、解散するまで約一〇年間活動し続けた。この間、大学教員として、京都大学（四八年〜）・東京工業大学（五四〜六〇年、安保条約採決に抗議して辞職）・同志社大学（六一〜七〇年、大学封鎖解除での機動隊導入で辞職）で勤務した。二〇一五年七月に死去。

主要著作は、単著として『アメリカ哲学』（一九五〇年）・『限界芸術論』（一九六七年）・『日常的思想の可能性』（一九六七年）・『私の地平線の上に』（一九七五年）・『戦時期日本の精神史』（一九八二年）・『戦後日本の大衆文化史』（一九八四年）など、共著では『現代日本の思想』（一九五六年）・『戦後日本の思想』（一九五九年）などがある。これらは、筑摩書房から『鶴見俊輔著作集』（全五冊・一九七五〜七六年）、後に『鶴見俊輔集』（正続全一七冊・一九九一〜二〇〇一年）にまとめられたほか、対談は晶文社より『鶴見俊輔座談』（全一〇冊・一九九六年）、書評はみすず書房より『鶴見俊輔書評集成』（全三冊・二〇〇七年）というかたちで集められている。

なお、前述の伝記的事実は、『期待と回想』（一九九七年）・『戦争が遺したもの』（二〇〇四年）などの自伝的インタビューで語っているほか、いくつかの文章でも明らかにしている。(1)

1　鶴見俊輔の「原理」

前述の略歴を見ても明らかなとおり、戦後史における鶴見俊輔の影響力は大きい。単著のみならず、座談や編著あるいは雑誌など著作物だけ見ても膨大に存在し、(2)社会運動への関与がそれに加わる。

しかし、その存在感の割には、丸山眞男（⇓01）や吉本隆明（⇓07）などと比較して、鶴見俊輔論は多くないように思われる。一冊全体で論じたものとしては、菅孝行（1980）、上原隆（1990）、原田達（2001）、木村倫幸（2005）の著作くらいだ。(3) なぜ鶴見俊輔論は多くないのか。一つには、全体像が捉えにくいという理由が考えられる。

丸山眞男との有名なやりとりがある。一九六七年の対談「普遍的原理の立場」において丸山は、学問とは「型」を教えることだとする。そのうえで、思想の科学研究会はそれまでの「型」を「ぶち壊す」ことをしただけで、別の「型」をしつけることをしなかったと見る。その結果、マスコミに対して「無抵抗」となり、思想の科学研究会はいわば現代の大衆社会への「時局便乗」になっていると批判する（鶴見 1996：37-41）。批判の直接の対象は思想の科学研究会であるが、その中心には当然鶴見がいる。

対談はこの批判部分で終わっていて、鶴見はここでは直接応えていないが、後に安丸良夫との一九七七年の対談「日本の思想と民衆思想」でこのやりとりに触れて、「丸山さんは、主張にまとまりがないと重くみないけれども、私はもっと断片的なものに関心をもっている」とみずからの立場を説明している（鶴見 1980：229）。

体系的把握をめざす丸山に対して、断片的なものを重視する鶴見。一見小さな、個別なものへの鶴見のこだわりは、他にもたとえば、「いつも新しい思想家」（鶴見ほか 2008）という評価につながっていく。

これら鶴見のイメージはもちろん間違いとはいえない。しかし、表面的には「いつも新しい」と映る背後に、一貫した鶴見の「原理」を取り出すことはできないか。これを本章の課題としたい。果たして、その一本筋の通った背骨とはどのようなものだろうか。結論として、本章は、「後ろ向き」であることを、鶴見理解の鍵として提示したいと思う。

なお、議論を先回りしていえば、本章は鶴見思想を、戦争体験を大きな原動力とした「失敗」へのこだわり、鬱病とアナキズム、プラグマティズムの三本の軸の絡み合いとして描く。先に言及したこれまでの鶴見論は、必ずしも内容的に異論があるわけではないが、どれかの軸に重点がおかれていると思われ、本章のようなかたちで三つを

と自負する。束ねて「原理」を取り出そうとするものとはなっていない。その点で、本章は既存の鶴見論の焼きなおしではない

2　失敗にこだわる

戦争体験と「転向論」

鶴見は日本の敗北を予想しながら戦時下の日本に帰国した。帰国に際して鶴見が強い印象を抱いたのは、勝てない戦争に邁進する社会の非合理[4]だけでなく、かつて「リベラル」だった人たちがほぼすべて戦争翼賛へと立場を変えていたことだった。特に、父・祐輔の変節は鶴見を傷つけた。これらが共同研究のかたちで結実する『転向論』（思想の科学研究会編 1959-62）の強い動機になっている。

……親父が私に残したものについては考えたくないし、いいたくない。ほとんど書いたことがない。……『転向』三巻は、じつは私の親父についての感想なんだ。（鶴見 1997：218）

鶴見らの『転向論』は、共産党を支持するか否かという踏み絵として利用されてきたそれまでの転向理解とは異なり、知識人の思想の変化自体から教訓を汲みつくそうという意図を持っていた。自身が担当した冒頭の「転向の共同研究について」（一九五九年）で、鶴見は次のように述べる。

ある一条の線が、ある一人の転向者の力走をとおして実りのなさを明らかにしたとするならば、同一の思想的問

題点をとおりぬける他の問題解決の線をとることが、後代の走者に要求される。この本の中にあつかわれた転向的思想家は、みずからもう一度かえってきて同じ転向点を別の仕方でとおりぬけることはできないであろう。だが、転向の記録が残ることによって、後代の走者は別の仕方で、よりよく同種の問題点をとおりぬけることができる。……前代の走者が迷い、つまずいたその地点こそ後代の走者にとっての最も実りある思索の出発点となり得る。（鶴見 1975b：6）

このように鶴見は過去にこだわる。個人的体験もそうだが、繰り返し戦前・戦時下の歴史を語っていることも重要だ。海老坂武は、鶴見を「過去志向（パセイスト）の人」と評する。ただしその過去志向は「現実をどう照らすかの目的意識につらぬかれている」（海老坂 1986：215）。つまり、常に「後ろ」を振り返ることで有益な教訓を得ようという態度である。

竹内好への敬意

これは、「戦後に私にもっとも大きな影響を与えた」（鶴見 1991：265）とする鶴見の竹内好（⇩04）評価とつながる。鶴見はかつての自分と竹内とを対比して次のように書いている。

この時代（戦時下）を、私は棒くい（原理）にすがるようにして、かろうじて生きた。私は、大東亜戦争を肯定しなかったし、なるべく人を殺さないようにしたいというのが私の同時代の最大の願いでした。なるべく犠牲が少なく、日本が敗けてもらいたいと常に思っていましたし、私がその当時つけていた日記は、それを非常にむずかしく、軍隊で点検された場合にもわからないように書くということでした。政治上の結論という点からいえば、全く竹内さんと違う立場でした。ですが、棒くいにしがみつくように生きるというやり方でいいのかという疑いが、戦後私の中に生じた。それが私が竹内さんの著作に引き寄せられた原因なんです。（鶴見 2010：224）

竹内の流儀とは、「同時代の状況の中での身もだえによって見る」というものだった（鶴見 2010：224）。その結果として、日米開戦を讃えた「大東亜戦争と吾等の決意」を典型として、竹内はしばしば判断を間違った。しかし鶴見は「自分たちの過失を過失として明らかにして、その絶えざる吟味のうえに未来を考える道」を進んだ人間として、竹内を高く評価するのだ（鶴見 2010：235）。

こうした、「もがく」ことで力を得るあり方は、竹内のキーワードである「掙扎」と重なる。鶴見は、竹内自身の「掙扎……という中国語は、がまんする、堪える、もがく、などの意味をもっている。……強いて日本語に訳せば、今日の用語法では「抵抗」というのに近い」という註を引用したうえで、次のようにまとめる。

それは自分をとりまく現実を、自分の意のままにきりひらいてゆくことはむずかしいという判断をふくんでいる。現実にながされながら、自分の意図を捨てず、自分の意図が状況によって洗われてゆくのを見るという考え方である。（鶴見 2010：175）

状況のなかで考え続けること、それと同時に、「過失」にこだわり、そこから「未来を考える」こと。これが竹内から受け取った鶴見の重要な方法となっている。

3 「正義」への不信

アナキズムの選択

先に述べた過去の教訓を汲もうとする姿勢は、しかし、特に戦争への反省という意味では、敗戦後の知識人にそれなりに広く共有されたものだった。戦後知識人のなかでも鶴見が独自の位置を占めるのは、マルクス主義者ではなかったという点と、加えて、近代主義者でもなかった点に求められよう。そうした独自の立場は、「失敗にこだわる」という「後ろ向き」さだけでなく、それを支える別の二つの「後ろ向き」の「主義」によって形成されたと本章は考える。それがアナキズムとプラグマティズムだった。ここではまずアナキズムを見ていこう。

鶴見がアメリカで拘留されたのは、「敵国民」の「無政府主義者」だからだった。鶴見はＦＢＩに捕まる以前に、連合国と枢軸国との戦争に対して、連合国側に相対的な正しさを感じつつも、「自分の信条として無政府主義者だから、このような帝国主義戦争ではどちらの国家も支持しない」とアメリカの移民局で述べていた（鶴見 1971：8）。そして実際、帰国後に徴兵されて日本軍の一員となっても、前の引用でも述べているとおり、少なくとも信条における戦争不支持を曲げなかった。

二〇歳前の鶴見が早くもアナキズムを選んでいたのは、クロポトキンの影響だった（鶴見 1971：8）。この選択は、鶴見をマルクス主義から遠ざけることになった。(5) 戦後の鶴見は、「反反共」の立場だったが、逆の言い方をすれば、マルクス主義（および共産党）に対して一定の批判を維持し続けた。もちろんこうした立場は鶴見だけではないが、戦後思想にとって貴重な位置だったことはたしかだ。

鬱病と「悪人」

とはいえ、鶴見は日本社会の政治的文脈からマルクス主義ではないアナキズムを選んだわけではない。鶴見の共感の根は、政治以前の価値観にあった。

それは、鶴見を鬱に陥れた（と本人が考えている）母の存在に由来する。母は鶴見のことを、暴力も含めて毎日厳しく叱ったという。だがその叱責は、「善意」からだと鶴見は感じた。「私の母」（一九六八年）にはこう書かれている。

どんな偉そうに見える人でも一皮むけばみんな偽善者だという思想に、私は、どんな時にもくみすることができない。それは、どういう角度から接しても偽善者でなかった母の姿をそばで見ていて、その偽善者でないことに閉口して育ったためだ。（鶴見 1976：370）

こうした原体験によって、鶴見自身は「悪人」だと思い込まされた。同時に、みずからを否定する「偽善者ではない者」すなわち「正義」に対して、強い警戒心を持つことになった。鶴見にとって、キリスト教などの宗教もそしてマルクス主義も、究極的には「you are wrong、おまえが悪い」という思想に見える。それに対して鶴見は「I am wrong」、すなわち「自分は悪い人間だ」という立場に立ち、「you are wrong」の思想には同調しない（鶴見 2009：14-16）。

みずからを「悪人」だと思い込むに至った鶴見は、子ども時代、新聞記事の犯罪者の顔写真を、自分の顔ではないかと不安を持って見る習慣すら持っていた（鶴見 1991：57）。このことは、一方で、「理想をかかげる」のではなく、むしろ「人間はかならず失敗する」ものと見て、その失敗から「その人が生きようとした理想」を見出そうという、前節の「失敗にこだわる」態度とつながる（鶴見 1991：60）。

他方で、「犯罪の区分にいれられた人びと」への親近性を強く感じ、「犯罪のわくの中にいれられているからと言って、人間として悪いことをしたことにならない場合も多い」という発想へと進む。連続強かん殺人犯の小平義雄についてすら、小平が「敗戦前後の混乱をよく見て、法にとらわれずに自分の目的（強かん）を追った」ことと比べ、鶴見自身は戦時下に「信じていない法にたいして頭をたれていて、……政府にたいして、指一本あげ得なかったこと」ことを、「はずかしく思った」とすら記す（鶴見 1991：62）。「小平の目的に賛成するというのではないけれども」と書いてはいるが、「無政府主義」という訳語にとどまらないアナーキーさが感じられる。

こうした判断は、「正義」の思想であるマルクス主義への違和感をつくり出すだけでなく、アナキズムに対しても独自の理解を生み出す。「方法としてのアナキズム」（一九七〇年）において鶴見は、アナキズムにもとづいたものであっても歴史的に革命成功の実例はないという。しかし、革命ではなく抵抗のために、アナキズムはその存在意義を持つ。

……大規模に成功したことがないとしても、現代のように国家が強大になって、政府の統制力が人間の生活のすみずみにまで及んで来ている時には、国家が人間の生活にたちいってくるのに対してたたかう力を準備しなくてはならない。その力をつくる思想として、アナキズムは存在理由をもつ。（鶴見 1975c：400）

この抵抗の思想は、これまで見てきた戦争への反省と結びつくとき、国家権力への持続的な批判というかたちで表れる。だが、理想に対する期待を持たないという意味では、「急進派のプログラムが実現しうると思ったことがない」という現実主義的悲観主義のかたちもとる（鶴見 1980：65）。

もっとも、この悲観主義は、たとえばエネルギー問題に関して、「お互いに助けあって滅びて」いった先に、「無限光年の彼方にもう一ぺん同じ物質の組み合わせで帰ってくる」からそれでいい、などと語ったりするように、悲観主義が極まって楽観主義にすら通じていく場合も見られる（鶴見 1980：316）。おそらくこれが、後にも触れる鶴見の過度な「肯定」傾向と関わる。

いずれにせよ、鶴見にとってアナキズムは、鬱病の「後ろ向き」さと結びついた思想だった。

4 拠点としての「日常」

合成と成長

ところで、先に述べた、革命ではない抵抗のアナキズムは、「理論」からつくられるものではない。

権力による強制のない相互扶助の社会をつくろうという理論による運動は、多くはみじかい期間にくずれてしまった。……反対に、われわれがすでにもっている社会習慣の中にあるさまざまな力を新しくくみあわせて、相互扶助の習慣をつよめてゆくことには、もっと持久力のある実例がうまれている。（鶴見 1975c：388-389）

鶴見によれば、つくられた理論ではなく、社会習慣のなかにすでにあるものを取り出してくることが力になる。これは、この一〇年前に書かれた「根本からの民主主義」において、「合成と成長」という対比で語られていることと重なる。

科学的な認識をつみかさね、くみあわせて社会改造の展望をつくる方法は、思想の化学的合成の方法と言える。この方法も、実りがあるとは思うが、戦前・戦後の進歩派はこの方法に期待をかけすぎることで、かえって平衡を失しているように思う。もっと別に私そのものからむかう道、私の複合をとおして社会改造の展望をつくる方法があり、これは思想を成長としてつかむ方法、思想の生態的把握の方法であろう。このあとのものに重点をかけることをとおして、何らかの事業を支えるに足る思想、何らかの仕方で生きられる思想への道をきりひらくことができる。（鶴見 1976：48）

ここには前節で述べたマルクス主義への批判も見て取れる。いずれにせよ、鶴見にとって根となるのは「日常」であり、そこから切れた理論や思想は失敗を余儀なくされる。そうした失敗の典型であった「転向」を念頭に、鶴見はこうもいっている。

人間の思想というのは大変弱いものでね、思想で一つにくくったらあぶないと思うんですよ。抽象的な理論とか綱領でくくったりしたらいけないのでね。人間はうしろからつかまれることが多いんですよ。思想というのは前に向いててね、自分が見えるからだの前半部しか見えないけれど、人間大きな変り方をする時は、うしろから摑まれたということが多いわけですよね、神の手か自分の無意識かも知れないが。だから、自分のよくわからないところで試みをしていってね、それが思想の起動となる。思想と不思議想の間の交流を断ってはいけない、という感じですね。それによって人間ははじめて状況に適応していける、と思うわけですよ。（鶴見 1980：308-309）

「思想」は「前に向い」ている。それに対して、「うしろ」すなわち「不思想」のほうが実は大きな力を発揮する。

たとえば、最先端の理論として学習されたマルクス主義が、幼児期に形成された精神の「ラティス」（枠）に復讐され、「転向」に行き着く。そうした例を鶴見は語る。

時代全体の気分が進歩的でなくなるときがくると、もはや、〔その思想を自分のものとする〕自己強制の力を失ってくるし、もともと自発的な思想の流れと切りはなされたところですすめられている思想だから、自分の力でともしびをもやしつづけることができない。浅野晃〔東大新人会出身〕は若い時には公式主義的なマルキストで、三十位になって転向してから南方に出て行って「高天ガ原」とかいう名前を宿屋につけたりした。転向するときはきれいに、国粋主義という、これまたヨイコの思想にグルリと変っている。かれらは容易に首のすげかえが出来る。いいかえれば節操がないということだ。（鶴見 1967：194）

ではどうすれば良いのか。鶴見は、思想の「すげかえ」ではなく、常に「すじをひきなおす」ことを提案する。

自分の中にすえられたラティスを常に考え、それが自分の中でどう動いているかを常に新しく計算することだ。すでに新人になっているという妄想を抱いてはいけない。精神の慣用語から亡命することをくわだててはいけない。自分の思想が外国の何かのひきうつしであり得るということと闘わねばならない。（鶴見 1967：194）

「精神の慣用語」たる「不思想」の部分にこだわること。「うしろ」にあるそれらを見据えたうえで進まなければならない。ここからも鶴見の「後ろ向き」志向が確認される。

プラグマティズムを生きる

理論や思想を日常との関係で見ること、後者に重きをおいて前者を捉えなおすこと、これはプラグマティズムの発想だ。略歴で述べたとおり、プラグマティズム研究が鶴見における学問的出発点だった。

鶴見によれば、プラグマティズムは「考えは行為の一段階なり」という主張を中心とした潮流である（鶴見 1975a：97）。思想（考え）を日常（行為）の延長上で捉える発想は、このプラグマティズムに即している。

ハーバード大学で「本場」のプラグマティズムを学んだ鶴見には、おそらくそのことへの自負があった。父・祐輔を典型例とする一高‐東大‐官僚の学校秀才コースを「一番病」だと批判してきた鶴見であったが、自身のハーバード時代も「一番病」であったことを近年になって告白している（加藤・黒川・鶴見 2006：52）。

もっとも、そうした勉強エリート的意識は戦争と占領の下である程度崩されることとなるが（鶴見 1991：72-74）、それでも戦後初期には、理論や啓蒙への志向性が残されていた。海老坂武は、一九四〇年代の鶴見の文章を読み返して、そこに「言説の体系化へのひそやかな意志をそなえた鶴見氏」を発見し、「新進哲学者のさっそうとした登場という印象」を受けたと評している（海老坂 1986：131-135）。

実際、『思想の科学』の創刊の趣旨に「英米思想の紹介に尽力する」との文章があった。だが鶴見は、一九七二年の「素材と方法―『思想の科学』の歴史の一断面」において、「これは、今、書きうつすのもつらい文章である」と述べている（鶴見 1975c：441）。ここにはプラグマティズムに対する鶴見の態度変化が表現されている。

この変化をもう少し具体的にたどれば、まず、アメリカのプラグマティズムにおける「コモン・マンの哲学」の発想を源流に、日本の民衆のなかに「哲学」を発見しようとした、『思想の科学』における「ひとびとの哲学」の取り組み（天野・安田編 1992：109）があった。これは単なる「英米思想の紹介」ではない、「素材」を日本社会に求めたプラグマティズムの実践だった。しかし、「素材をよく知ることがそのまま方法になるような道すじ」（鶴見

1975c：440）、すなわち、「素材」と「方法」両方の「土着化」がめざされるに至るのは、戦後の生活綴方運動の「衝撃」を受けてのことだ。鶴見は『現代日本の思想』（久野・鶴見 1956）で、生活綴方運動を「日本のプラグマティズム」と呼んだ。鶴見における「大衆把握の転回」は、それらを経て、五〇年代に生じたといえる（和田 2005：243-244）。

実際、五〇年代を境にして、次第に鶴見の文章から表面上プラグマティズム用語が見えなくなる一方で、内容はますますそれに重なるものとなっていったと思われる。

こうしたプラグマティズムの実践例として、社会運動との関わりを論じることができるが（松井 2014）、ここでは、有名な「限界芸術論」（鶴見 1967）もプラグマティズムの「土着化」によるものであることを指摘したい。鶴見によれば、「純粋芸術」と「大衆芸術」のどちらでもないが、「両者よりもさらに広大な領域で芸術と生活の境界線にある作品」のことを「限界芸術（Marginal Art）」と呼ぶ。「限界芸術」論は、第三の領域を設定した点が評価されることもあるが、むしろ生活と芸術の境界（限界）に注目することで、両者の連続性を回復しようとする試みだったと本章は考える。

> 経験全体の中にとけこむような仕方で美的経験があり、また美的経験の広大な領域の中のほんのわずかな部分として芸術がある。……いいかえれば、美が経験一般の中に深く根をもっていることと対応して、芸術もまた、生活そのもののなかに深く根を持っている。（鶴見 1967：5-6）

「転向」のように、思想が「うしろから摑まれ」ることに着目するプラグマティズムは、逆方向、すなわち日常がそのまま思想（芸術）へと発展する流れも可視化するのだ。とはいえ、限界芸術論では、理論としてのプラグマティズムがひけらかされたりはしない。しかし、上記引用だけでも明らかなように、内的論理として「考えは行為の一段階」という筋が一本通っている。

このように、鶴見は、プラグマティズムを語る立場から、それをみずから試みる者へと、次第に変わっていったと本章は考える。すなわち、プラグマティズムを「前に向い」た「思想」としてではなく、「うしろ」を常に向くような実践として、鶴見の生き方に組み込むことだった。

5　高度成長以後

鶴見思想の到達と屈曲

これまで、執筆時期にはこだわらず鶴見思想について論じてきた。本章は必ずしも精密な時期区分には固執しないが、あえていえば、四〇年代の啓蒙主義寄りの時期、五〇年代の論壇での活躍期、六〇年代の安保闘争からベトナム反戦への運動参加期、など一〇年ごとに大まかに区切ることができそうだ。[6]だが七〇年代以降、それまでとは一段違う大きな変化を余儀なくされたのではないかと本章は考える。前節まで論じた鶴見思想は六〇年代までのものであって、それが急激な時代の変化に直面したのが七〇年代以降だったと捉えたい。

七〇年代を鶴見の転機と考える根拠はいくつかある。一つは、ベトナム戦争が終結し、鶴見が深く関わったべ平連は七〇年代半ばに解散した。これによって、否応なしに運動のなかで思考し文章を発するという、それまでの生活から解放された。べ平連が鶴見の「行為」にいかに大きな影響を与えていたかは、次のような発言からうかがうことができる。

「声なき声」から出発してつくったべ平連が小田実の力でものすごい大きな運動になって、こんどは逆にこれに引きずり回されてね、べ平連がつづいているあいだはたいへんだった。運動が大きくなって、それが専任も一人もいない運動でしょ、だから運動をやる気のある者は駆け回って一生懸命やる。いつでも駆けてなければいけないわけだ。……事務の中心に吉川勇一がいたけれども、私もそのそばにいる何人かの一人で、家計は傾いてくるし、もう最後はつぶれそうだったですね。（鶴見 1980：194）

二つ目に、単に個人的に社会運動との関係が薄くなっただけでなく、日本社会全体でも、八〇年代に向かってますます運動の存在感が小さくなっていった。ここには、七〇年代以降の第三世界（中国・ベトナム・カンボジアなど）も含めた社会主義への幻滅の広がりも影響しているだろう。鶴見は「折衷主義としてのプラグマティズムの方法」（一九五六年）などで、「折衷主義の哲学」であるプラグマティズムの「補強」として、マルクス主義を同伴者とすると述べてきた（鶴見 1975a：299）。そのことの正当性がより強く疑問視される時代になったといえるだろう。これは本来であれば、鶴見思想にも深刻な反省が求められる事態だったはずだ。しかし、一定の批判を維持してきたという側面もあるせいか、マルクス主義の自滅に対して、鶴見は曖昧にやり過ごしたように見える。

その一方で、競合相手でもあったマルクス主義の凋落は、論壇内の鶴見の存在価値を押し上げた面もあっただろう。略歴で触れた、筑摩書房の再編集された著作集の刊行時期や分量を見ても、「左翼」が急速に力を失っていった八〇～九〇年代に、その影響力において鶴見が「現役」だったことがうかがえる。

三つ目に、高度成長が日本社会を大きく変え、特にマス・メディア文化の爛熟は、鶴見の予想を大きく超えた。一九七九年から八〇年にかけて、鶴見はカナダの大学で講義を行い、その前半・後半がそれぞれ『戦時期日本の精神史』（鶴見 1991）と『戦後日本の大衆文化史』（鶴見 2001）として刊行されている。前者が、「精神史」というひとまとまりのものとして提示しているのに対し、後者はジャンル別の「大衆文化史」として、いわばバラバラのまま論じられたという差異は興味深い。鶴見は一九八四年刊行の後者の「あとがき」に次のように書いている。

戦争の中にいる時、戦争時代の日本をとらえることがむずかしかったように、高度経済成長の時代のおそらくは末期に今いる私にとってこの時代をとらえることはむずかしい。戦時の日本に、これを杖として私たちが生きる思想があったように、高度成長時代にもある。そのかなめのところが見えていないということがあるだろう。（鶴見 2001：285-286）

同時代を生きる者にとって仕方ないこととはいえ、鶴見はある種の方向感覚を失っていったように思える。また、テレビについても、別のところで次のように語っている。

テレビが伸びてくることは戦後かなり早く予想したけれども、私の予想を上まわるテンポだった。自分としてはむしろ大学や企業の研究所がやらないところへエネルギーを注いだつもりだったのに、テンポの予測は失敗したわけだ。力のいれかたについても。（鶴見 1980：4）

これは、鶴見が高度成長やテレビ文化の発展に何の準備もなかったということではない。むしろ、鶴見のコミュニケーション論は記号論・メディア論といった八〇年代の思想をある意味では先取りしていた[7]。そうであるがゆえに、鶴見的な流儀、たとえば「正義」を警戒し多元主義を擁護する立場は、「相対主義」としてむしろ体制の側に利用可能だったともいいうる。八〇年代半ばに対談した粉川哲夫も、この時代の鶴見に苛立ち、執拗に問題提起している。

鶴見さんの方法の中には、肯定的なものをすくいあげていく、強調していくということがあると思うんです。その場合に、今、鶴見さんが南京大虐殺とか強姦とかという問題に怒りをおぼえ、批判の意見をかかれるようなことを、大衆文化とかマス・メディアの中の出来事に対しては比較的おやりにならないんじゃないか。……今みたいにあらゆるもの……が出て来てしまう情況の中で肯定的な思考を行うと、すべてを認める現状肯定主義になりませんか。むしろ僕は、否定的思考を今こそ出さなければいけないような気がするんです。（粉川・鶴見 1985: 56-57）

いわば、鶴見自身の変化というより、鶴見が言葉を発する社会の文脈も変わったということだろう。

抵抗性を取り戻すために

もちろん、鶴見が全面的「現状肯定主義」になったわけではないが、この時代以降顕著に、支配的体制との緊張関係を失っていったという印象は否めない。[8]

この問題は、本章の主題からいえば、「後ろ向き」であることの微弱化と関連するように思われる。一九七五年のインタビューで鶴見は、自身の変化を次のように述べていた。

いちばん予想を超えたのは、自分自身に起った変化でしょうね。予測を超えて自分が変ったわけですよ。私は子供のころからつよい厭世観をもっていて……本当は厭世観というのは、自分を架空の仕方で人生の外へ置くのだから、世界に対して一貫した批判の体系をつくりやすいわけです。自分の思想の姿勢としては体系をつくるまいとしていたから、矛盾があったし、つねに警戒が働いていました。ところが生きているうちにだんだん感覚が鈍麻してきて、存在と風景が溶け込んできて、生きることにいやな感じをもたなくなった。……こういう感覚というのは、少年時代、青年時代にはなかった。だから、以前とくらべるといまの自分の状況感覚というのは非常にちがったものですね。素朴にいえば、もうろく、老化ということでしょうが、これは計算外だった。（笑）（鶴見 1980：9）

年齢や境遇、社会の変化による鬱状態の解消それ自体は、鶴見の人生にとって喜ばしいことであろう。しかしそれに付随した緊張関係も同時に解除されてしまったのではないかという疑いがある。

前節までにまとめてきた鶴見思想は、もちろん鶴見においてその後も保持されていただろう。しかし、特に晩年の語りから受ける印象は、それらが社会についてのメッセージであるよりも、個人的な「人生訓」に感じられる。たとえば、入門書として優れたものといえる上原隆の鶴見論は、しかし、長い人生をどう生きるかという「日常生活の態度における美意識」を教えてくれる指南役として、鶴見とその哲学を位置づけてしまう（上原 1990：229-231）。

鶴見本人も、黒川創らとの二〇〇六年のやりとりで、鶴見のプラグマティズムは「自分個人」に対するものであって、「集団として背負えるかどうかは、わからない」と答えている（鶴見 2007：248-249）。鶴見にとってのプラグマティズムの達成についても、「私からの影響はなきに等しい。私自身が達成できたものは、自分が自分を保っていることだけでしょう」と著しく過小評価される（鶴見 2007：229）。

たしかに、もともと鶴見の理想は、「量としての人類に対してうったえる政治思想ではなく、一人の人からもう一人の人に呼びかける政治思想」（鶴見 1991：121）であり、「抵抗」も、「理論」による決心や団結ではなく、個人の多様な「反射」が結果として生み出すものだという前提がある。一例として、二〇〇四年に行われた日本共産党の上田耕一郎との対談で、共産党の「党勢拡大」至上主義的な発想に対して、次のように語るのを挙げよう。

……私は、最終的に危機に追い込まれた時に自分を支えるものは何かということだと思う。……捕まって拷問された時に、個人として屈服するかもしれない。だけど独房に帰った時に、自分のなかの分身はまだ生きて起き上がってくるようでありたい。……人間の中にある分身、人間の中にある小さい人間、ホーマンキュラス（一寸法師）なのです。ここにもどることができれば、そこから反戦のエネルギーは汲めるのです。（上田 2006：109）

こうした論理からすれば、個人的な「人生訓」も、鶴見的には十分抵抗の実践なのだろう。だが、「最終的に危機に追い込まれた時」以前の段階に、もっと考えるべきことがあるのではないだろうか。

鶴見の軌跡を振り返ってみれば、「自分が自分を保っている」という以上の苦闘を容易に確認できるはずだ。自分を保つためだけならば、何も家計が傾くまでべ平連に関わる必要はなかったはずではないか。「後ろ向き」の姿勢で後退していくのは、ありきたりの振る舞いに過ぎない。「後ろ向き」であることによって前に進もうという捻じれにこそ、「戦後思想」としての力が宿っていたように思われる。鶴見自身の発言を超えて、そうした「もがき」としての鶴見思想を受け継ぐべきではないだろうか。

おわりに

本章は、「後ろ向き」の思想家として鶴見俊輔を描いた。改めてその内容をまとめれば、過去の失敗に学ぼうとする態度、鬱病と結びついたアナキズム、日常に根を持つプラグマティズムという、三つの若干異なった方向性が、しかし一つの「原理」としてより合わさり、鶴見俊輔をかたちづくっているのではないか、という仮説の提示だ。「後ろ向き」をキーワードにすることで、鶴見の仕事の広がりやその内的連関がより理解しやすくなれば、本章の試みは成功したこととなる。

一方、その「後ろ向き」さは、一九七〇年代以降の変化のなかで、同じ機能を果たすことができなくなったのではないか、と本章は考えた。当然のことではあるが、鶴見思想もまた、時代との格闘のなかで生まれ育ち、その函数として存在し意義を有してきたということだ。現在の社会で、鶴見思想を取り出して活用しようとする場合、この点の考慮を欠かすことはできない。具体的な鶴見思想の「実用」は、本章をふまえた今後の課題である。

注

（1）本章では、『KAWADE 道の手帖　鶴見俊輔』（鶴見ほか 2008）の年表なども参考にした。

（2）なお、本章で論ずる余裕はないが、「編集者としての鶴見俊輔」も評価されるべきとの指摘もある（記念シンポジウムを記録する会編 2010：123-124）。

（3）二〇一五年現在、あくまで管見の範囲での判断である。なお、論文や著作の一部で扱っているものは、もちろんもっと多い。

（4）この論点のほうは、「大衆的なレベルでの価値観の転換」の問題として、後の大衆文化史研究へとつながる（鶴見 1980：6）。

（5）「マルクスにはだいたい秀才がいくんですよ。それで、捕まっちゃうと転向する。私は大杉栄と伊藤野枝とクロポトキン。クロポトキンの日本語に訳されているものは全部読んだんです。その中で「マルクスは非常に嫉妬深い悪い奴」だって書いてあったから、私はマルクスを読まなかったんです。アメリカに行っても全く読みませんでした。……戦後、アメリカから日本に帰ったときに、丸山眞男にマルクスを読んでいない反戦家は珍しいと言われました」（鶴見ほか 2008：12）。

（6）　時代ごとの内容評価はやや異なるが、上原隆による時期区分とも概ね重なる（上原 1990：105）。

（7）　多分に揶揄的にではあるが、鶴見は一九八〇年代の対談で、みずからを「四十年前の「ニューアカ」出身」と形容している（粉川・鶴見 1985：62）。

（8）　このことと、前項で触れた鶴見思想の「大衆化」には関連があるかもしれない。

【松井隆志】

06 橋川文三――「イロニイ的存在」としての「煩悶」のビジョン

はしかわ・ぶんそう（一九二二−八三年）　政治思想家。著作に「日本浪曼派批判序説」「昭和超国家主義の諸相」「昭和維新試論」など。

はじめに

橋川文三（一九二二−八三年）は、長崎県対馬に生まれ、幼少期から高校までを広島県で過ごした。広島高等師範学校附属中学校および第一高等学校時代の橋川は、校友会や寄宿寮の刊行する雑誌にエッセイなどを書いている。その後一九四二年に東京帝国大学法学部政治学科に入学し、二三歳の年に敗戦を迎えた。戦後は、出版社勤務や療養生活等を経て、執筆活動を開始し、明治大学で政治学の教員も務めた。橋川の原体験は、死が身近なものであった戦中に、自己存在の拠り所を日本ロマン派という思想潮流に託していたことにある。そのため橋川は、戦後においても戦中の原体験を積極的に受容・昇華する動機を保ちつつ、日本がファシズムに至った歴史像を確立させた思想家といえる。橋川の日本ファシズム像とは、心の拠り所を求めて日本ファシズムに積極的に回収されていった人々の「煩悶」する心情をリアルに描くものであった(1)。

橋川は一九五七〜六〇年に初出した本格的論考「日本浪曼派批判序説」（橋川 2000a／以下、「序説」と略記）にて、日本ロマン派の「煩悶」とは「近代システム」が生んだ疎外感への「失望的」抗いとして、一九三〇年代前後に顕在化したものであったと述べている(2)。そのうえで橋川は、この「煩悶」がいわゆる「イロニイ」という表面的なもので真意を隠そうとする表現に結実していたと見ている。橋川が語る「煩悶」の表現形態としての「イロニイ」とは、「真／偽」に象徴される異なる価値の境界を意図的にカモフラージュすることで、境界の曖昧さそのものをリアルに表現する形態であるといえる。特に橋川は、「前近代」的価値である「自然」と、「近代」的価値である「人為」との狭間で自己存在の拠り所をめぐって「煩悶」すること自体に価値をおくスタンスを持っていた。

これらより橋川は、近代国家が成立した明治維新期前後にアクセントをおく従来の歴史像とは異なり、一九三〇年代前後の「イロニイ的存在」としての「煩悶」に絶対的なアクセントをおく新たな歴史像を示していることがわかる。

また「序説」における橋川の語りからは、一九三〇年代前後の「煩悶」に絶対的な「普遍性」を見出すゆえに、戦後に生じた諸問題の本質はすでに一九三〇年代前後に顕在化した「煩悶」にすべて集約・凝縮されていると見ていることがうかがえる。このことは、橋川が戦後各時期の社会問題等を論じる際には、常に一九三〇年代前後の「普遍」的な「煩悶」を想起するかたちで語っていることからもわかる。よって橋川には、常に一九三〇年代前後の――絶対的・包括的で――「普遍性」ある「煩悶」を想起させつつ、戦後の各時期の諸問題を――相対的・部分的で――「特殊性」ある「煩悶」として捉えるビジョンがあったといえよう。特に橋川の語りからは、戦後の各時期の思想潮流等を「特殊」な「煩悶」として捉えていることがうかがえ、橋川が戦後の各時期の「知」の相対的な偏りを審判する視座が見える。

さらに橋川は、一九三〇年代前後に凝縮して現れた「普遍」的「煩悶」が、戦後の各時期ごとにとどまらず、戦後を生きる各個人ごとにも、「特殊」な「煩悶」として部分的に再現され続けていることを示唆している。特に、各個人に関する「特殊」的「煩悶」の橋川の語りは、一九六四年に初出された「昭和超国家主義の諸相」（橋川 1964→2001a）で明示され、一九七〇～七三年に初出された「昭和維新試論」（橋川 2001c）で深化している。[3] その際に橋川は、各個人の「特殊」的「煩悶」について、原初形態と中間形態と完成形態の三段階に分けつつも、どの段階の人々の「煩悶」にも包括的に寄り添う姿勢を持っている。

以上をふまえ本章では、一九三〇年代前後の「煩悶」を核にした橋川の語りに着目しつつ、常に「普遍性／特殊性」の視座から戦後各時期（一九五〇、六〇、七〇年代）の「知」の偏りを捉えて審判していたことがうかがえる橋川のスタンスを浮き彫りにしていきたい。特に本章では、初の本格的論考「序説」において、橋川が「煩悶」を軸とした「普遍性／特殊性」の視座をすでに兼ね備えていたと捉えてみたい。そのため、特に「序説」に言及している先行研究に着目してみると、①松本健一の論文「橋川文三論〈歴史〉を見つめる人」（松本 1984）、②桶谷秀昭の論考「「日本浪曼派批判序説」について」（桶谷 1984）、③平野敬和の論文「ロマン派体験の思想史―橋川文三「日本浪曼派批判序説」を手掛かりに」（平野 2006）、④井口時男の考察「解説　超越者としての戦争」（井口 2011）などでは、自身の世代の経験を歴史意識に投影させようとする橋川の姿勢が共通して示唆されていることがわかる。ただしその際には、各先行研究が着目する内容の違いによって、橋川の歴史意識が「普遍」的なもの（青年一般、世代一般など）に結びついているのか、「特殊」なもの（日本のスノビズム文化論、病理的に扱われる戦中派や日本ロマン派など）に結びついているのかの解釈が分かれている。

なお本論に先立ち、橋川を捉えるうえで重要な比較対象となる二人の思想家と、橋川との関係に触れておきたい。橋川が終生最も言及した同時代の論者は丸山眞男（⇒01）といえる。橋川は丸山に対して、日本の土壌の「特殊性」を尊重しうる概念（「天壌無窮」、「神の作為による自然」、等）を提出していると判断した場合には肯定的であった。しかし橋川は丸山に対して、日本の土壌の「特殊性」を西欧と比較して異常視しうる概念（「無法者」としての日本ロマン派、「純粋ファシスト」としての青年将校、西欧の「責任主体」を所与とした「政治責任」、等）を提出していると判断した場合には批判的であった。特に橋川は、丸山が日本の「特殊性」に関して示した概念である「神の作為による自然」を、日本の「万有在神論《パネンタイスムス》」的な傾向を補強するものとして独自のスタンスで受容しており、橋川自身の「煩悶」の論理の核にしている。

また橋川は、「近代」への「普遍」的な問題関心を共有していた竹内好（⇩04）についても言及している。その際に橋川は竹内が、①ロマン主義＝保田与重郎を「限定不可能」と捉えたこと、②「政治と文学の二重構造」あるいは「太平洋戦争の二重性格」という見方をとっていたこと、等を批判している（橋川 1977→2000a）。これは竹内が、（イ）「西洋」へ「主体的抵抗」をする「東洋」に価値をおく発想を持っており（竹内 1948→1981a）、（ロ）アジアへの「侵略戦争」の側面には責任を負うべきだが「反帝国主義の戦争」の側面には責任を負うべきではない（竹内 1960→1980）、等の「責任主体」を実体視するようなスタンスであったためといえる。なお竹内は、保田の破壊力を意味転換に利用するだけの「強い思想主体」が生まれなかったために「近代の超克」は挫折したとも述べている（竹内 1959→1980）。

これらより橋川は、丸山および竹内に親和性を持ちつつも、個人の「責任主体」を所与のものとするのではなく、各人の「煩悶」のあり方そのものに価値をおいていたといえる。

1　原体験に内在する普遍的「煩悶」

戦後思想潮流の「虚偽性」

橋川は、一九五七～六〇年に初出した「序説」にて、戦中における自身の原体験であった日本ロマン派に着目し、日本ロマン派の「前近代／近代」をめぐる「煩悶」に「普遍性」を見出す視座を示している。その際に橋川は「煩悶」について、現実社会を硬直的に支配する「近代システム」の成立によって必然的に生まれる疎外感を克服すべく、「自己存在」の表現を求めて葛藤する純粋な感情と見ている。特に橋川は、日本ロマン派を内在的に分析することこそが、日本帝国主義イデオロギーの構造的秘密と精神的体験の究明の手がかりになると述べている。

そのため橋川には、日本ロマン派を「帝国主義そのもの」としてタブー視した戦後の思想潮流のほうこそが、「科学的正しさ」を硬直的に実体視する自己欺瞞に映っていたといえよう。橋川は、戦後日本で状況主義的に主流となっていた近代主義やマルクス主義が、日本の「近代」を「誤ったもの」や「遅れたもの」といった否定的な像で捉えていることを問題視しているのである。つまり橋川は、「自己存在」の拠り所を自発的に求める「煩悶」に価値をおくゆえに、日本の土着的な「特殊性」を即物的に否定する傾向にあった戦後の思想潮流に虚偽を感じていたといえる。

「イロニイ的存在」の日本ロマン派

橋川は「序説」でロマン主義をめぐる「煩悶」について、「近代システム」の生んだ疎外を克服すべく、「前近代的心情」と「近代的心情」とが矛盾しつつも結合して生まれたものであると見ている。なお橋川は、「前近代的心情」を各村落共同体に心の拠り所を求める心情とし、「近代的心情」を各自の責任主体にもとづいた心情としている。そのうえで橋川は、このロマン主義をめぐる「煩悶」は、「イロニイ」という表現形態をともないつつ、特にドイツや日本で「特殊」性を帯びて顕在化したと見ている。つまり橋川はこの「煩悶」について、世界中のどの国や地域でも必然的に生じていた「普遍」的な現象と捉えており、特に顕著なものとしてドイツロマン派と日本ロマン派を位置づけているのである。

なお橋川にとっての日本ロマン派とは、保田与重郎が語るところの本居宣長の「国学」にもとづいたものであり、かつ、「日本マルクス主義」と革新的契機を共有していたものとされている。その際に橋川は保田与重郎について、

「国学」の論理を確立することで、戦中の人々の心の拠り所を確立するに至った人物として評価している。橋川は保田与重郎を、①日本マルクス主義にもとづいている、②半封建制を含んだかたちのラディカルな近代批判をした、③非政治的なイロニイ的弱者、④政治への屈服を批判し無政府主義を唱えた、などと捉えている。これらのことから橋川は保田について、「右翼的ゴロツキ」でも「新官僚的ファシスト」でもない政治的アンチテーゼという変革主体を持った人物であると唱えていることがわかる。

橋川は、保田与重郎の論理は本居宣長の論理に通じており、「神々にもとづく自然」／「理にもとづく人為」というべき相反する価値の架橋が、一切の規範化と観念的絶対化を排したかたちで実現することで、「「理」に対する神々の実存」が生み出されるという主旨を述べている（橋川 2000a：68-69）。さらに橋川は、宣長の「――老荘的自然哲学と朱子学的合理主義に代表される様な――儒教的規範主義への批判」について、それが「人間自然の肯定」と「人間自然の絶対化の否定」とをつないだものであると評価している（橋川 2000a：67）。これは橋川が宣長の論理のなかに、人間が「自然」的存在であることを肯定するが絶対視はしないというかたちでのバランスを見出したためであると解釈できる。

これにより橋川には、丸山眞男のいう「神の作為による自然」の概念では説明しきれない人々の自発性を、「「自然」と「人為」の関係性そのもの」への独自のスタンスによって捉えようとする視座があることがわかる[4]。つまり橋川は、人々が「自然」と「人為」の狭間で心の拠り所を求める「煩悶」をしつつも、その「煩悶」のゆらぎのなかから自発性を生み出していくというビジョンを持っており、これを「煩悶」の論理の核としているのである。

橋川が語るこの「国学」の論理は、①江戸時代には、儒教的社会秩序の要素であった「自然」と「人為」との分離を宣長が試みることで「自己存在」をめぐる自発的な葛藤の契機が担保されていたが、②一九三〇年代前後になると、「人為」的な近代国家が生む疎外感に抗うべく、人々は心の拠り所を「自然」に求めるようになっていった、という歴史像が念頭におかれている。橋川は特に一九三〇年代前後において、「人為」を象徴する近代的「国家」に、「自然」を象徴する前近代的「神道」が意図的に直結されたことで、人々は日本ファシズムに積極的に回収されていったと見ている。そのため橋川には、「人為」に回収されないために、「自然」と「人為」という二つの価値を、①直結させて一色単に捉えないこと、②各価値を硬直的に実体視しないことを重視している観点がうかがえる。

農本主義と共鳴する日本ロマン派

「序説」には、「自然」と「人為」を「分離」して「架橋」することができなかった人々の「煩悶」に寄り添う橋川の語りもある。特に橋川は、農本主義へ心の拠り所を求めつつも国家主義に回収されるかたちとなっていった一九三〇年代前後の人々を描いている。その際に橋川は保田に依拠しつつ、本居宣長の開拓していた「自然／人為」の理念が、「「俗流」祭政一致思想」によって儒教的理念や近代主義理論と妥協して「政治」に屈してしまったと論じている。これは橋川が、日本ロマン派に通じるいわば「国学的農本主義」は「日本近代に対するトータルな文明批判」を意図するものであったとして評価する一方で、「「俗流」祭政一致思想」に通じるいわば「国体的農本主義」については「……明治の新国家形成が、その基本的な矛盾克服のために創出した家父長制的国家観のイデオロギー的支柱をなすものとして、概して「富国強兵政策のためにとられた農の尊重」にほかならなかった」（橋川 2000a：64-65）として問題視しているためといえる。そして橋川は、いわば、政治に屈する「国体的農本主義」と、政治に屈しない「国学的農本主義」に重なる部分があったことが、近代日本における人々の心の拠り所を混乱させ、煩悶青年を生み出したと捉えている。

重なる部分について橋川は、「国学的農本主義」と「国体的農本主義」というべきものはともに、土着的な郷土回復をめざすために明治以降の新国家形成の原理にもとづく「官僚制度」を批判し、反近代主義の視座を持っていたことを挙げている。しかし同時に橋川は相異点について、「国学的農本主義」のほうは「（本居宣長の「みち」の思想の延長に立った）神道にもとづく無政府主義」を唱えていたものの、「国体的農本主義」のほうは「家族」や「人道」を重んじることで家父長制度などを通じて国家に回収されていったと捉えている。特に橋川は、「国学的農本主義」のほうは「都市のインテリの浮動心理」へ響いたものとし、「国体的農本主義」の内実としては、①「守旧層」へ響いた権藤成卿《ごんどうせいきょう》の「制度学的農本主義」と②「非都会的インテリ層（＝青年将校）」へ響いた橘孝三郎の「人道主義的農本主義」を想定している（橋川 2000a：62）。

2　「普遍性」から導かれる個別的「煩悶」

「普遍性」を疎外する日本文化論

一九六〇年代頃になると橋川は、日本の土着的な「特殊性」を即物的に強調する日本文化論の潮流が、「普遍性」を疎外させていることに欺瞞を感じるようになっていたことがうかがえる。橋川にとっては、一九六〇年代頃に主流となった日本文化論が日本の「特殊性」を即物的に肯定するスタンスと、一九五〇年代頃のマルクス主義や近代主義が日本の「特殊性」を即物的に否定するスタンスとが、内省の契機を持たない思想潮流という意味合いにおいて重なって見えたといえよう。

一九六〇年代頃の思想潮流への橋川のスタンスは、当時注目されていた林房雄の作品『大東亜戦争肯定論』に言及した論文「ネオ・ナショナリズムの所在」（橋川 1964→2001b／以下、「所在」と略記）で明示されている。「所在」においては、橋川が林について、日本の土着的な「特殊性」を強調し過ぎていると批判していることがうかがえる。橋川は林を批判する際に、①林が日本のマルクス主義と同様の硬直的な唯物史観に陥っていること、②林が右翼啓蒙史観から脱却した視座を持っていないこと、③林が明治維新期を重視するという従来どおりの歴史観にとどまっていること、等を挙げている。このことより橋川には、「特殊性」と「普遍性」をつなげない、恣意的で硬直的な歴史観を審判する視座があったといえる。

また「所在」で橋川は、「特殊」な日本を肯定する上山春平についても批判している。その際に橋川は、人類生態学とマルクス主義とを統一した上山の生態論的革命理論について、権藤成卿の「東洋制度学」に象徴される「土着農本思想」のような空想性が目立つものとして危惧している。この橋川の語りからは、一九五〇年代には「観念」レベルに偏りがちであった農本主義への関心が、一九六〇年代には「東洋制度学」という「制度」レベルからあらためて捉えられようとしていたことがわかる。つまり一九六〇年代の橋川は、一九五〇年代からの農本主義への関心を保持しつつも、現実政治に関わる「制度」レベルへの関心を高めるようになっていたと解釈できる。

さらに橋川は「新官僚の政治思想」（橋川 1965→2001a）でも、一九六〇年の安保闘争後に脱政治化が生じたことで「官僚テクノクラート」という新たな官僚制度の問題が生まれたという文脈で、「制度」レベルの語りをしている。なお橋川はその際に、デモクラシーやマルクス主義などの影響を受けた社会革新をめざしていた日中戦争以降の革新官僚の想起もしている。しかし橋川は、革新官僚が様々なイデオロギーの抗争下で独自性を発揮しようとしつつも、結果的には国家意志のみせかけの代行者として軍部の台頭を擁護するかたちでファシズムに回収されていったと語っている。

以下に紹介する一九六〇年代の橋川の代表作からも、橋川の「制度」への関心の高まりは確認できる。

人間存在の原初形態としてのテロリスト

「昭和超国家主義の諸相」（橋川 1964→2001a／以下、「諸相」と略記）では、橋川の一九六〇年代頃の社会状況へのスタンスがわかる。高度成長期にあたる時期に書かれた「諸相」からは、高度成長期の負の側面として、形式的・硬直的に制度化された家族関係から生まれる疎外の問題を橋川が語っていることがうかがえる。この時期の日本社会では、核家族化にともなう各家庭の孤立化や、画一的な教育システムのもとでの打算的な成功の押しつけなどにより、家庭における疎外感が深刻化する状況にあったと考えられる。そのため「諸相」においては橋川が、高度成長期に家庭での疎外感を覚じている子どもたちの立場を、家族制度へ抗う一九三〇年代前後の煩悶青年の立場に投影させて論じていることが想定される。

特に「諸相」で橋川は、「……私たちが超国家主義の世界を問題とする以上、比較的よくその特性（暗黒な衝動）を示すと思われるそれら暗殺者の心性を無視することは、大切な手がかりをみずから放棄するものというべきかもしれない」（橋川 1964→2001a：8）と語っており、家族をめぐる「煩悶」が引き金となりテロリストという極端な存在に至ったとされる大正期の朝日平吾という青年の心情を象徴として描いている。さらに橋川は「それ（テロリズム）は、人間存在のもっと奥深い衝動とひろく結びついた行動であり、一般的にいえば、人間の生衝動そのものに根源的にねざした行動とさえいえるはずである。人間という恐るべき生物が、絶対的な自己表現にかりたてられる場合に、しばしば選択する手段の一つといってよい」（橋川 1964→2001a：8）と述べ、「テロリズム（テロリスト）」の「煩悶」は人間存在の極限的表現形態であると擁護している。この「テロリズム」の自己存在をめぐる「煩悶」に寄り添う橋川のスタンスは、日本ロマン派の自己存在をめぐる「イロニイ」的「煩悶」を擁護するスタンスと同じものであるといえる。

さらに橋川はアメリカの学者であるハロルド・ラスウェルの社会心理学的概念を引用し、朝日の特徴を描いている。橋川は朝日の一つ目の特徴として「こうしたひねくれ（感傷性とラジカルな被害者意識の混合）と偏執的な被害者意識とは、おそらく幼少期における家族体験のうちに根ざしている」（橋川 1964→2001a：16）ことを挙げ、根拠としてラスウェルの政治的暗殺の分析概念である「父親憎悪と自己懲罰の衝動」を用いている。また朝日の二つ目の特徴としては「……父に関連した自己懲罰の衝動が、無意識のうちに有名人〔＝父の代償シンボル〕への接近、甘えという倒錯した形をとってあらわれている……」（橋川 1964→2001a：18）ことを挙げ、再びラスウェルを引用して「……むくいられない父への愛から生じる憎悪は「君主とか資本家のような身近とはいえない抽象的な権威のシンボルに向って置きかえられ、その破壊へとかりたてる」ことが多い……」（橋川 1964→2001a：18）としている。そのうえで橋川は、朝日の起こしたテロリズムが「父親殺し」にあたるとし、個別で「特殊」な心情的「煩悶」が、「近代」をめぐる「普遍的」な政治的「煩悶」に連動していることをリアルに示している。

家族制度からの飛翔というビジョン

橋川は「諸相」において、日本ファシズムを「無限遡及」の論理で捉える丸山眞男を批判しつつ、「近代」そのものの問題として「超国家主義」を捉える重要性も指摘している。その際に橋川は、近代国家からの「自我」の飛翔の程度によって「超国家主義」の初発形態を検討するという独自のスタンスを提示している。なお橋川は、「下層中間層の煩悶青年など青年一般が持つ自我意識が現実の国家を超越した価値を追求し、社会的状況を突破して絶対的なものと結びつこうとした」（橋川 1964→2001a：33）というかたちで、「自我」を生み出すべく「煩悶」した青年たちを描いている。

ここで橋川は、井上日昭に象徴される昭和期のテロリストとは、家族問題を昇華しようとした朝日平吾に象徴される大正期のテロリストの特徴を徹底したものであるとしている。そのうえで橋川は、朝日のテロは単なる私怨としてではなく政治過程の発生の一段階目として本能的・原初的なものと捉えている。さらに橋川は二段階目としては、法華経などの宗教的素養による「自我」意識を持っていた井上を挙げており、三段階目の完成形態としては伝統的国家からの飛翔とカリスマ的能力を持っていた人物として北一輝を挙げている。以上より橋川は、家父長制度のなかで父に「煩悶」する青年一般を国家制度への抗いの初発形態として提示したうえで、その抗いの程度を三段階に分けていることがわかる。

前節で述べたように橋川はすでに「序説」において、日本ロマン派に通じる「国学的農本主義」を理想としながらも、権藤成卿や橘孝三郎の唱えた「国体的農本主義」にも「国学的農本主義」と重なる部分があったと論じていた。橋川は「諸相」において農本主義を語る際には、①牧歌的なロマンティシズムが特徴の文学青年であった橘を、井上日昭とともに政治過程の発生の第二段階目とし、②権藤の制度学の思想については、直接的な政治的影響力はなかったとしつつも、「国家を超えた人間のヴィジョンに訴えるもの」として北一輝の革命のビジョンと同様に青年たちの心の拠り所になったと述べている。この橋川が述べるところの、政治過程の発生の第三段階にあたる理想・完成型の北一輝に関しては、心の拠り所をめぐる「煩悶」を経て社会的自我を確立したと捉えられている保田与重郎や柳田国男が念頭におかれているものと考えられる。

なお橋川の柳田へのスタンスは、ロマン主義の「煩悶」の体験を経て「普遍性／特殊性」の視座を確立しえた人物として柳田を描いていることがうかがえる「柳田国男」（橋川 1964→2000b）からよくわかる。橋川は、農政官僚時代の柳田が「地方改良運動」という国家政策に対し異議を唱えられた原動力を、青年時代のロマン主義の経験に見ている。なお橋川の語りからは、柳田の「日本民俗学」とは、「普遍」的「世界人類学」と「特殊」的「各地域民衆」を、人間の日常的「生活」事実でつないだものであるという観点が捉えられる。

3　構造的「煩悶」で深化した「普遍性／特殊性」

「虚構性」を見抜く

一九七〇年代頃の橋川は、国家や企業、サークルといった日本の諸組織をめぐる自発性の問題を念頭にした語りを展開している。橋川は論文「安保後八年目の独白」（橋川 1967→2001b）において、安保闘争が「擬制」への人々の複雑な欲望を生み出した点に関しては、一九〇五年に起こった日比谷暴動と重なる特徴を持っていたと語っている。橋川は日比谷暴動については、「明治国家」の崩壊の端緒となり、「大正デモクラシー」の欲望体系と、後の超国家主義＝ファシズムの心情的基盤を培養する契機となったと捉えている。さらに橋川は安保闘争については、政治技術と倫理の緊張関係を解消するニヒリズムや、政治と歴史に対する自由奔放な没価値的解釈といったかたちで、戦後民主主義の制度と価値への幻滅を生み出したことを問題視している。

また一九七〇年代頃の思想潮流への橋川のスタンスは、一九七四年に初出された論考「日本文化・フォニイ史論雑考」（橋川 1974→2001b）からうかがえる。この論考で橋川は、山口昌男が提示した古代ギリシア神話以来の「フォニイ（真理によく似た虚偽・まがい・もどき）」という表現形態に着目している。山口の唱える「フォニイ」とは文化の構造的「周縁」で「本物／偽物」を架橋するものとされているが、特に橋川はこの「フォニイ」について、「神／人間」の境界を意図的に弱めて人間文化に架橋的進歩をもたらすものと捉えている。このことより橋川は、「本物／偽物」を架橋するとされる「フォニイ」と、「神々にもとづく自然／理にもとづく人為」を架橋するとされる「イロニイ」を、重ねて見ていることがわかる。(5)

さらに橋川には、「フォニイ」が文化人類学的な構造主義にもとづく「普遍性」を強調させているように見えたゆえに、日本の土着的な「特殊性」の弱さのほうを、「イロニイ」を用いてフォローしようとする視座があったことがわかる。まず橋川は、明治維新初期イデオロギーは水戸学派の国体の純正な原理に依拠していたが、その後、文明開化によって国体が解体すると「西欧的価値」と「アジア的価値」を架橋しようとする「フォニイ」現象の過渡期が生じたと語っている。ここでの「（中心的）西欧／（周縁的）アジア」をめぐる「フォニイ」を語る橋川からは、構造主義の影響を受けた「普遍性」の視座がうかがえる。そのうえで橋川は、日本という土壌の「特殊性」の視座をフォローすべく、——「自然」／「人為」を架橋する「イロニイ」を本居宣長が唱える以前に——「公／私」を架橋する「フォニイ」を荻生徂徠が唱えていた、というかたちで「煩悶」の核についての語りを展開している。また橋川は日本の「特殊性」を評価すべく、「私」より「公」の優先を説くかたちで、「公」と「私」の癒着を暴露したとする徂徠を、「政治」と「朱子学」を分離する世界像を提示した人物として評価する語りもしている。さらに橋川は徂徠について、儒教を「純正な古代先王・聖人の創作」として捉え、近世に「純正」な人間追求を問う意識を高めた人物としても評価している。

「煩悶」の源流としての「存在の怯え」

一九七〇年代頃の橋川には、文化人類学的な構造主義の台頭を背景に、反「帝国主義」という「普遍性」を受容しつつも、土着的な「日本神話」という「特殊性」をフォローするスタンスもうかがえる。橋川は一九七〇〜七三年に初出した作品である「昭和維新試論」（橋川 2001c／以下、「維新」と略記）において、昭和維新の原動力となっていた「煩悶」の源流とは、明治中頃（一九〇〇年代頃）の精神的大亀裂にあると述べている。特に橋川はこの精神的大亀裂について、「帝国主義」の台頭を背景とした「自我の欲望」の浸透に起因するものとしている。そのうえで橋川は、二〇世紀初頭には、「帝国主義」・「資本主義」のイメージに同化しようとする「成功青年」と、自己内心の衝動に鎮静しようとする「煩悶青年」との、両極的傾向があったことに言及している。

その際に橋川は、「帝国主義」が生む「存在の怯え」という「煩悶」を、亡き母への慕情と相まったかたちでの「神話」的生命観の希求によって乗り越えようとした明治中頃の思想家・渥美勝に着目している。橋川は渥美の「煩悶」について、西欧的「原罪」から生まれる「存在の怯え」を乗り越えるべく、神の指図のままに生きるという「日本神話」的生命観（「神輿」や「神の子」や「国の子＝桃太郎」等）に希望を見出したものの、結局は無垢でむごたらしい幻想的なユートピアに終わったと語っている。そして橋川は、この渥美の「煩悶」を帝国主義への日本人の精神的反応の初発的起源とし、日本人の「内部生命」への沈潜の志向を指摘している。

なお「維新」で語られている「煩悶」の論理は、「――帝国主義的――人為」を超えた「――神話的――自然」というかたちで示されていることから、一九七〇年代頃の橋川は「帝国主義」や「神話」といった概念の影響を受けながら「自然／人為」をめぐる「煩悶」を検討していたことがうかがえる。橋川は一九〇〇年代頃の日本の状況について、天皇を頂点として精密な機構化がされた帝国内で生きるためには、帝国の「運転手」になるか、閉じた私生活内で「私」を磨くしかなかったと見ている。それゆえに橋川には、帝国主義的国際社会の仲間入りをした日本が世界の幸福の質の転換をどのようにもたらすべきか、というナイーブな自己規定の衝動から生まれた渥美の発想への着目があることがわかる。

「家族」から「アジア」まで

さらに「維新」においては、橋川がすでに「諸相」で示していた三段階の「煩悶」が深化していることもわかる。橋川は「維新」において、まず、「家父長」への抗いを背景に、「母」への思慕に刺激されることで自己存在の「煩悶」をしていたとされる一九〇〇年代頃の渥美勝を原初形態に据えている。その際に橋川は渥美について、「帝国主義」の構造的疎外が生み出す「存在の怯え」を、「日本神話」によって克服しようとして挫折した人物として描いている。次に橋川は帝国主義への抗いの中間形態として、①地方改良運動をめぐる明治後期の官僚の「煩悶」や、②軍や政党の組織対立の「煩悶」を挙げている。特に①について橋川は神社合併（神社合祀）に焦点を当てており、社殿を中心にして町村役場、各種農業団体、産業組合、青年団といった諸組織をその周りに配置したことが、人間の精神活動の「エンクロージャー（囲い込み）」につながったとし、組織の配置構造に関する批判をしている。また②について橋川は、反逆精神と勤皇思想が結晶化した「皇道派」や、右翼と左翼の架橋を試みたものの「ぬえ的」と批判された「国家社会主義」を評価している。最後に「帝国主義」への抗いの完成形態として橋川は、排他主義に陥らない「天道」にもとづいて「アジア主義」をめざそうとした東亜連盟運動の「煩悶」を挙げている。

おわりに

本章では、橋川が一九三〇年代前後に顕在化したと想定していた「普遍」的「煩悶」のあり方を捉えつつ、戦後の各時期（一九五〇、六〇、七〇年代）の「知」の偏りを橋川が「普遍性／特殊性」の視座から審判していることをたどってきた。橋川の語りからは、自己存在の「虚偽性」をめぐって「前近代／近代」の価値の狭間で「煩悶」することと自体に一貫して価値をおいていることがうかがえた。その際には、「真／偽」に象徴される「煩悶」の結果、「偽」に限りなく回収されていった人々に対しても、橋川の寄り添う姿勢が捉えられた。橋川にとっては、人間に内在する弱さや甘えといった「真実」を己の問題として自発的に対峙・受容することなく、日本ロマン派やテロリストなどを、「悪」や「偽」として糾弾・排斥することで「正しさ」を担保しようとする状況主義的な社会潮流のほうこそが、よほど偽善に映ったのであろう。

現代に起こっている様々なテロリズムの問題を根本的な解決に導こうとする際にも、誰もが自己存在をめぐる「普遍」的な「煩悶」を共有しているというビジョンを持つことが重要であると思われる。特に現代では、先進諸国においても家族や社会などからの疎外感ゆえに、現状打破を掲げてテロを起こす若者が現れてきている。そのため現代においても、テロリストを糾弾するだけではなく、「近代そのもの」に抗う原初的契機を持ちつつも積極的にテロリズムに回収されていった青年たちのリアルな「煩悶」に寄り添う橋川の視座は有効であると考えられる。

橋川の思想は、現実社会への具体的な変革の運動などを唱えるものではなく、また、戦後の各時期の「普遍性／特殊性」をめぐる「知」の偏りを審判する際には、その偏りの是正を急いだゆえに厳密さを欠く語りもあった(6)。しかし橋川は、戦後のある時代・ある個人の「特殊」な「煩悶」の原点が一九三〇年代前後に顕在化した「普遍」的「煩悶」にあるというビジョンを通じて、他の時代を生きる他者の多様な「（未発見の可能性も含む）煩悶」をもリアルに自己の問題として受容・尊重する視座を提示している。よって橋川は、多様性を尊重しながら全体性も損なわないビジョンを提示することで、「ファシズム」や「近代」を克服しようとしていたといえよう。

注

（1）橋川文三について、筆者は次の論文を発表している。山之城有美「戦後日本における橋川文三の「一九三〇年代像」―「日本浪曼派批判序説」を素材として」（『人間社会研究科紀要』第二〇号）、同「社会的自我像をめぐる普遍性／特殊性の考察―橋川文三が語る日本ロマン派の「煩悶」の論理」（『人間社会研究科紀要』第二一号）。本章の内容は、これらの論文と重複する部分がある。

（2）「日本浪曼派批判序説」は、同人雑誌『同時代』の第四号（一九五七年三月一五日発行）から第九号（一九五九年六月五日発行）において最終章を除き連載発表され、その後『日本浪曼派批判序説』（一九六〇年二月、未來社刊）に初めて収められた（赤藤 2000a：359-360）。なお本論考のタイトルの表記には「漫」ではなく「曼」が使用されている。

（3）「昭和超国家主義の諸相」は、一九六四年一一月一五日発行『現代日本思想大系』第三一巻「超国家主義」（橋川文三編集・解

説、筑摩書房刊）に発表され、『近代日本政治思想の諸相』（一九六八年二月、未來社刊）に初めて収められた（赤藤 2001a：368）。「昭和維新試論」は、季刊雑誌『辺境』（井上光晴編集・辺境社発行）第一号（一九七〇年六月）から第二次第一号（一九七三年一〇月）まで、休載された第六号を除き一〇回連載で発表された。著者の没後、全文が単行本として刊行（一九八四年六月一七日、朝日新聞社刊）された（赤藤 2001c：370-371）。

（4）橋川が江戸時代の「自然」と「人為」をめぐる問題を取り上げながら「煩悶」の問題を論じようとするのは、江戸時代の「自然」と「作為」の概念を用いて近代的思惟の問題を検討していた丸山眞男の論（丸山 1940→2003a：丸山 1941→2003b）に拠っていたためといえる。

（5）一九七四年に山口昌男が初出した論考「フォニイ礼賛」では、もともと江藤淳が文壇に対して唱えていた「フォニイ論争」が文化論として論じられている。「フォニイ論争」とは、中間小説の台頭を背景に一九六〇年代初めに平野謙が唱えた「本物／偽物」をめぐる文学論争に起因するものといえる。ただし橋川にはすでに一九五〇年代後半頃に、「近代文学」の世代である平野謙や荒正人らについては日本ロマン派を「体験」していないと「偽物」視する一方、その上の世代である竹内好や中野重治らについては日本ロマン派の「核心」を見ているとして「本物」視していたことがうかがえる（橋川 2000a：3-7）。

（6）橋川には、「神との契約」や「神の死」が前提となって近代ヨーロッパ地域で生まれた概念である「実存」を、土着的で素朴な「神々の喪失」が起こった近代日本における人々の「煩悶」を語る際にも適用している側面などがあった。

【山之城有美】

07 吉本隆明――個人と共同体のあいだ

よしもと・たかあき（一九二四-二〇一二年）文学者・評論家。著作に『高村光太郎』『芸術的抵抗と挫折』『共同幻想論』など。

はじめに

吉本隆明は、一九二四年に東京の下町にあたる月島に生まれた。佃島尋常小学校から東京府立化学工業学校にあがり、一九四二年に米沢高等工業学校へと進学する。東京工業大学に入学するが、一九四五年に富山県魚津市の日本カーバイド工場に動員され、終戦を迎える。一九五一年に東洋インキに就職した吉本は、その詩作によって注目され、一九五四年に荒地新人賞を受賞する。同年、「反逆の倫理―マチウ書試論」を発表する。一九五六年、武井昭夫との共著で『文学者の戦争責任』を著し、一九五七年には『高村光太郎』を出版、一九五八年に「転向論」を『現代批評』の創刊号に発表している。

これらの一連の議論のなかで、吉本は、転向をめぐる問題を独自に追求し、戦中派の代表的な論者と目される。この評価は、先行世代に対する苛烈な批判によって決定的となる。とりわけ、一九五〇年代後半に始まる花田清輝との論争、一九六〇年代における丸山眞男（⇒01）批判などによって記憶される。さらに、一九六〇年代後半の学生紛争の当事者たちが、吉本の著書『共同幻想論』（一九六八年）を愛読していたというイメージが流布することによって、この対立の印象はより強まる。

他方で、吉本は、一九六〇年代から一九七〇年代前半にかけて、『共同幻想論』、『言語にとって美とは何か』（一九六五年）、『心的現象論序説』（一九七一年）といった独自の探求を続けていた。そして、高度成長が収束すると、吉本は『マス・イメージ論』（一九八四年）などによって、消費社会を肯定的に分析する論者としての相貌を見せる。

吉本は、徹底して大衆についていき、徹底して知識人を批判するという姿勢において一貫している。それゆえに、その思想には不思議な魅力がつきまとっている。しかし、二〇一一年三月一一日の東日本大震災に端を発した一連の福島第一原子力発電所の危機的状況に対しての発言は、多くの困惑を引き起こし、吉本はその困惑に対して十分に応答することなく、二〇一二年三月に亡くなった。

1　生き残った者たち：戦後という問題

本章の目的

本章は、「戦後思想」という文脈において、吉本隆明を考えていく。しかし、「戦後思想」とはいったい何であるのか。さらには、敗戦から七〇年を経て、「戦後思想」を振り返ることの意義はいかなるものなのであるか。

本章では、吉本の思想のアクチュアリティや、その可能性と限界といったことを中心的な課題としない。なぜなら、吉本ら戦後の思想家を読みなおす意義は、彼らが向き合った「戦後」という時代との相関からしか生じてこないと考えるからである。そして、わたしたちは、七〇年を経た今もなお、いや、今においてこそ、「戦後」を決して十分に理解していない。このことは、その時代を経験していないとか、その時代についての知識が不十分であるということを意味するのではない。それは、現代社会が存立する歴史的条件としての「戦後」がまだ十分に学問的に解明されていないということを意味するのであり、すなわち、わたしたちが生きる現代社会についての理解が十分ではないということを意味している。そして、「戦後」とは、吉本ら戦後の思想家たちにとって、彼らが生きる社会として問われていた対象であった。

このため、本章は、吉本隆明という思想家の批判や肯定を目的としない。また、吉本を論じるにあたって丸山眞男の議論を参照するが、この両者の思想の優劣を論じることが目的なのでもない。そうではなく、彼らにとっての現代社会としての「戦後」――それはわたしたちが生きる現代社会の条件でもある――を、彼らがどのようにして考え続けてきたのかという、思考の航跡をたどっていく。

本章では、第一に、扱う時期を、戦後から安保闘争を経て高度成長が進行する一九六〇年代までに定める。この時期の吉本の議論は、①安保闘争での深い挫折感を通じた先行世代に対する強い批判（『擬制の終焉』）、②「土着的なもの」への問題関心を背景とした丸山眞男との対決、③国家の問題への独自のアプローチ（『共同幻想論』）などによって特徴づけられる。

第二に、吉本隆明と丸山眞男とを比較する。この二人の思想家の対立は、まちがいなく、戦後思想の展開における最も鮮烈な情景の一つである。しかし、両者の対立は、その資質や方法論に根ざすものであり、見かけの華々しさと対照的に得るものの少ない問題である。むしろ、必要なことは、この対立が成立している地平を問うことである。

吉本隆明と丸山眞男との対立

吉本隆明と丸山眞男の対立は、小熊英二の『〈民主〉と〈愛国〉』（二〇〇二年）の議論の主軸の一つである[1]。小熊は、丸山らの世代に対する吉本ら戦中派による世代間闘争を、鮮明に描き出す。両者のあいだには、戦争経験の決定的な差があった。この議論は、吉本と丸山とを対比的に記述し、また、「公の私による分解」という議論を提出する点で、本章にとっても重要な意義を持つ。なぜなら、本章もまた、吉本における「知識人と大衆」という問題と、彼の議論のなかに内在している「私的なもの」の問題に注目するからである。そして、この二つの議論を、高度成長期の日本社会という背景に差し戻すなかで、「マイホーム」という形象の意義を考えていく。

小熊の議論は、それぞれの世代の「戦争経験」を重視することで、戦争固有の経験に準拠した記述の迫真性を獲得することに成功しているが、それとの引き換えで、「経験の私有」という罠を引き寄せてしまっている。経験の絶対化は、経験の通約不可能性を意味してしまう。それは、戦後からの時間的距離を経たことによる、小熊のような「編集」を通じた歴史の再構成という方法にも、また、戦後七〇年を経て戦後思想を問いなおすわたしたちにも共通して、「戦後」の理解不可能性を意味してしまうのではないか。

さらに、戦後との距離が生じつつあったことは、一九六〇年代から繰り返し強調され続けてきたことでもあった。この距離は、単純な時間の経過によってではなく、社会の変容そのものの効果として生じている。すなわち、高度成長を通じた大衆社会化であり、消費社会化であり、そして、情報社会化である。これらの社会の編成そのものの大きな組み換えは、過去や歴史の意味づけそのものに関わっており、「先進国化」と概括されるよりも、その詳細な内実が探求されるべき問題ではないだろうか。(2)

吉本と丸山の対立は、この一九六〇年代の社会変容を背景として理解されなければならない。一九六〇年代は、戦争経験の風化という意味での「戦後のおわり」と同時に、大衆社会化の進行という「戦後のはじまり」という側面を持つ。わたしたちは、「戦後」という言葉が持つこの両義性を見落としてはならない。吉本と丸山の両者は、戦争と戦後の経験から最大限のものを引き出そうとする姿勢において、また、大衆社会化という社会の変容に対峙していた点において、共通している。繰り返すが、問いなおすべきは、両者の見かけ上の対立ではなく、同時代の課題をめぐる共通性である。

2　転向論の問題構成

知識人と大衆

一九五九年に未來社より刊行された『芸術的抵抗と挫折』は、「マチウ書試論」（一九五四年、一九五九年）、「芥川龍之介の死」（一九五八年）、「転向論」（一九五八年）など、吉本の初期の重要な評論を収めている。これら初期の論文には、ある構図が共通している。すなわち、「知識人と大衆」という構図であり、また、「政治的価値と芸術的価値」という対立の構図である。そして、この構図は、この時期の吉本の業績において最も重要なものとしての、「転向」をめぐる議論をもつらぬいている。

「転向」とは、歴史的には、一九三三年に、獄中にあった日本共産党の指導者・佐野学と鍋山貞親が転向声明を発表したことによって、広まった概念である。従来は、戦前の日本におけるマルクス主義に強い影響力を持った福本和夫が、ズルズルベッタリの関係性をたちきるという理論的意味において使用した概念であるが、検察当局が共産党員に運動からの離脱を強いるものとして転用した。戦後、「非転向」の共産党員に高い威信が与えられる一方で、戦争責任の追及とともに、転向現象の検討が進められる。『思想の科学』研究会による共同研究「転向」は、その代表的なものといえる。

吉本は、文学者の戦争責任を追及するなかで、独自に、「転向」を、「日本の近代社会の構造を、総体のヴィジョンとしてつかまえそこなったために、インテリゲンチャの間におこった思考転換」と定義している（吉本 1958c→1990：286）。この定義は、この時期の吉本の議論のいくつかの特徴を示している。第一に、吉本の「転向」概念は、従来「非転向」と見なされていた獄中の共産党主義者をも含む。第二に、それは、知識人と大衆をめぐる問題として設定されている。そして第三に，それは「後発国近代化」の問題に位置づけられている。吉本による「転向」現象の批判は，「日本的モデルニスムス」や「政治」に対する批判と連続している。吉本によれば，「日本的モデルニスムスの特徴は，思考自体が，けっして，社会の現実構造と対応させられずに，論理自体のオートマチスムスによって自己完結することである」（吉本 1958c→1990：303）。知識人たちは，コミンテルンという外からの指示に依存するにせよ，西洋の新しい思想や芸術を崇拝するにせよ，ただそれらを観念的に受け入れるだけで，日本社会の「総体」の把握に失敗し続けてきた。

このとき留意されるべきは，これらの「転向」をめぐる議論が，知識人という都市のミドルクラスの経験についての考察に立脚していることである。吉本は，一九二七年に自殺した芥川龍之介について，「おそらく中産下層階級出身のインテリゲンチャたる宿命を，生涯ドラマとして演じて終った作家であった」（吉本 1958b→1990：240）と考える。そして，「出身圏への安息感を拒否」し，「造形的努力」を繰り返す芥川の自己破壊的な論理を見て取っている（吉本 1958b→1990：248）。また，高村光太郎について論じるにあたっても，「庶民」，「小インテリゲンチャ層」，「下層大衆」と，都市のミドルクラスについて繰り返し言及している。

これらの議論は，たしかに，「知識人と大衆」という対のなかで展開している。しかし，ここで二つのことが注意されなければならない。第一に，知識人と大衆は，対称的な位相にはないことである。知識人は，芥川や高村などの文学者を代表として，吉本が取り組む対象そのものであり，きわめて実体的に論じられている。しかし，「大衆」はその位相は痕跡的にしか接近することができないことが述べられる。第二に，この「大衆」の位相と関連して，一九五〇年代の吉本の議論が，「封建性の異常に強大な諸要素と独占資本主義のいちじるしく進んだ発展との結合であるところの日本の支配体制」（吉本 1958a→1990：263）という認識を前提としていることである。このとき，「大衆」とは，日本の封建的要素と重ねられ，「転向」はこの狭間で生じた知識人の懊悩として位置づけられる。吉本は、「アジア的後進性とヨーロッパ的独占資本性との結合という一事情は、おそらく日本以外のいずれの国においても、おこりえなかった」（吉本 1958a→1990：264）と述べると同時に、日本社会の特質を、「高度な近代的要素と封建的要素が矛盾したまま複雑に抱合している」（吉本 1958c→1990：301）と述べている。この構造が、結果として、「上昇型インテリゲンチャの意識」を生み出す（吉本 1958c→1990：292）。

ここでは、西洋と土着、近代と封建という「二重構造」の言説が繰り広げられている。そして、この二重構造を問題とする点において、吉本は「戦後の思想家」であった。なぜなら、「二重構造」とは、一九五〇年代から一九六〇年代において、日本社会の問題として、広く共有されていた課題だからである。

二重構造の言説

「二重構造」とはいったいいかなる問題であったのか。この語が広く注目されるようになったのは、一九五七年の『経済白書』のなかで、日本経済の「二重構造（dual economy）」が問題視されたことによる。これは、一九五六年の「もはや戦後ではない」という一節で有名な『経済白書』の翌年にあたるものである。

中村隆英によれば、「二重構造」とは、「日本には近代産業の大企業を中心にする高賃金・高生産性部門と、中小企業から在来産業・農業にいたる低所得・低生産性部門とが共存する二重性をもっており、そこに日本経済の構造的特質があるという考え方である」（中村 1989：63）。この語は、一九五七年三月の日本生産性本部二周年記念公演で有澤広巳が初めて使ったとされる（植田 2010：311）。有澤は生産性本部で日本の雇用問題を研究し、完全失業者が少ないにもかかわらず就業状態が非常に悪いことに注目し、労働市場に構造的な断層があることを指摘していた。この背景には、一九五〇年代までの人口過剰とそれにともなう労働力の過剰がある。大企業と中小企業のあいだで、大きな生産性の差異が存在し、その差異は労働者の低賃金でカバーされる。そして、このように労働力の価格を低く抑えつけるものは、終戦以来農村に大量にプールされた潜在的な労働力の圧力である。

このような社会認識は、多くの社会科学者や文学者、知識人に共有されるものであった。そして、高度成長自体が、この二重構造の解消を、近代化を全域化することでめざしたものにほかならなかった。このような二重性の指摘は、決して経済学に限定されるものではない。近代と封建の二重性の指摘は、戦前の講座派以来繰り返されてきたものである。さらに、一九四八年に行われた東京大学法学部の「東洋政治思想史」講義の開講の辞で、丸山眞男はこの語を用いている。

我々は、一方で、社会のあらゆる面での封建制の克服と近代化が唱えられると同時に、他方では世界的規模において課題とされている「近代」（市民社会）そのものの止揚をも自己の課題とするという、二重構造的課題に直面している。この二重の課題は、日本の現在の民主革命の完成を著しく困難にしているが、まさにこの近代化の確立と現代化への脱皮という二重の課題こそ、封建制およびその思想の真に科学的な批判的認識を可能ならしめんとする条件でもある。（丸山 1948→1998：16）

一方で吉本は、「転向」の問題を、近代と前近代の狭間にある知識人やミドルクラスの葛藤として位置づける。他方で、丸山は、戦後における思想的課題を二重構造の語によって鮮やかに定式化する。両者は、戦後社会の課題を二重構造の構図によって描き出す点において、同一の地平に立っている。このことは、これから来る一九六〇年代において、安保闘争についての評価を契機として両者が激しい対立をなすことを考えるならば、留意すべきことである。

3　擬制とネーション

日本のナショナリズム

一九六〇年六月一九日午前零時、新安保が「自然承認」されたとき、丸山は、国会の南門付近のデモ隊のなかで、腕時計を見て、「ああ、過ぎたな」という感想を抱いたという。丸山にとって、安保闘争は、ひとつの高まりではあるものの、何かの終わりや何かの始まりではない。彼は、そこから戦後の遺産の最良のものを汲み出し、それをはぐくんでいこうとする。他方、安保闘争を「敗北」と見なしたものたちの心身には、重たい疲労と深い挫折が刻まれる。吉本は、後者に位置していた。

安保闘争における「敗北」を出発点として、一九六〇年代における吉本は、いわば、〈自然〉の論理の探求を進めていく。それは、戦後の知識人たちが依拠する〈作為〉の論理への批判である。すでに吉本が一九五〇年代において繰り返し論じていたことは、〈作為〉の論理が、後進国の社会の特性として、「転向」に帰結することであった。一九六〇年に出版された『民主主義の神話―安保闘争の思想的総括』に寄せた論文「擬制の終焉」は、丸山に対する批判を含んでいる。吉本は、丸山が、安保闘争における市民民主主義運動を評価しながら、人々が「私」に向かう側面を「政治的無関心」と評価することに反発する。吉本は、まったく逆に、「敗戦の闇市的混乱と自然的灰燼」のなかに生じた、「「私」的利害」優先の考え方にこそ、戦後の価値を見出す（吉本 1960：71）。そして、「「私」的利害の優先原理の滲透を、わたしは真性の「民主」（ブルジョワ民主）とし、丸山眞男のいう「民主」を擬制「民主」であるとかんがえざるをえない」（吉本 1960：73）と述べる。

このような丸山に対する批判は、ナショナリズムという主題をめぐってさらに練り上げられている。一九六二年の論文「日本のナショナリズムについて」では、賀茂真淵や本居宣長らの国学に、丸山が荻生徂徠に見出した〈作為〉の議論とは異なる、〈自然〉のナショナリズムを見出す。吉本が企図するのは、大衆ナショナリズムを描き出すことであり、「私」の価値の発掘である。同時期、丸山を含めた知識人たちは「ナショナリズムとデモクラシーの結合」を課題とし、その担い手としての個人の確立を呼びかけていた。吉本にとっての課題は、むしろ、「意識の交通をとざされ生活そのものが生活思想であるような大衆の思想の原型」を掘り当てることである（吉本 1962: 67）。吉本にとって、「私」とは、〈自然〉に、「大衆」に、そして、その「生活」に帰属する。

さらに、一九六三年には、吉本は、「丸山眞男論」を著す。ここで、吉本は、支配層／知識人／大衆という三層構造を示し、知識人のうち、支配層に向かう側面を「政治学」と、大衆の生活に向かう側面を「思想」として定式化する。ここでは、「政治学」は「体制」の学として規定されてしまう。他方で、「思想」は「生活実感」にまで到達しうるものとして取り上げられる。[3] 丸山が『日本政治思想史研究』において評価した徂徠学は「政治学」とされ、人々の「生活実感」を削ぎ落としたものとされる。[4] 吉本は、政治学が持つ、体制への志向と、その抽象化の作用を、「日本的な自然思想」とは異質なものと見なし、政治学そのものを拒否している。[5]

一九六四年、吉本は論文「日本のナショナリズム」のなかで、再びナショナリズムの問題を扱う。ここでは、流行歌から大衆の心情、すなわち、「大衆のナショナリズム」が取り出されてくる。そして、吉本は次の一節によって、生活にもとづく自立の思想を立ち上げている。

井の中の蛙は、井の外に虚像をもつかぎりは、井の中にあるが、井の外に虚像をもたなければ、井の中にあること自体が、井の外につながっている、という方法を択びたいとおもう。……生涯のうちに、じぶんの職場と家とをつなぐ生活圏を離れることもできないし、離れようともしないで、どんな支配にたいしても無関心に無自覚にゆれるように生活し、死ぬというところに、大衆の「ナショナリズム」の核があるとすれば、これこそが、どのような政治人よりも重たく存在しているものとして思想化するに価する。ここに「自立」主義の基盤がある。（吉本 1964→1966：198）

一九六〇年代前半、吉本は、安保闘争での挫折の経験を、丸山という仮想敵との批判的対話を通じて、独自の「思想」に編み上げていく。吉本にとって重要なのは、私的利害であり、生きる経験である。政治へと関与し、民主主義の担い手となることをめざすような〈作為〉の論理は、「擬制」でしかない。

戦後思想の地平

しかし、ここで、ほんとうに、丸山と吉本は対立しているのであろうか。わたしたちは、この一連の吉本の議論に対して、二つの留保をつけておく必要がある。

第一に、吉本の議論は、決して孤立した状況で行われているわけではない。特に一九六二年の論文「日本のナショナリズムについて」が、岩波書店から発行されている雑誌『思想』の特集「外来文化と日本文化」のなかに収められていることは留意されるべきである。この特集は、一九六一年六月号での特集「ナショナルなもの」、一九六二年一月号での小特集「国民文化をめぐって」に続くものであり、『思想』のなかでの、ネーションやナショナリズムについての議論の高まりのなかにある。

背景にあるのは、安保闘争、その後の様々なテロル、アジア・アフリカ諸国の独立、中ソ対立といった一九六〇年代前半の社会情況である。一方では、主体的個人の形成を通じて、デモクラシーとナショナリズムの結合を説く政治学者たちがいる。他方では、「土着的なもの」の意義を説く文学者たちがいる。吉本の議論は、明らかに後者の議論の圏域のなかにあった。問題は、この普遍的なものと特殊的なものという議論の位相が、思想的な対立としてはさしたる成果もなく、高度成長期の後半には、問題構成そのものがほどけていってしまうことである。「共同幻想」という問題設定に向かう吉本の議論は、この大きな趨勢のなかに位置づけられなければならないであろう。

第二に、吉本の議論は、決して丸山の議論と隔たっていない。吉本を駆動させていたのは、「じぶんが生き残ってしまったという負い目」である（吉本 1957→1991：174）。他方、丸山は、一九六五年の文章のなかで、当時、戦後民主主義に投げかけられていた「虚妄」という言葉を奪用してみせる。

その他、その他の「もしも」を考えますと、私は今日まで生きているというのは、まったくの偶然の結果としか思えない。ですから虚妄という言葉をこのごろよくききますが、実は私の自然的生命自身が、なにか虚妄のような気がしてならないのです。けれども私は現に生きています。ああ俺は生きてるんだなとフト思うにつけて、紙一重の差で、生き残った私は、紙一重の差で死んでいった戦友に対して、いったいなにをしたらいいのかということを考えないではいられません。（丸山 1965→1996：288-289）

このころから原爆の体験を語り出すように、丸山もまた、戦後において「生き残ってしまった」存在であり、その生の偶有性から思想を展開しているのであり、死者たちとの関係性をも含めた共同性がその議論の射程にあった。そして、このような生の偶有性、死者たちとの共同性についての意識は、鶴見俊輔（⇒05）が、埴谷雄高の『悪霊』に読み取ったように、戦後の思想家にある程度共通するものであった（鶴見 1959→2005）。

この二つの点との関連で、この時期、吉本が柳田国男に注目していったことを理解することができる。吉本は、柳田に「土俗を大衆的な共同性の根拠として普遍的なものとみな」す視線を見ていた（吉本 1963→1990：279）。それは、広く日本人という共同性を模索するまなざしである。他方、丸山眞男は、「忠誠と反逆」の論文を書き、それに続くように東京大学での日本政治思想史の講義を展開し、「伝統の創造」、「伝統の形成」とも呼べるようなプロジェクトに向かっていった。

普遍的なものと特殊的なものという図式、そして、生の偶有性についての感覚。両者が見かけ上の対立とは異なり、共通に問うていたのは、戦後社会における「共同性」という問題ではなかったか。もちろん「共同性」への問いは、超国家主義や軍国主義に帰結する戦前の全体についての思考を想起させる。そのことをふまえてもなお、「共同性」を問う必要があったのではないか。なぜなら、それは高度成長による社会変容のなかで急速に失われていくからである。問題は、この両者の方向が交錯することなく、ただ思想という営み自体が無意味化していき、「日本」や「日本人」といった主題が急速に平板化していく、そういった社会の情況にある。

4　マイホームの生

対幻想の領域

一九六八年、吉本は、『共同幻想論』を著す。個人幻想／対幻想／共同幻想という三対で知られるこの議論は、上部構造としての「幻想領域」を独立して論じることをめざしている。「共同幻想」とは「人間が個体としてではなく、なんらかの共同性としてこの世界と関係する観念の在り方」と定式される（吉本 1968: 7）。このような問題設定が、同時代における西欧マルクス主義の問題構成と近似したものであることは強調されるべきであろう(6)。

本章で注目したいことは、この議論において、個人幻想と共同幻想という二重性に加え、対幻想という領域が設定されていることである。吉本は、夏目漱石の『道草』を論じるなかで、「習俗としての〈家族〉」と「〈対〉幻想としての本質的な〈家族〉」という対を取り出している（吉本 1968：170）。前者は時間的な厚みを持つ系譜的な「家」の形象に対応し、後者は性愛を本質として構成される「家庭（home）」に対応する。

吉本によれば、対幻想とは、「社会の共同幻想とも個人のもつ幻想ともちがって、つねに異性の意識をともなってしか存在しえない幻想性の領域をさす」（吉本 1968：174）。社会あるいは国家の幻想は、個人の幻想と、反転して対応する関係にあり、それゆえに、個人あるいは市民は国家へと統合されていく。[7] だが、対幻想は、個人幻想と共同幻想とは違う軸線上にある。このことを吉本は「情況とはなにか」という文章でより詳しく論じている。

わたしたちは、はっきりいっておく必要がある。〈家〉の共同性（対共同）は、習俗、信仰、感性の体系を、現実の家族関係と一見独立して進展させることはあっても、けっして社会の共同性をまねきよせることも、国家の共同性をまねきよせることもしないと。（吉本 1966→1966：158）

そして、吉本は、「大衆の原像」を、〈家〉または〈家族〉という対幻想の形象に見出す。[8] 吉本にとって「大衆」の問題がその生活にこそ収斂するものであったことを考えるならば、この対幻想という領域は、国家でも個人でもない主体として登場しつつあったマイホームの形象に重なっていくものではないだろうか。たしかに、『共同幻想論』は、神話にまで射程を広め、国家という「共同幻想」の成立を探っていく非常に独特な問題構成を持つ。だが、同時に、この議論のもう一つの特徴は、「対幻想」という余剰にある。吉本は、共同性の問題を、個人と国家の水準とは別に思考しようとするなかで、マイホームの形象へと着地している。戦後、「死」をめぐって出発した営為は、高度成長期の「生」の肯定に帰着する。

だが、そのようなマイホームの「生」は、果たして、吉本が一九六四年の「日本のナショナリズム」のなかで述べたように、「思想化」できる対象であったのであろうか。吉本の問題構成における「大衆」という形象は、「知識人」という対立項を持たずに成立しうるものなのか。マイホームの「生」が全域化するとき、「知識人」だけのみならず、「知識人と大衆」という対自体が無効になってしまうのではないだろうか。そのとき、果たして、「思想」という営為はなお可能なのであろうか。

マイホームの生：「戦後」の解体

一九六八年から一九六九年にかけて各地の大学で起こった学生の叛乱は、戦後の民主主義を主導してきた知識人たちへの批判を含んでいた。一九六九年に丸山眞男が遭遇した出来事は、その最も有名なものの一つである。丸山は、学生たちから批判され、「ナチスもやらなかった愚行」という言葉が報じられる。また、東京大学の明治新聞雑誌文庫を守るために泊り込みをし、そこで悪化させた病気が一九六〇年代の知的作業を中断させ、一九七一年の定年前の退官につながっていく。他方で、吉本は、独自に思想をつむぎ、『共同幻想論』をはじめとして、学生からの支持を受ける。

だが、問題は、学生叛乱期におけるこの両者の境遇の対照ではない。むしろ、丸山眞男が象徴するような文化、あるいは生の様式が急速に変わりつつあったことを考えなくてはならない。すでに多くの論者が指摘するように、一九六〇年代の学生の叛乱は大学の急速な拡大を背景としており、また、学生を取り巻くメディア環境も大きく変容していた。

加えて強調しなければならないのが、まさにこの紛争が、高度成長期という未曾有の社会の変容のなかで生じているということである。それは、二重構造という問題を解消させ、共同性を解体していく大きな傾向である。

第一に、高度成長期において、大量の財の需要と供給が人々の生活を平準化していく。その代表的なものは、一九五〇年代後半に「三種の神器」と呼ばれた電気冷蔵庫、電気洗濯機、白黒テレビであり、一九六〇年代後半に「3C」と呼ばれた、自家用車、クーラー、カラーテレビである。ここに加えるべきは、住宅という商品であり、その大量供給として団地の建設や、ニュータウンの開発がある。これらの財の需要と供給は、巨大な国内市場をつくり出し、高度成長を可能にする条件となった。

第二に、高度成長期において、農村から都市へと巨大な人口流入が生じる。一九五五年三月に始まった集団就職列車は、一九七五年まで続き、東京都の人口は一九六三年に一〇〇〇万人を超え、一九六八年に一一〇〇万人に到達する。そして、一九七〇年代、地方における過疎という問題が浮上する。

第三に、高度成長期において、人口が増加し、家族は細分化していく。一九五五年に人口は八九二八万人、世帯数が一七四〇万世帯であったが、一九七五年には人口一億一一九四万人、世帯数三一二七万世帯に増加する。一九五五年の数字を一〇〇とするとき、一九七五年の数値は人口が一二五・四、世帯数が一七九・七である。人口を上まわる世帯数の増加にともない、一世帯あたりの人数は一九五五年には四・九七人だったものが、一九七五年には三・四五人へと減少する。

戦後啓蒙あるいは戦後民主主義の知識人たちは、デモクラシーとナショナリズムの結合の担い手となるような主体的個人の形成を呼びかける。だが、高度成長期の社会が生み出していくのは、むしろ、消費のゲームに巻き込まれ、持ち家を取得するという巨大な事業の運営管理を最上の問題とする、家庭〈マイホーム〉という主体である。

高等教育を受ける学生の拡大は、階層間の格差の縮小でもある。また、オートメーション化した産業は、労働者というよりも、ホワイトカラーを大量に必要とする。農村から都市への人口流入、農業の産業化などを通じて、都市と農村といった従来の「二重構造」が解消されていく。「一億総中流」という社会意識は、このような「二重構造」の解消を意味するものである。だが、それは、それまでの近代化の過程で登場してきた、都市と農村、近代と封建、西洋と習俗といった二重性のなかで悩む主体のもっともらしさを解消していく。ここに、「戦後」という時代のひとつのはっきりとした区切りが刻まれる。

おわりに

一九六七年五月号の『思想の科学』は、戦後に成立した思想の科学研究会の歴史を概観する特集を組んでおり、丸山眞男は鶴見俊輔と「普遍的原理の立場」という座談を行っている。この座談は、二つの点で興味深い。一方で、丸山は、『思想の科学』一般の傾向に対し警句を鳴らし、「型や形式」の意義を説いている。丸山は、「もしアカデミーに存在理由があるとしたら、徹底して学問の型を習練することです」と述べる(9)。他方で、丸山は、同じ座談のなかで、安保闘争に伏在したマイホーム主義の可能性を掬い取ろうともしている。

作為と自然、アカデミズムとジャーナリズム、政治学と思想などの様々な対立は、形式と生という対に由来する。丸山眞男と吉本隆明は、この対立の構図のなかに位置づくように見える。しかし、一九六〇年代の問題の地平が、形式と生だけでは整理がつかないように、両者の思考もここに収まるものではない。このような余剰を生み出す新しい問題の地平こそが、マイホームという新しい生の様式の登場であり、それを駆動し、さらにはそれを崩壊にまで導く、膨大な資本の力である。

「二重構造」の言説の圏域のなかで、「大衆」という問題の諸相に焦点をあわせることを通じ、吉本隆明は戦後の思想家、知識人に対して、最も峻厳な批判者となった。だが、「大衆」へと従っていくという選択をとるとき、彼らの生の肯定は、吉本を駆動していたはずの「生き残ってしまったという負い目」を優しく癒してしまう。知識人の「虚像」を厳しく退ける吉本は、決して「大衆」の「夢」を否定することはせず、また、できない。

では、マイホームは、戦後の生の拠点たりえたのであろうか。たしかに、それは、地方から都市へと移動する無数の人々を収容していく。そして、生活を肯定し、様々な党派的な運動や、啓蒙的な言説を冷笑するための基盤にはなる。だが、人々の組織や凝集への欲望は、マイホームによってかなえられるものではない。同時に、マイホーム自体もまた、決して安定的な存在ではなく、資本の力はそれすらをも解体し、社会に「単身者」が広がっていく。高度成長が二重構造を解消し、「共同体」はほどけ、現実の生の豊かさとともに、孤独が瀰漫する。そして、戦後という時代が蓄積され、戦争という経験が遠くに離れていくなか、「戦争」や「日本人」をめぐる言葉だけが堆積していく。それもまた、「戦後」の情景の一つであった。以降、日本あるいは日本人という共同性、非西欧世界の近代化、そして、急速に高度化する産業や資本との関係といったそれぞれに巨大な問題は、個別には、深度と強度をもって探求される。だが、それらを、総体として論じる試みは、より困難になっていく。この営みのうえに、わたしたちの現代が広がっている。「戦後思想」を振り返るわたしたちが、現代において、「思想」を紡ぐことは、なお、可能なのであろうか。

注

（1）吉本隆明と丸山眞男の両者を、取り組む問題の共通性において論じたものとして、内田（1997）を参照。また、吉本隆明については、鹿島（2009）や宇野（2013）、合田（2011）が、それぞれに強度をもって論じている。とりわけ、合田の議論は、吉本が東京工業大学で師事した遠山啓とその集合論がどのように吉本の思想形成に作用したのかを探求していて興味深い。また、吉本の全体像に迫るという作業を続ける渡辺（2013）は、網羅的に資料を探索することで、一九六〇年代末の学生叛乱と吉本との距離を論証している。

（2）小熊（2009a；2009b）は、『〈民主〉と〈愛国〉』に続く著作で、一九六〇年代の変容を「先進国化」と概括している。この議論については、新倉（2010）を参照。

（3）「「政治学」は、必然的に「体制」の学である。……「思想」は、教養から生活実感まで駆せくだるすべてを包括する概念として提出されている」（吉本 1963→2001：291）。

（4）「徂徠学によって、吹きとばされたのは「思想」そのものであり、その思想が、アモルフな「民」の生活実感と密着している契機であった」（吉本 1963→2001：296）。

（5）「ひとつの現実的な社会の生活が、ひとつの支配的な秩序のもとでいとなまれるとき、その体制がはらむさまざまな課題を、現実的な当為から切りはなして抽出し、学として成立せしめるという思考方法は、日本的な自然思想のカテゴリイでは絶対におこらなかったものである」（吉本 1963→2001：298-299）。

（6）上部構造の自律性を扱い、国家論を探究するという課題は、西欧マルクス主義あるいはイギリスのニュー・レフトとの同時代性を持つものである。また、同様の試みとして、石母田正による古代国家論がある（石母田 1971, 1973）。石母田は、一九六七年に執筆された「国家史のための前提について」で、吉本による国家論の試みに注目している（石母田 1977：185-187）。

（7）個人と国家の関係は、次のような部分によく示されている。「市民としての人間という理念は、〈最高〉の共同性としての国家という理念なくしては成り立たない概念であり、国家の本質をうたがえば、人間の存在の基盤はただ〈家〉においてだけ実体的なものであるにすぎなくなる。だから、わたしたちは、ただ大衆の原像においてだけ現実的な思想をもちうるにすぎない」（吉本 1966→1966：157）。

（8）「思想としての大衆の原像の問題は、その本質的な部分で〈家〉の問題に帰着する」（吉本 1966→1966：151）。

（9）丸山・鶴見（1967→1998：122）。この座談の数年後の一九六九年、東大紛争のさなか、丸山は、学生による批判を受けて、「人生とは形式です」と切りかえしている。この出来事については、『自己内対話』（丸山 1998）を参照。また、宮村（2009：137-141）にもこの事件の記述がある。

【新倉貴仁】

Column ②

沖縄——日本を相対化する試み

戦後沖縄の特徴

戦後沖縄の特徴は、日本本土からの分離、米軍による直接的統治、そして沖縄の施政権の米国から日本への返還ということにある。その戦後史を決定づけた要因は、アジア・太平洋戦争末期に軍民あわせて二〇万人以上の死者を出した「沖縄戦」であった。沖縄戦は、日本にとっては本土決戦までの時間稼ぎ、米軍にとっては日本本土への進攻のための拠点の確保であった。沖縄は、日本が連合国に無条件降伏する以前にすでに米軍の直接的な支配下にあり、日本から切り離された米軍統治の下で戦後の歩みを始めていくことになった。

「沖縄戦」と「戦記」

沖縄の戦後思想は、戦争と向き合うことから始められ、それは「戦記」というかたちで登場した。沖縄タイムス社編『鉄の暴風—現地人による沖縄戦記』(一九五〇年)、仲宗根政善『沖縄の悲劇—姫百合の塔をめぐる手記』(一九五一年)、大田昌秀・外間守善編『沖縄健児隊』(一九五三年)などである。これら「戦記」の特徴は、戦争に動員された人々、住民の視点、生存者の証言、可能な限りの資料から描き出すというものであった。また国家や軍隊を中心とする語りや、戦争や犠牲を美談化する語りとは異なるという特徴があった。また多くの生存者、遺族にとって戦争を語ることが容易でなかったことも想像に難くなく、一九七〇年代からの戦争体験の掘り起こしや、戦後三三回忌を終えるまで自身の戦争体験を公にしなかった人々がいたことも記憶されるべきである。

米軍基地と住民運動

一九五〇年、米国は琉球列島米国民政府を設立し、沖縄の統治を実行していくことになった。一九五二年に琉球政府が設立されたが、サンフランシスコ講和条約第三条により、米国は沖縄に対して「行政、立法及び司法上の権力の全部及び一部を行使する権限」を持ち、事実上の主権者となった。

講和条約と日米安保条約によって、日本が国際社会に復帰すると同時に、沖縄では米軍基地の新設、拡張が行われた。戦後直後には、九割近い米軍基地が日本本土におかれていたが、一九五〇年代中頃から、徐々に沖縄へ移転されていった。「銃剣とブルドーザー」によって新たな土地の接収を強行する米軍と、それに反対する住民運動（「島ぐるみ闘争」）が盛り上がることになった。この住民運動のなかで思想的な支柱となったのが、阿波根昌鴻《あはごんしょうこう》（一九〇一－二〇〇二年）であった。沖縄島の北部に位置する伊江島に住む阿波根は、伊江島の人たちとともに土地接収に抵抗し、座り込み運動、世論への訴えなど粘り強い闘争を展開した。また、彼らは住民のなかに「陳情規定」を設け、「反米的にならない」「軍を恐れてはならない」「布令・布告など誤った法規にとらわれず、道理を通して訴える」ことなどを打ち出した。阿波根を中心とした行動は、今日まで続く沖縄の反戦・反基地運動における「非暴力直接行動」にとって思想的支柱であり続けている。

「復帰」と「反復帰」

米軍統治のもとで、沖縄は日本に返還されるべきだとする「復帰」が叫ばれるようになった。「復帰」が大きく主題化するのは、「島ぐるみ闘争」を経た一九六〇年の沖縄県祖国復帰協議会の結成によってであり、また「島ぐるみ闘争」の経験から、人権や自治の要求として日本への「復帰」が語られていった。米国から日本への沖縄の「施政権返還」が具体化する一九六〇年代後半になると、米軍基地撤去や日本の平和憲法のもとへの「復帰」が叫ばれるようになった。

「復帰」が叫ばれ始めると、「帰るべき日本とは何なのか」という議論が生まれてきた。そのようななかで主張されたのが「反復帰論」といわれるもので、仲宗根勇、新川明、川満信一らによって沖縄の新聞や雑誌上で展開された。「反復帰論」の主張は近現代のなかの沖縄の本質を突いていた。新川によれば、「復帰」とは「沖縄人がみずからすすんで〈国家〉の方へと身をのめり込ませていく」ことであり、「反復帰」とは「個の位相で〈国家〉への合一化を、あくまで拒否しつづける精神志向」ということになる。ここには、「帰るべき日本とは何か」という問いと同時に、「国家とは何か」という問いが含まれている。

振り返れば、「戦記」の視点や、「島ぐるみ闘争」などの住民運動、人権や自治、平和への想いが、「日本とは何か」、「国家とは何か」という「反復帰論」の二つの問いを生んだといえる。その意味で、沖縄の戦後思想は「日本」と「国家」を相対化する試みだったといえる。

【徳田匡】

III

戦後思想の新展開

08 石牟礼道子――もうひとつのこの世はどこにあるのか

いしむれ・みちこ（一九二七年－）
作家・詩人。著作に『苦海浄土』『流民の都』『椿の海の記』など。

はじめに

作家・石牟礼道子は一九二七年に熊本県天草郡宮野河内《みやんがわち》（現・天草市河浦町）で生まれた。祖父、父ともに水俣町（現・水俣市）で事業を営む石工だったが、このとき海岸道路工事のため一家で宮野河内に来ていた。両親ともに、もとをたどれば天草出身である。石牟礼が三歳のときに再び水俣に転居しており、彼女が物心ついたのは水俣だった。

江戸時代、天草は天領であり、流刑地であり、かくれキリシタンの地であった。そのころ、天草は人口過剰であり、一八二一年には役所が島外への出稼ぎを奨励していた。明治維新後には人の移動制限が解かれ、移動は加速する。特に天草から海外への進出は盛んであり、一九四一年の統計では三万を超える天草の人が日本内地を離れていた（本渡市教育委員会 1985：222-223）。たとえば、「からゆきさん」がその一人である。石牟礼はこうした天草に「自分の魂の出自」を見出している（石牟礼 1991→2001：33）。

では、なぜ石牟礼の親たちは、天草からの移住先として水俣を選んだのか。その理由は一九〇八年に野口遵《したがう》率いる日本窒素肥料株式会社（以下、チッソと略記）が水俣にカーバイド工場を建てたことに求められる。それまでは遠くアメリカやブラジル、筑豊や三池の炭鉱にまで渡ってゆかねばならなかったが、これにより「親のおる島の目の先にかかっとる水俣も発展するかもしれん」という期待が持てた（石牟礼 1968→1972：178-179）。

徳富蘇峰・蘆花は、水俣の惣庄屋の出である。蘆花は一九一三年に水俣に立ち寄っているが、そこで見た、工場を中心に発展する町の様子を、「居合はす車三台をせき立てて、昔の塩浜の面影も変り果てた人家つづきを町へ急がす。船から見えた大きな煙突、煉瓦の建物は、カアバイトの工場さうな」と書き残している（徳富 1917：222）。水俣の地場産業のひとつは製塩だったが、これが一九〇五年の国の専売制開始によって崩壊する。これによって余った土地と余剰労働力を吸収したのが、チッソであった（色川 1983：37-40）。

ゆえに水俣工場の灯は「文明の灯」「文明の華」であり、「草深い田舎でうずもれていかなければならない運命」の打開であった（石牟礼 1986→2000：150-151）。この想いは、そのまま石牟礼の親たちのものでもある。彼女の親たちが天草から最初に水俣に渡ったのは一九一九年のことだが、それはチッソ積み出し港（梅戸港）建設工事を請け負うためであった。

その〔水俣に来ようという〕気持ちの中には、水俣に縁をつないでおけば自分の子どもや孫の時代にはチッソの会社に縁ができるのではないか。そういう暮らしになりたいもんだという思い、一番最後の目標にチッソ会社に縁がもてるようになるだろうというのがあったと思います。私の家もそうです。（石牟礼 1986→2000：150／カッコ内引用者）

工場ができ、港ができる。石牟礼の親たちは港からのびる道路の開発も請け負っていた。そして、その道路のへりに家が建ち、町のひな形が形成されていく——。彼女は水俣の近代化・都市化の過程を丸ごと見ていた。

一方、この親たちの事業は、石牟礼が八歳のとき（一九三五年）に破綻する。一家で町の中心・栄町から水俣川河口の村に引っ越す。この村（俗称トントン村）で、彼女は自身の文学世界の源泉と呼ぶべき「あるべき小宇宙を発見」した（石牟礼 1986→2000：195）。こうした幼少のころについては、『椿の海の記』（一九七六年）や『あやとりの記』（一九八三年）に詳しい。

その後、石牟礼は一九四三年に水俣町立実務学校を卒業し、県下最年少といわれる一六歳で代用教員となる。一九四五年、一八歳のときに敗戦。田浦の小学校からの帰路、戦災孤児のタデ子と出会う。五〇日間養い、彼女を復員列車で出身の加古川まで返した。戦争責任を感じていた石牟礼はみずからに「先生である資格がない」と思い（石牟礼 1989：164）、学校に行くのが苦痛になっていったという。教員は一九四七年まで続け、そこで辞めている。

この年、教師の石牟礼弘と結婚し、翌四八年には男の子を産む。その後、一九五二年から新聞・雑誌に短歌の投稿を始め、一年に二度ほど熊本の歌会にも出始めた。そのころの様子をうかがわせる一首を挙げる。

歌話会に行きたいばかり家事万端心がけてなほ釈然とせず（石牟礼 1989：39）

石牟礼が同郷の谷川雁（一九二三-九五年）と出会うのは、投稿を始めてから三年後の五五年秋のことである。[1]水俣病が公式確認されるのは、一九五六年五月一日のことであった。それは、石牟礼にとって「何もかもが一度に押し寄せて」きて、「暴風に巻き込まれるようなもの」だった（石牟礼 2014：315）。

本章では石牟礼道子の言葉に寄りながら、彼女のいう「もうひとつのこの世」がどこにあるのかを考察する。なぜならば、そここそ彼女のゆきたいと想うところだからである（石牟礼 1970→1973b：255）。そのあり処を問いたい。

先行する石牟礼論について簡単に触れれば、近年になって特に多くの論考が発表されている。そのうち本章と検討する作品の重なるものを挙げれば、羽生（1982）、河野・田部（1992）、臼井（2014）がある。これらの筆者のうち河野信子は石牟礼同様に「サークル村」に加わり、これから派生した女性だけの交流誌『無名通信』を発行し続けた人物である。この交流誌には石牟礼も高群逸枝論を寄稿している（後述）。一方、本章を書くうえで特に参照したものに、最首（2010a）がある。これは石牟礼論よりも水俣論に分類されるものだが、そこで展開されるいのち論は、石牟礼の思想を考えるうえで重要である。

1　谷川雁との出会い

ビキニ模様の天気にならないうちに

一九五五年秋、石牟礼は谷川雁と邂逅する。ある日彼女のもとに谷川からのハガキが舞い込んできたのだった。谷川は水俣の生まれで、彼の父親は同地で眼科病院を経営していた。結核を患う彼は、五二年から水俣に戻って療養しており、このときのハガキも入院先のチッソ附属病院の病棟から出されたものだった。

あなたのことは、山内龍君から聞いていています。ビキニ模様の天気にならないうちに、お遊びにいらっしゃいませんか。（石牟礼 1980→1986a：241）

山内龍はチッソの工員で、石牟礼とは詩人仲間であった。「ビキニ」とはもちろん、ビキニ環礁でのアメリカの水爆実験を指しているのだが、「ビキニ模様」という言葉に石牟礼は、そういう新式の天気もあるのかと首をかしげ、「外からのひびきを感じ」たのだという（石牟礼 1974→1977：119）。そうして石牟礼は雁に会いに行くのだが、その出会いは彼女にとって「未見の世界が何の前ぶれもなく突如展」くような出来事だった。石牟礼はこのとき以来、「わからぬことはなんでも全部、雁さんに聞こう」と思い、雁の前に出没しては質問を浴びせるようになったという（石牟礼 1974→1977：119，126-127）。

一方、雁にとっても石牟礼との出会いは稀な出来事だったようである。鶴見俊輔（⇓05）は一九五八年ごろ、日高六郎の部屋で初めて雁と会っている。そのとき雁は中村きい子、森崎和江、石牟礼道子という三人の名を鶴見に教えたという。鶴見は雁の回想記で次のように書き記している。

彼は人についての評価が辛く、それは彼が自分のくらしについて愚痴を言わないことと表裏一体をなしていた。上記三人を、こんなにも早く、私に教えたことを考えると、今さらながら文章についての彼の目のするどさに、おどろく。（鶴見 1995：113）

ちなみに、石牟礼に鶴見俊輔の名を教えたのは、やはり雁とその兄・谷川健一であった。石牟礼が実際に鶴見と会ったのは、一九六二年夏、『思想の科学』の移動編集が熊本市内で行われたときのことである（石牟礼 1974→1986b：245-248）。

足の下の占有領域

石牟礼は雁との付き合いができてのち、彼に呼び出されて、一九五八年九月の「サークル村」結成に加わり、六一年には大正炭鉱行動隊のたたかいを見に筑豊まで行っている。石牟礼は雁から何を学んだのか。彼女はいう。

郵便はがき

6038789

料金受取人払郵便

京都北郵便局
承認
8094

差出有効期限

2016年9月30日
まで〈切手不要〉

414

京都市北区上賀茂岩ヶ垣内町71

法律文化社
読者カード係　行

ご購読ありがとうございます。今後の企画・読者ニーズの参考，および刊行物等のご案内に利用させていただきます。なお，ご記入いただいた情報のうち，個人情報に該当する項目は上記の目的以外には使用いたしません。

お名前（ふりがな）	年　齢
ご住所　〒	
ご職業または学校名	
ご購読の新聞・雑誌名	
関心のある分野（複数回答可） 法律　政治　経済　経営　社会　福祉　歴史　哲学　教育	

愛読者カード

◆書　名

◆お買上げの書店名と所在地

◆本書ご購読の動機

□広告をみて（媒体名：　　　　　　　）　□書評をみて（媒体紙誌：　　　　　　　）
□小社のホームページをみて　□書店のホームページをみて
□出版案内・チラシをみて　□教科書として（学校名：　　　　　　　）
□店頭でみて　□知人の紹介　□その他（　　　　　　　）

◆本書についてのご感想

内容：□良い　□普通　□悪い　　価格：□高い　□普通　□安い

その他ご自由にお書きください。

◆今後どのような書籍をご希望ですか（著者・ジャンル・テーマなど）

＊ご希望の方には図書目録送付や新刊・改訂情報などをお知らせするメールニュースの配信を行っています。

図書目録（希望する・希望しない）

メールニュース配信（希望する・希望しない）

〔メールアドレス：　　　　　　　　　　　　　　〕

わたしは、存在というものを客観的に見る見かたというものがある、見るためには意識化という作業があるのだということを、おぼろげに雁さんから学んだとおもうのです。この世の諸相を客体として見るということも。人と人との関係はそこでどうなっているのか。自分の側からみれば、この世界はなにか。雁さんは世界という言葉をよく使うようでした。（石牟礼 1974→1977：125–126）

ここに挙げられる存在・世界の客体化という方法は、たとえば一九六二年に大学ノートに走り書きされた草稿「故郷と文体」に端的に現れている。ここでは「故郷」と「文体」が対立的に捉えられる。石牟礼にとって「文体」とは、自己を打ち立てつつある掟、法律である。だが、その自己は依然として孤立し、みじめなものである。ゆえに「この世の既成の秩序のすべてを敵に受けて立つほどには、私自身が掟であることを証明してくれはしない」（石牟礼 1962→1974a：196–197）。

一方、ここでの秩序の最たるものは水俣という「故郷」そのものである。彼女はここからの脱出を「エクスタシーの頂点」というが、「絶望のあまりこれを愛そうという気」になりもする。そもそも水俣に住む人間全員が、この世の体制からの脱落者、疎外者である。それは体制そのものでありながら、自分と同様の被害者でもある。

文学が常に、体制に対して「異邦人」という立場から出発し、終ることを考える場合、故郷にとどまっている限り、私はもっとも、この故郷に対して「異邦的」であるという、リアリズムがきわ立つことに思い至るのである。（石牟礼 1962→1974a：196–197）

石牟礼は、自分は女ゆえにここから動けず、いながらに出郷を遂げざるをえないという（藤田・石牟礼 1975→

1983：19：石牟礼 1968→1972：303)。その意味において、彼女は「故郷」に対して「異邦的」である。そうした彼女は、「谷川雁さんの思想を、自分の最後の思想にしてしまってもよい」と思い至る（石牟礼 1964→2012：457)。ただし、そうであればあるほど、雁の言葉を聞けば聞くほど、そこにみずからとの思想的な差異が感じられる。

その差異は端的にいえば「故郷」をめぐるものだろう。石牟礼はそれをみずからが抱える「観念の言葉では表現できない大きな沼のようなもの」と言い表す。この「大きな沼」は、生きている場所、男女のちがいにも関わるものであったかもしれない（石牟礼 2014：306)。「谷川雁への手紙」という標題を持つ草稿には次のようにある。

いったい、逃散、現代流にいえば出郷とは何でしょうか。／出郷、逃散からさえ、さらに濾過された残党とは、浮世の中でどのような位置にあるのでしょうか。〔中略〕私の中の故郷は、あしうらの一枚きりの中にあるのです。どうしてここから逃散できるでしょうか。／いえ、私はここから墜落しなければと考えています。足の下の占有の領域へ。（石牟礼 1964→1974b：192-195)

彼女はみずからの「故郷」を、ひとり恩赦されなかった俊寛の鬼界ヶ島のようなものだという。先の石牟礼の引用文では存在・世界の客体化が問われていたが、その世界（「故郷」である水俣）は、「あしうらの一枚きり」つまり水平面にではなく垂直面に対象化されるものである。そのあしうらの故郷からさらに墜落したところ（「足の下」）に、彼女の「占有の領域」が存在する。それが、実際の出郷を許されなかった者の向かうところである。

統合は望まない

では、この石牟礼の占有の領域とは、いったい何だろうか。これを谷川雁の言葉に即していえば、「存在の原点」

と呼びうるかもしれない。これを確認するため、まずは石牟礼から見て、（実際の出郷者でもある）雁がこの占有の領域に対してどう位置づくのか、見てみたい。

たとえば雁の詩のひとつに「東京へゆくな」（一九五二年）がある。彼はそこで「ふるさとの悪霊どもの歯ぐきから／おれはみつけた　水仙いろした泥の都／〔中略〕東京へゆくな　ふるさとを創れ」と述べる（谷川 1952→1960：79-81）。谷川の「ふるさと」は、「みつけ」「創る」ものである。「ふるさと」を「みつけ」「創る」とは、一度出郷を遂げた者が、意識を媒介し、「かのように」それを外在化させることである。

そして、そうした雁の外在化された「ふるさと」は、先の石牟礼の垂直下との対応でいえば、彼女とは水平面で距離がありつつ、その（石牟礼の「足の下」の）占有領域へと斜線上に「だんだん降りて」ゆくことだといえる。これは、石牟礼の側からすれば、自分の足の下にある領域に雁がやって来ることを意味する。雁は評論「原点が存在する」（一九五四年）で次のように記す。

二十世紀の「母達」はどこにいるのか。寂しい所、歩いたもののない、歩かれぬ道はどこにあるか。〔中略〕「だんだん降りてゆく」よりほかないのだ。飛躍は主観的には生れない。下部へ、下部へ、根へ根へ、花咲かぬ処へ、暗黒のみちるところへ、そこに万有の母がある。存在の原点がある。初発のエネルギイがある。（谷川 1954→1976：12-13）

この箇所を読んだ石牟礼は、「水俣もその原存在であり、ゆきて見るということと、いるという意味をわたしは考えはじめました」といい、「これは〔女性である〕わたしだ、わたしたちのことだ」と思ったという（石牟礼 1974→1977：130／カッコ内引用者）。ここでは存在の原点（原存在）をめぐり、「水俣」（「生きる場所」）と「女性」（「男女のちがい」）という二つについていわれている。

まず「水俣」について見れば、前項でも確認したとおり、石牟礼は水俣での日々の暮らしそのままを直截に原点と思うわけではないだろう。思考の手順としては、もうワンステップふまねばならない。つまり、何か（水俣）に原点を意識するには、その何かから自分が離れているか（雁のように「ゆきて見る」）、その何かが自分から離れてゆくか（石牟礼のように「いる」）、という客体化の契機が必要である。そのとき、その何かに自分が喪失したもの、ないしその何かから喪失されつつある事柄を見出す。それをたとえば原点と呼ぶのではないか。当時、水俣を定点観測していた石牟礼には、日本列島中の故郷という故郷が、その形も、魂も、全面的に総崩れするのではないか、と思えたという。そう思っていたら、足元の水俣で、水俣病が現れた（藤田・石牟礼 1975→1983：19）。この経験が、いながらに出郷を遂げざるをえない石牟礼に、つよく原点を意識させたにちがいない。

一方、石牟礼は、以上のような「原点」を「日本近代をつくってきた母胎の部分」と捉えてもいる。そして、その「母胎の部分」を抱くのは、ほかならぬ「わたし（たち）」女性である。これについては、石牟礼と高群逸枝『女性の歴史』（一九四八年）との出会いが重要である。一九六四年春、石牟礼は図書館で同書を手に取り、かつてない衝撃を受けたという。

彼女は『無名通信』に寄稿した「高群逸枝との対話のために」（一九六六・六七年）のなかで、母胎という原点をいのちの歴史〈全体〉とも言い表している。そして女性こそが、その〈全体〉を持ち、司る原理と考える（「わたしたちのことだ」）。そうであれば石牟礼自身もまた、形なきいのちの〈全体〉と、ひとつの形ある身体とをあわせ持つことになる（「わたしだ」）。「故郷」とは、そういう女性たちがいる場所のことである。だが、そのことが男には思いもよらないのだという。「［そうした］男たちの言葉は権力語となって、発せられたとたんに死滅して、私の目の前にこぼれおちます」（石牟礼 1967-68→1974c：206-218／カッコ内引用者）。

さて、石牟礼は一九六〇年の『サークル村』一月号に「奇病」(『苦海浄土』の「ゆき女聞き書」)を発表する。彼女が初めて水俣病の被害者と出会ったのはこの前年五九年五月のことであった。彼女は一九六九年刊行の『苦海浄土』以降、『流民の都』(一九七三年)、『天の魚』(一九七四年)、『椿の海の記』(一九七六年)と作品を発表していくが、これらの作品は彼女にとり、谷川雁から出された「無言の宿題」に答えるためのものであったとも書いている(石牟礼 1964→1974b：131)。

では、その「宿題」への答えとはいったい何だろうか。それは集団の(地域内での葛藤と相克を通じた)組織化、世界性の獲得ではなく、占有の領域、つまり形なきいのち〈全体〉へと向かうということである。石牟礼は雁の死後、次のように述べている。

雁さんが命をかけていたであろう集団の刻印をつけたサークルの統合、それらを呑みこんでゆく大情況をおもう。わたしにとって最後に刻印された場所は水俣である。統合はのぞまない。このことを雁さんに語れなかった。

(石牟礼 2002：106)

水俣は、石牟礼の占有領域へと通じ、彼女はその水俣の統合を望まない。石牟礼の占有領域は、端的にいのち〈全体〉であるが、あくまで「村」で生きる一人の身体には、それは極限的に狭い。ゆえに彼女に「占有」される。ひるがえって、わたしたちは、石牟礼と同じようにいのち〈全体〉への回路を持ちうるのだろうか。彼女の場合、それは原点として意識化されたのだろう。一方でのちに考えるように、わたしたちはそうした意識化自体に〝冷めている〟のではないか。ならば回路は閉ざされているのか。いや石牟礼はそうではないといっているように思える。ならばどこに？　この問いは結局、「もうひとつのこの世」のあり処を探すことに通じる。

2　現代を象徴する水俣病事件

水俣病とプラスチック文明

水俣病は現代を象徴する事件であり、その発生以来の過程には時代の歩みが刻印されている。前節終わりの問いを考える前に、まずは水俣病がどのような事件であるか、発生当時の様子から確認したい。

前節で、石牟礼と谷川雁の出会いが一九五五年であったと記したが、このときすでに水俣病は発生していた。水俣病の徴候（漁村のネコが全滅）が新聞で最初に報じられたのは、一九五四年八月一日のことである。公式確認は、それから二年後の五六年五月一日、チッソ附属病院の細川一院長らによる。この年の『経済白書』（七月発表）には、「もはや「戦後」ではない」という言葉が登場しており、高度経済成長の走りと呼ぶべき時期だった。

水俣病の原因は、チッソ水俣工場・アセトアルデヒド製造プラントの廃水に含まれる有機水銀である。この有機水銀は海中で生物濃縮され、その汚染は食物連鎖網の低位から高位へと拡大した。連鎖網の始まりは、プランクトンであり、さらに海藻、魚介類、鳥類、ネコ、そして人間という具合になる。ネコは連鎖網上、人間と同位にあり、その発病は人間より一〜二か月先行していた（西村・岡本 2001：120）。

アセトアルデヒドは当時、プラスチック可塑剤ＤＯＰの原料になるオクタノールをつくるため必要とされた。だが一九六〇年には、三菱化成がこの製品工程とは異なる、石油からの製造を成功させており、チッソも石油化学への転換を急がざるをえなかった。その転換が完了したのが、一九六八年五月であり、日本国家はこの年の九月によ うやく水俣病を公害認定した。最初の確認から一二年後のことである。この遅すぎる認定を受け、一九六九年六月一四日、チッソへの損害賠償請求訴訟（第一次訴訟）がおこされる。水俣病闘争はこの提訴を受け全国化する。

水俣病は、合成化学工業の花形であるプラスチックと切り離せない。可塑性の高いプラスチックは多くの天然素材に取って代わり、大量採取・生産・消費・廃棄社会の道を大きく広げた現代文明の軸といってよい。こうしたプラスチックについて、かつて清水幾多郎は次のように述べたことがある。

現代は、一方において、エレクトロニックスの時代であり、他方において、プラスティックスの時代である。人間に向かって長い間抵抗してきた固体の世界から我々を解放する。〔中略〕遠い昔に自然と手を切った人間が自らの運命に従って辿り着いた現在の最高の地点を現している。（清水 1966：352）

固体の世界からの解放は人間の運命であり、プラスチックがそれを可能にした――。自然からの断絶が運命論として語られることに、むろん疑問を憶える。ただしこの引用が重要なのは、清水個人の見解である以上に、これが時代の欲望を屈折なく映している点だろう。すなわち、大量生産と消費のサイクルが自然とは無関係に無限に可能であるという欲望である。

だが、見田宗介（⇒11）が述べるとおり、こうした「無限幻想の形式」は実際には大量採取、廃棄によって限界づけられる（見田 1996：67–71）。ことにチッソ水俣工場の場合、それは有機水銀廃液として現れ、水俣病を発生させた。では、その限界にチッソと同じく接した日本国家は当初どう対応しようとしたのか。

水俣病と大衆社会

水俣病は、有機水銀を含んだ魚介類の喫食により生じるのだから、これは端的にいって食中毒事件である（津田 2004→2014：58–91）。当初、水俣病は奇病と呼ばれ、感染症であることが疑われたが、五六年末には魚介類由来と認識されていた。そうであれば本来、日本国家および熊本県は、その時点で（原因究明に先じてでも）食品衛生法を適用し、喫食と漁獲の規制をすべきだった。それが食品衛生法の根拠となる憲法一三条、二五条に沿う対応である。

だが、結局このあるべき対応はなされなかった。その結果、一九六〇年の時点で、不知火海沿岸で発症してもおかしくない人口は約二〇万人に及び（原田・宮本 1983：46）、現在では、不知火海産魚介類の流通した全国二〇〇～三〇〇万人を水俣病被害の母集団として考えなければならないともいわれている（谷 2013：6）。なぜ国家はこのような選択をしたのか。

少し当時の様子を見てみよう。公式確認の前年、一九五五年は敗戦一〇年である。二月には日本生産性本部が誕生し、人間関係管理（技術）による労資関係の安定化（経営者側からの組織化）がはかられた。また、七月の総評第六回大会では太田‐岩井ラインが確立し、賃上げ闘争の重視、同月の六全協では共産党の平和革命路線への転換があった。そして、一一月には五五年体制が成立している。

これに加えれば、一二月には「原子力の平和利用」へと舵が切られ（「原子力基本法」成立）、その道は三・一一原発公害につながる。また、在日コリアンは五二年四月の単独講和を機に日本国籍を喪失したが、この「外国人」化の動きは五四年八月の北朝鮮の声明（日本居住のコリアンは北朝鮮公民とする）と、これを受けた五五年の朝鮮総連結成で鮮明となる。これはむろん日本の単一民族意識形成の文脈において理解する必要があるが、これらの意味でも五五年は注意すべき年である。

五五年に一人あたりの実質国民総生産は戦前の水準（一九三四～三六年）を超え、まさに「（敗戦からの）回復を通じての成長」（五六年・経済白書）は終わりを告げた。神武景気は五四年一二月に始まっており、社会全体がさらなる経済成長を志向し、ひとつの秩序に収れんしていく。この秩序形成において「もはや「戦後」ではない」のである。

では、こうした秩序下での人間はどのような存在であるのか。たとえば松下圭一（⇩09）が最初に大衆社会を論じたのは一九五六年のことである（松下 1956）。彼がそこで捉えようとしたのは、まさにこの点であったはずだ（ただしその主題は、一九三〇年代までの欧米を中心に「大衆」概念を明らかにすることだった）。

すなわち彼によれば、こうした大衆社会での人間は、専門人化、集団人化するとともに、孤立・断片化していく。その生活内容はまた、平準化・画一化されていく。そしてこのことと並行して、その人間の運命は、国家の運命に対するのではなく、技術（論）を介しそれと一致するものと意識される。ここでの国家の運命とは、既存産業の革新や、石油化学やプラスチック、合成繊維などの新産業の勃興とともにあった。

ここで水俣病に戻れば、そうした国家の運命の「妨げ」となる水俣病被害者は、「民衆の敵」（イプセン）とならざるをえなかったのである。[2] なぜならば、チッソは「平時戦時ヲ問ハズ国家ノ存立上最モ緊要ナル地位」（一九四三年の漁業補償契約書に見られる言葉）にあり、その水俣工場は「戦後も日本型化学工業技術の総本山」（宇井 1968：16）であったからだ。ゆえに、日本国家は「産業性善説」（汲田卓蔵・元経済企画庁課長補佐の言葉）のもと、拡大防止措置を積極的にとらなかったのである。

3　もうひとつのこの世はどこにあるのか

苦海浄土

1で石牟礼道子は一九五〇年代中ごろ、日本列島中の故郷という故郷が総崩れするのでは、と思っていたと述べた。その背景に何があるのかを考えてゆくと突き当たるのは、ほかならぬ前節で確認した高度経済成長下の社会「改造（トランスフォーメーション）」（五六年・経済白書）ではなかったか。その社会「改造」がチッソ企業城下町でも表面化し始め、水俣病の「苦海」として現れた（この言葉は、石牟礼の家にあった御詠歌集の「繋がぬ沖の捨小舟　生死の苦海果もなし」から取られた）。石牟礼は一九六二年に仲間たちと同人雑誌『現代の記録』を刊行しているが、その創刊宣言には次のようにある。

今わたしたちの手の中には様々な、「高度経済成長」政策のネガがある。わたしたちの列島がそのために黒々と縁取られている米軍原水爆基地。その地図の中に壊疽のような速度で広がりつつある象徴的な筑豊ゴーストタウン。そしてわたし達自身の中枢神経にほかならぬ水俣病等々。意識の故郷であれ、実在の故郷であれ、今日この国の棄民政策の刻印を受けて潜在スクラップ化している部分を持たない都市、農漁村があるであろうか。（石牟礼 2014：338）

「高度経済成長」政策のネガは、棄民政策である。それはたとえば水俣病行政に象徴されるが（これを医師・原田正純は「棄《う》して水俣病」と呼んだ）、その棄民化の対象は水俣病被害者や筑豊の炭鉱労働者にとどまるのか。いや、この現代社会において、人間の孤立・断片化というかたちで棄民化は広く進む。

孤立・断片化とは、ある個々の関係（たとえば組織内関係）への否応なしの嵌入《かんにゅう》であり、その関係の外にある苦悩的な要素に身悶えることからの疎外をもたらす。それはまたいのち〈全体〉からの遊離の意識と呼べるかもしれないが、関係への没入が進むとき、人はそうした意識からも遠くにおかれるだろう。疎外の只中にいるという意味で、誰もが現代の果てなき苦海にいる。そのため石牟礼はいう。「水俣のことを体験しなくても、生きている感じを申せばやはり、われ、ひと共にみな苦海にいる」（石牟礼 1988→1994a：128）。

石牟礼はこのことを「水俣病結縁」とも言い表すが（石牟礼 1971→1973a：453）、現代を象徴する病いである水俣病により縁結ばれた者たちという意味で、交渉相手であるチッソ幹部や国・県の役人もまた水俣病結縁に含まれる（もちろん石牟礼もこの結縁に含まれるだろう）。このように考えると、水俣病には体の中のそれと、現代の「水俣病的」状況という二つが想定されることになる。ことに後者について見れば、患者たちはその状況に「えしれぬ別の水俣病」を読み取り、憐憫の情すら抱くと石牟礼は書く。では、この「別の水俣病」は、どういった特徴を持つのか。

ひとびとは、おのれの内奥に蓄えられた物質性、残虐性におびえて、ねむろうとする。ねむりこむ。ただひたすら、無関心へ、無関心へ。無関心のいらだたしさに耐えかねて、無関心を先どりする。（石牟礼 1970→1973b：262）

個々の関係への嵌入は、関係外への無関心を生む。それを捉えてある患者は、東京を「魂の少なか人間の集まっとるところ」といった。これは、一九七〇年五月の東京での最初の水俣病行動（厚生省に調停を一任した患者への低額「補償」あっせん案の提示阻止）に際して発せられたものである。東京には日本で一番上等な人間が集まっているという期待の裏返しの言葉であった。ちなみに、このときの厚生省の政務次官は、橋本龍太郎だった。彼は患者と対面したが、「患者のことばじりをつかまえて大声で逆につめ寄り」、「罪人扱い」し、患者を閉口させ、また泣かせた（『朝日新聞』一九七〇年五月一六日）。

では逆に、魂が深いとはどういうことなのか。石牟礼はそれを生き物すべてと分かり合いたいという悲哀を湛えた煩悩を抱くことだと述べる。すべてと分かり合えるのは、形なきいのちの世界でのことであり、それは存在の原郷として憧憬を抱かれる。そして、石牟礼が幼少のころの村や町には、そうした世界への深い煩悩を抱き、人の悲しみに悶え加勢する人物が、たしかにいた。周囲はその人たちを「悶え神」と称したが、この悶える神は無力で、悲しみの横にただひっそり佇《た》っていただけだったという（石牟礼 1988→1994a：1979→1994b）。

ただし、現代こうした悶え神は姿を見せなくなりつつあるのかもしれない。その背景にはいうまでもなく、先に述べた現代の疎外がある。これは水俣病の被害者にとっても無関係ではないだろう。また、事実として有機水銀が体のみならず海を傷つけている。かつての「わが舟一艘の上の極楽世界」（『苦海浄土』）といわれた海上での時間は失われ、海辺には護岸工事が施された。ならば原郷の喪失ということも深く想起されないのかもしれない。

だが、石牟礼はそうとは考えない。彼女に従えば、水俣病のような受苦を限界まで経験した人間こそ、形あるいのちの原郷を、まだなき未来へと思い浮かべられる。それを「浄土」と呼ぼう。これについてはカール・ヤスパースの「限界状況」を想起したい。限界状況とは死や苦悩、争い、偶然、不可避な罪への巻き込まれなど、わたしたちには変化させえない、超え出ることのできない状況を指す。ヤスパースはその状況でこそ、人は絶望から回生に向かうとした（ヤスパース 1950＝1954：27）。わたしたちは、その回生の場において浄土を思い浮かべるのだろうか。いのちの病む苦海の果てに、浄土は回帰するのだろうか。

〈いのち仮設〉

ここまで現代社会と存在の原点とを軸に議論を進めてきた。特に前項では、その原点を未来に思い浮かべたものが浄土ではないかと述べた[3]。では、この浄土に対して、本章の問いである「もうひとつのこの世」（水俣の言葉では〝じゃなかしゃば〟）はどこに位置づき、何であるのか。まず、少なくともそれは、今のままのこの世（此岸）ではない。ならば、浄土のことか（ひとまず浄土はあの世（彼岸）であるとする）。これまでの記述からは、そのように受け取れると思える。なるほど、この世にもうひとつのこの世がないならば、あの世にあり処を仮設するほかない（仮設とは、推論の前提条件を意味する）。この世もあの世も、いのち〈全体〉のひと時であるが、前者は形ある今であるのに対し、後者は形なき未来である。では、もうひとつのこの世とは、後者を指すのか。

ただし、もうひとつのこの世はあくまで、この世であり、あの世とは区別されねばならない。それはまた同時に、この世とはいえ、あくまで「もうひとつの」という限定がなされるこの世である。そして、「はじめに」で述べたとおり、石牟礼のゆきたいと想うのは、あの世でもこの世でも前世でもなく、あくまで「もうひとつの」この世である（石牟礼 1970→1973b：255）。では結局もうひとつのこの世とは何なのか。

たぶんそれは、いのちが形になる際のひとつの可能性である。「もうひとつの」とは選択上の可能性を指すが、いのちとはそうした可能性の集まる宇宙〈全体〉のことをいう（この言い方は、C・S・パースに倣っている）。それはまた、可能性がある形に限定される時間（歴史）でもある。とすると、「もうひとつの」とは、そうした限定のあり方に対して〈否《いな》〉と発することだといえる。この〈否〉を発する瞬間に、別の可能性が萌え出る。

では、その〈否〉はどこから来るのか。むろん、いのち〈全体〉からであろう。だが、これまで見てきたように、わたしたちの側からは、その〈全体〉はひとつの仮設として提示されるにすぎない。つまり、〈いのち仮設〉がわたしたちに〈否〉と言い表させる。このような事情をふまえ、石牟礼は、もうひとつのこの世を「それぞれの表現のなかにしかない」というのではないか（石牟礼・最首 2007：269）。そして〈否〉を発する瞬間ごとに、可能性そのものであるかのようないのちが、ほの見えてくる。そのもとに石牟礼はゆきたいと思うのだろう。むろん〝表現〟とは、文学に限られない。人間の「運動」すべてを指している。

たとえば、わたしたちはそうした「運動」のひとつを、「生きることが闘い」といわれる沖縄の戦後史にも（上原 2015：171-173）、憲法をめぐるいま現在の闘いにも、また見つけることができるのではないか。石牟礼は一九八〇年代初頭、沖縄・金《きん》武湾を訪ねている。そこで彼女は、石油備蓄基地反対闘争の柱であった安里清信らと会い、彼の言葉に沖縄と水俣との状況の類似を見出している。

石牟礼は述懐する。「小さな固有の神々にとって国家とは何であろうか。〔中略〕たぶん政治の概念でとらえられるそれではあるまい」（石牟礼 1982：165）。「小さな固有の神々」とは、先に述べた「悶え神」のような者たちを指すのだろうか。石牟礼は沖縄でもまたそうした人たちと出会っていたはずだ。そして、そうした人たちの希求する〝クニ〟こそ、「もうひとつのこの世」にほかならない。それは近代の「政治の概念」で捉えられるものではなく、そこへの人々の希求はなかなか「政治的な力」にならないだろう（石牟礼・最首 2007：269）。

だが、「もうひとつのこの世」への、〈否〉という「運動」はあり続けている。その絶えざる過程は、「旅」という言葉で表象できるものかもしれない。それゆえに石牟礼は、「まことの世〔ニライ・カナイ〕の顕現を願う〔沖縄の〕人々の希求」があり、たとえば安里らの闘いがあるのと同様に、彼女の「旅もまだ長い」という（石牟礼 1982：165／カッコ内引用者）。その「長い旅」の瞬間々々に、「もうひとつのこの世」は萌《きざ》すはずである。

おわりに

最後に少し書いておきたいことがある。それは水俣に訪ねる人々のことである。前節で述べたとおり、現代において人は孤立・断片化されてゆくのだろう。だが、そのことを窮屈に思い、〈否〉と表現する人がいる。その人たちのなかには、運動の「支援者」として水俣に訪ねる人がいる。また、はっきりした目的がないながら、訪ね続ける人もいる。

彼ら彼女らは、他者の悲苦に悶え加勢するなど到底できないと思えて、眼前にある事態と、みずからの〝不感な〟心模様との落差にオロオロするだけかもしれない。ことさらマジメに「存在の原点」や「いのち」というと歯が浮く。だが、それが大切かどうか聞かれたら「大切だ」と答える。深く考えずに「〝じゃなかしゃば〟だよなあ」などといったりする。

それで、その人々は、その大切な何かを表現すべく――だけど何を表現すべきかもよくわからぬまま――、やはりオロオロと水俣のみならず方々を漂浪《サレ》き回り続けている。オロオロ自体が〝表現〟である。こうした〝表現〟の姿は、容易に言葉で説明し尽くせないだろう。ことに公的制度的な言葉のもとでは、「ブラブラしてる」や「ゴロゴロしてる」で片づけられてしまう（実際にそう調査記録に書くのが水俣病行政や専門家である）。

石牟礼に請われ、水俣病調査団に参加した最首悟は、このような人の姿を石牟礼の「悶え神」と比して「おろおろ神」と呼ぶ。双方、何の解決もできない点では共通しているが、後者は身をもてあまして右往左往するだけで、「いい加減やめたら」といいたくなる。だが、大変なことを感じ、忘れてはいない（最首 2006→2010b：335-336）。そして、〈いのち仮設〉の前でオロオロしてしまうが、オロオロとサレき回るという運動だけはしている。そのとき未来は収れんせず、可能性へと開いている。そんな存在のあり様とは、いったい何なのだろうか。

飛躍は主観によっては生まれない――。そう、谷川雁の言葉にかこつければ、「だんだん」しかないのだ。ここが、わたしたちが石牟礼道子をふまえてさらに問うべき出発点である。

注

（1）　石牟礼はチッソ附属病院で谷川雁と面会したが、谷川がここに入院し、結核の胸廓成手術を受けたのは一九五五年一〇月のことである。また、石牟礼も谷川との最初の面会について、「子どもが五歳になっていて、わたしは二十八歳であった」と書いている（石牟礼 1980→1986a：243）。石牟礼は二八歳を一九五五年三月に迎えている。以上により、石牟礼と谷川との出会いの年を一九五五年とした。

（2）　水俣病を保健所に届け出た細川一は後に水俣病の原因が工場排水であることを確認した人物としても重要だが（一九五九年）、

彼は谷川雁の父親と交友があった。一九五六年五月の確認以後も原因不明の奇病でつぎつぎと患者が発生し、そのニュースが細川や谷川の父の耳に届く。それを聞いた雁は細川に、「イプセンの〝民衆の敵〟という劇がありますよ」と伝えたという（日高ほか 1983：475-476）。

（3）　本章では「苦海浄土」の意を十分に考えられない。だがそのうえで簡単に触れれば、この語を考えるうえで、「信」の問題は避けて通れない。信とは、人が、世界を位置づけ、意味づける際に、その前提としてあるもの、要請されるものである。つまり、そうした信が前提としてあるゆえに、浄土は思い浮かべられる、という前後関係がある。

いうまでもなく、こうした信の問題は、本書に登場する吉本隆明（⇒07）がみずからの主題のひとつとしたものである。たとえば、彼は信について次のように述べている。「〈信〉はどんな種類の〈信〉でも〔中略〕いつも内側からみれば巨大なものへの〈信〉であり、しかも外側からはいつも卑小なものへの〈信〉なのだ。例外はかんがえられない。そのことが〈信〉の信仰性から中性化への経路と、その逆に〈信〉の中性点から信仰性へたどる経路の解明を、とても困難なものにしている」（吉本 1983）。

ここには信をめぐる内と外の関係が提示されている。吉本はたとえば親鸞の教えをめぐって、外側（中性点）から内側（信仰性）への経路を探った。そして、この言い方にならえば、逆に「（いわば）宗教世界」に生きる人（内側）から表現を生み出したいと思うのが、石牟礼道子といえるだろう。実は両者は、一九八三年八月、水俣市の隣町・出水市にある浄土真宗の寺・西照寺の講演会でともに話しており、その記録は『親鸞―不知火よりのことづて』として刊行されている。両者の講演がどの点でズレ、また交わる可能性を持つかは、検討に値する。

ここでは吉本の講演からのみ引用を試みよう。「だいたい浄土というのはあるのかどうか、浄土に行くとはどういうことなのか。現代はそういう信仰のうすれた時代で、〔中略〕死んだら浄土へ行くなんてほんとに信じられるかというような疑問、そういうことの方が現代でははるかに切実なのかもしれません」（吉本 1995：47-48）。

むろん、吉本のこの講演での眼目は、そうした疑問を抱く者にとっても、親鸞の思想は追及すべき大きな思想性を持つという点にある。ただ、これをふまえたうえで、さらに注目したいことは、このような疑問がことに「現代」において生じている、という点だろう。**2**では水俣病事件は現代の象徴であると述べた。すると水俣病をめぐる歴史はそれまであった信への疑問（いわば信の構造の「改造〔トランスフォーメーション〕」）をもたらすものでもあったはずだ。では、石牟礼の思想・文学は、これに対してどのような立ち位置にあるのか。稿をあらためて詳しく考える。

【丹波博紀】

09 松下圭一——高度成長期の変革思想

まつした・けいいち（一九二九-二〇一五年）政治学者。著作に『現代政治の条件』『シビル・ミニマムの思想』『市民自治の憲法理論』など。

はじめに

松下圭一は一九二九年八月に福井県福井市で生まれた。旧制中学校の四年時に敗戦を迎え、学徒勤労動員を体験した世代にあたる。一九四六年四月に旧制第四高等学校に進学し、一九四九年三月に卒業。一九四九年四月に新制の東京大学に入学し、二年時に丸山眞男（⇒01）ゼミに学んだ。在学中（大学一年から二年の後半にかけて）は『東京大学新聞』編集長として活躍した。一九五二年三月に東京大学を卒業し、同年四月に法政大学法学部に助手として着任した。助教授、教授を経て、二〇〇〇年三月に定年退職するまで在職した。石母田正、中村哲、藤田省三らと法政大学法学部の黄金時代を築いた（大塚 2014）。二〇一五年五月に心不全で亡くなった（享年八五）。

松下はジョン・ロックの近代政治思想の研究者として出発した。だが、その知的営為はアカデミズムの領域にとどまらず、論壇ジャーナリズムで積極的に発言した。松下は一九五〇年代後半に大衆社会論争の主要な論客として頭角を現し、一九六〇年代に入ると自治体レベルの政治に着目し、独自の地域民主主義論を展開した。一九七〇年代になると、自治体が住民に保障しなければならない最低限度の市民生活基準である「シビル・ミニマム」の概念を提起し、同時代の革新自治体の理論的支柱として活躍した。その後も国家統治型から市民参加、市民自治による分権型の政治への転換を訴え続けた。

高度成長の時代のなかで、丸山眞男が展開した市民の立場からの民主主義論を引き継ぎ、自治体レベルにまで降り立ち、独自の「市民自治」論へと彫琢していった松下の学問的営為は、戦後日本に「市民」の思想的潮流を形成したものとして重要である（中北 2010）。

松下は多作であり、雑誌への寄稿にとどまらず数多くの自選論集を残した。それらのあとがきで、収録論文を解題し、みずからの学問的営為の意義を繰り返し説明した。また、松下による『戦後政治―発想と回想』（二〇〇六年）と対談集である『自治体改革―歴史と対話』（二〇一〇年）の二冊は、半世紀以上におよぶ理論と行動の全貌をみずからの手で明らかにした著作として重要である。しかしながら、これらが語る松下の自己像は、現在の到達点から過去の学問的営為を位置づけ、過去から現在への直線的な連続性を破綻なく再構成するものになっている。そのために同時代における松下の試行錯誤や、理論における未発の可能性が議論の後景に退いてしまう傾きがある。松下の魅力は、日本における社会主義の実現を真摯に追求し、高度成長の時代を伴走しながら考えた政治学者であり、知識人であったところにある。

そこで本章では、松下の問題意識の位相に着目し、松下が紡ぎ出した社会変革論の性格や特徴を時代との葛藤の軌跡として明らかにする。彼の政治理論の内容それ自体よりも、知識人、研究者としての松下の主体性に照準をあわせて考察を加えたい。高度成長期（一九五〇年代後半から七〇年代初頭）における松下の思想的、理論的経験を解明することが本章の課題となる。

1　大衆社会論の射程

「大衆」という問い

大衆社会論争の出発点となったのは、松下が『思想』一九五六年一一月号に執筆した「大衆国家の形成とその問題性」である。それに続けて一九五七年三月号の『中央公論』に「マルクス主義理論の二〇世紀的転換」を、一九五七年五月号の『思想』に「史的唯物論と大衆社会」を発表した。それに対して、芝田進午に代表される正統派マルクス主義者は、松下の大衆社会論は「マルクスの階級闘争理論を否定」するもので、「無力で無定形な〈大衆〉の社会」として現代社会を理論化するものであると批判した（松下 1957b→1959）。

ここで急いで指摘すべきは、松下の議論はマルクス主義を否定するものではなく、マルクス主義側からの大衆社会論と呼ぶべき性格のものであったということである。そこでこの点を念頭に、まずは松下の大衆社会論の同時代的意義を確認しておこう（山田 2004）。

松下の大衆社会論の画期性は、正統派マルクス主義および近代主義（戦後啓蒙）の両方を批判し、独自の「現代」社会理論を提示したことにある。正統派マルクス主義も近代主義も「封建」対「近代」という問題構制に立ち、「前近代」→「近代」を日本に即して考えようとしていた。それに対して松下は、世界史的同時代性を強く意識し、日本の歴史的現在を「現代」として理論化しようとした。松下は、「前近代」と「近代」ではなく、「近代」と「現代」の歴史的段階の違いを明瞭に打ち出し、「近代」から「現代」への社会構造の変化を、〈経済〉（産業資本主義から独占資本主義へ）、〈社会〉（市民社会から大衆社会へ）、〈国家〉（市民国家から大衆国家・福祉国家へ）の三つの各領域に即して理論化し、とりわけ「現代」における主体としての「大衆」を問題にした（松下 1956→1959）。

小島（1987）によれば、松下の「大衆」概念は、正統派マルクス主義の「プロレタリアート」概念および近代主義の「市民」概念を二つながらに批判する概念であった。松下の大衆社会論は、既成理論によって解明されるべき「現象」として「大衆」を分析対象とするものではなく、既成理論を解体させる「本質」の問題として提出されたのである。

松下は社会主義の実現を放棄していたわけではない。松下の問題意識は、「現代」の大衆社会状況における社会変革理論の可能性の模索にあり、同時代の正統派マルクス主義の理論枠組みではそれに応えることができないという危機意識を強く持っていた。松下の大衆社会論は「現代」における松下流社会主義革命理論であり、「マルクス・ルネッサンス」ともいうべき性格のものであった。しかしながら、同時代のマルクス主義者たちは、このような大衆社会論の意図を十分にくみとることができず、「マルクス主義」対「大衆社会論」という問題設定を行い、松下の大衆社会論におけるマルクス主義批判を拒絶したのである。

なぜ、松下の大衆社会論は正統派マルクス主義者たちによって誤読されたのだろうか。

ここでは大衆社会論争が同時代の昭和史論争と並行し、密接に関連しながら展開していたことに注意を払いたい（昭和史論争については、大門 2006）。昭和史論争は歴史論争であり、大衆社会論争は社会理論論争であったが、二つの論争はともに総力戦の時代を含む「現代」をどう認識するのかをめぐって議論が展開され、その「現代」認識をめぐって正統派マルクス主義知識人の思想と方法が問われたのである。そして二つの論争をつなぐのは共産党の戦争責任の問題であった。それは過去と現在にわたって「社会民主主義」をどう評価するのかという問題とも言い換えられる。丸山眞男は一九五六年三月号の『思想』に著名な「戦争責任論の盲点」を発表する。そこで丸山は、共産党が「有効な反ファシズムおよび反帝闘争を組織しなかった理由に大胆率直な科学的検討を加え」ることの必要性を説き、「共産党が独自の立場から戦争責任を認めることは、社会民主主義者や自由主義者の共産党に対するコンプレックスを解き、統一戦線の基礎を固める上にも少なからず貢献するであろう」（丸山 1956→1995：164-165）との問題提起を行っている。こうした丸山の問題意識と松下のそれは深く共鳴し合っており、松下の大衆社会論の隠されたモチーフともなっていたのである。

「社会民主主義」評価をめぐって

昭和史論争において主要な論点となったのは、支配階級対被支配階級、天皇制対共産党という階級対立の構図を明確にした政治史叙述をめぐる評価であった。階級闘争史として現代史が描かれたのは、『昭和史』の中心的な執筆者である遠山茂樹が明言しているように、歴史批判の基準をコミンテルンの二七年テーゼ、三二年テーゼにおいたからである。コミンテルンの二つのテーゼは社会ファシズム論の立場が鮮明であり、「社会民主主義」と「ファシズム」は同列におかれ、「共産主義」の立場から「社会民主主義」はファシズム勢力と見なされた。こうした問題設定は『昭和史』の歴史叙述に色濃く反映されており、戦前の「社会民主主義」者は「転向」者としてその無節操が強く指弾されている。

また、一九五〇年代の逆コースの危機意識が貫かれた『昭和史』では、戦前と戦後が対比的に扱われ、戦後の平和と民主主義、それを担う国民の主体性、能動性が高く評価された。他方で戦前の被支配階級は、支配階級による一方的な搾取や弾圧の対象として、あるいはまた被害者として描かれることが多かった。過去と現在にわたって被支配階級が能動的、主体的であるとすれば、それは共産党や階級闘争に参加する場面においてであった。共産党や階級闘争に参加しない／できない人々は『昭和史』においては歴史における主体としての位置づけを与えられなかったということになる（戸邉 2006）。

それに対して、松下の大衆社会論は、「現代」（二〇世紀）における「社会民主主義」の評価を試金石にして、「近代」（一九世紀）の世界史認識の段階にとどまる日本の正統派マルクス主義の発想と理論の立ち遅れを明るみに出し、現代社会主義理論を展望するものであった。

松下によれば、独占資本主義の段階になると、それにともない大衆社会状況が登場してくることになる。「労働者階級」を中核にしながら、新中間階級を含めた圧倒的人口量が社会体制の内部に存在するようになる。それが松下のいう「大衆」である。ここで重要なことは、ここでの「大衆」は、独占資本主義段階の大衆国家の「国民」でもあるということである。二〇世紀の「労働者階級」は祖国なき者ではなく、「国民」（「大衆」）として歴史に登場するということになる。

松下は、「現代」における「労働者階級」について、労働組合を結成し、労働者政党を確立させていく労働者の政治的主体化の側面を指摘しつつも、その議論における強調点は、「現代」において普通選挙権が成立し、「労働者階級」は大衆国家の対立物ではなく、「体制の論理」をくぐりぬけることで「国民」（「大衆」）として体制内化することの洞察を提示するところにあった。松下によれば、「〈大衆〉はデモクラシーにおける矛盾である。〈大衆〉はデモクラシーの主体（普通平等選挙権）でありつつも、むしろ操作対象として客体化され、体制と大衆は悪循環をくりかえしている。体制の論理によって創出された〈大衆〉は、体制の主体として定位されつつ、政治的自由は大衆操作によって内面から空洞化される危険性をはらんでいる」（松下 1956→1959：28）ということになる。

こうした松下の大衆社会論は、「資本家階級」対「労働者階級」という外的な対立として権力支配の問題を考える発想と論理を捉え返すものであり、「国民」（「大衆」）が支配体制に、ファシズムに加担するという次元に眼をひらかせる射程を持っていた。歴史に対する「国民」（「大衆」）の戦争責任問題が、あるいはまたこのような「国民」（「大衆」）に対して「有効な反ファシズムおよび反帝闘争」を組織しえなかった前衛党の戦争責任の問題（丸山眞男）が、社会理論の次元において追求されたところに松下の大衆社会論の時局性と主体性を認めることができる。

そう考えたときに松下の大衆社会論は、同じ丸山門下である政治学者の松沢弘陽が一九五九年一〇月号の『思想』に発表した新版の『昭和史』についての書評論文やその直後に執筆された労働運動やマルクス主義に関する論文とつなげて読まれる必要があるだろう。松沢の『昭和史』批判は、戦争を支えた国民の思考＝行動様式に対する「内因的分析」が弱く、それゆえ国民の戦争責任の問題を論じえない発想と論理に向けられていた（大門 2006：18-19）。それに並行して松下の大衆社会論は、きわめて抽象度の高いレベルではあるが、「社会形態の変化をもたらした独占段階の政治研究においては、階級関係の分析のみではいまだ充分なる分析をなすことはできない。むしろ政治機構、政治指導、政治心理などの政治過程の次元における分析が、階級構造の分析と内在的に結合されなければならない」（松下 1956→1959：29）という立場性をもって展開されていたのである。

「市民的自由」の再評価

それでは具体的に松下は大衆社会状況の克服をどの方途に見出そうとしたのだろうか。

松下は、マルクス主義者が「私有財産擁護のためのブルジョア的形式的自由」にすぎないと批判する「市民的（形式的）自由」を再評価する戦略を提示した。歴史の必然性の認識を前提にした資本主義的自由対社会主義的自由という問題設定を捉え返し、ブルジョアジーによって「財産」を基盤として主張された一九世紀の「近代」的な「自由」概念について、歴史的文脈をふまえたうえで、あえて歴史的文脈を切断することで、その理念の普遍性を取り出し、「現代」において自由権の実質を確保しようとする実践が持つ社会変革性を明らかにしたのである（松下 1957a→1959）。こうした発想と論理は「古典を現代において読む」というものであり、松下が『市民政治理論の形成』（一九五九年）で展開したジョン・ロックの思想研究の方法でもあったこともここでは指摘しておきたい。

また、松下は、「市民的自由の初等学校としての自主的集団の形成」の必要性を提起した（松下 1956→1959：34）。

「大衆」〈「国民」〉が政治的、社会的自発性を不断に喚起する場として、自主的な小集団やグループに松下は期待をかけていたといえよう。

ただし、こうした議論は同時代の丸山眞男のファシズム論にも見られたものであり、松下独自の展開とは必ずしもいえない。しかし、松下の場合には、体制の変革の問題を丸山よりもより具体的な現実政治のレベルで考えようとする志向性があり、大衆社会論のなかでは全面的に展開できていないものの、自主的な小集団やグループを革新政党がどのように指導するのかという論点を萌芽的ながら提起していた。

松下は一九五九年、『市民政治理論の形成』とほぼ同時に、大衆社会論争にかかわる一連の論稿をまとめた『現代政治の条件』を刊行する。松下は刊行理由の一つとして、「今後直接日本の問題を考えてゆきたいため、これまで発表してきたものについて一応の決着をつけたい」（松下 1959：228）と述べている。かくして松下は、大衆社会論の理論的枠組みを前提にして日本の同時代の民主主義の現状分析へとその学問的営為を展開していく。それは、松下の丸山政治学からの自立の過程でもあった。

2　革新ナショナリズム論・地域民主主義論の展開

では、自立を経て、本格的な経済成長の時代のなかで松下はいかなる議論を展開していくのであろうか（先駆的な研究として、道場 2004）。高度成長の時代の前半、一九五〇年代後半から六〇年代前半にかけての松下の思索を検討すれば、おおまかに二つのことを指摘できる。第一に、高度成長による日本社会の社会形態の変化は、〈新しいもの〉と〈古いもの〉がせめぎ合う状況を生んでおり、松下はこの状況をマス状況とムラ状況の二重構造として捉え、その克服を体制変革の課題としていたということである。第二に、同時代の政治課題を体制対反体制、保守対革新、改憲対護憲という体制の選択に関わる問題として位置づけ、革新・護憲の政治勢力の側に立って、社会変革を現実に進めようとしていたことである。

一九五〇年代後半から六〇年代にかけて、警職法反対闘争、勤評闘争、安保闘争と大衆運動は盛り上がりを見せた。松下は、「六〇年安保」の盛り上がりに対して、「消費革命が政治革命に代替し、生活進歩主義が政治保守主義として機能しがちな新中間層に定着した新憲法感覚が、政治的危機状況においては逆に、抵抗の自発性として作用した」と「市民的抵抗」としての側面を評価しつつも、「だが、この新憲法感覚は「民主化された皇室」というイメージを造出したミッチー・ブームの爆発の条件でもあったことはここで忘れてはならない」とも指摘していた（松下 1960→1962：17）。このように松下は、大衆社会状況のなかで成立する「新中間層」（「大衆」、「国民」）の政治意識を抵抗の論理と体制の論理という両義性において捉えていたのである。

それゆえ、「大衆デモクラシー」を実現するためには、「大衆」に対して革新政党の政治指導が明確に打ち出され、かつそのエネルギーの組織的定着が試みられなければならないと松下は考えた。具体的には、第一に「大衆」の「新憲法感覚」を革新の政治指導によって社会変革の思想へと鍛えていくことであり、第二に松下の提起する大衆社会論の理論的展望のもとに革新政党が「市民的自由」を実質化する「市民的抵抗」を政治運動として組織化し、それをもって反体制の政治運動へと全面的に展開していくことであった。

革新ナショナリズム論

第一の点について。松下は、国民の政治的構成原理として憲法を位置づけ、そうした憲法認識を国民が獲得することの重要性を提起した。一般的にナショナリズムといえば、「ロマンティックの悪しき偏見によって、歴史的伝統を背景とする国民的特殊性の自覚」として捉えられがちである。しかし、ナショナリズムを戦前のように「民族的伝統」と結合した国民的性格の問題としてではなく、かといって「原爆を決定打とした戦争体験」という戦後の「国民的体験」にのみ基礎づけられるものでもない、「近代国家という自由な意思民主主義の組織化問題」としてこそナショナリズムの問題は位置づけられるべきだとの議論を松下は展開した（松下 1962→1962：267）。つまりは、国家の構成員としての自覚を意識させるという観点から戦後日本に新しい「革新ナショナリズム」の思想を打ち立てようとしたのである。

特筆すべきは、「革新ナショナリズムの経済的前提として国民的最低限（ナショナル・ミニマム）の確保が提起されてくる」との指摘を行っていることである。「平和と民主主義をめざす護憲国民運動は同時に社会保障による国民最低限の確保運動として展開されなければならない」との主張である。松下は、高度成長のマス状況とムラ状況の二重構造を克服し、「国民的統一を運動化する」ことを課題としていた（松下 1962→1962：269）。新中間層と労働者上層の運動に護憲運動の担い手を限定するのでは不十分であり、労働組合に組織されず、労働基準法も適用されていないようなボーダーライン以下の貧困層を射程に捉えた護憲運動が必要だというのが松下の認識であった。これまであまり注目されてこなかったが、松下の「革新ナショナリズム」論は九条と二五条とをセットで考える護憲論であり、平和と民主主義、自由と社会的平等の思想を含んでいたのである。この時期の松下は同時代の社会状況との接点で社会変革を現実的かつ理論的に追求していた。松下の「革新ナショナリズム」論は、そうした松下の自覚的な戦略と関わらせることでその射程がよく見えてくる。

地域民主主義論

第二の点について。松下が一九五〇年代後半から六〇年代前半にかけて日本社会党の構造改革派の理論的支柱であったことはよく知られている。一九世紀型のコミンテルン型の社会主義ではなく、「市民的自由」（一般民主主義）

を評価しうる二〇世紀の大衆社会段階に見合った社会主義の思想と運動を日本に定着させるという実践的課題を松下は有しており、その担い手として構造改革派に期待を寄せていたのである。

松下は、大衆社会論で提起していた「体制」の論理と「階級」の論理のせめぎ合いという視座から同時代の日本社会党の党内対立を、「階級政党論は二重構造のキシミの内部から階級的エネルギーを組織しようとするが、国民政党論は二重構造の上層労働者の中間層ムードと下層労働者のおくれた意識を分裂させたままマスコミ・ベースにのって党拡大をしようというのである」（松下 1959→1962：182）と整理する。ここでも松下は「二重構造」に日本社会の主要矛盾を求め、それを克服しうる「階級」の論理が組み込まれた大衆的政党へと社会党が成長していくことを課題として設定していた。そのためには中央集権的な議員政党的体質もまた改善されなければならないと考えていた。そこで松下は同時代の社会党の構造改革派が主導した党の組織改革論を積極的に評価することで、現実政治に影響を及ぼそうとしていた。

社会党の体質改善はどのようにして可能なのか。この文脈で「地域民主主義論」が提起されていく。

松下は、一九五〇年代後半に地域を拠点にして大衆運動を牽引した「無党派活動家」層と社会党員がいかに連携すべきかという課題を提起した。社会党員の拡大を直接的な課題とする党勢拡大運動の以前に、社会党の組織や運動の文化が変革されなければならないと考えていた。同時代の様々な大衆運動が運動の場である地域で交流し、協働することを通じて、社会党自身の政党文化の民主化、市民化がはかられることに期待を賭けた。

具体的な相互交渉の場としてこの時期の松下が注目していたのが地域の「勤労者協議会」であった。生産点における闘争に社会主義革命の実現を託し、労働者階級の大衆組織として労働組合をもっぱら重視する発想と論理から松下は距離をとった。松下は、「労働組合が企業意識に閉され、かつ勤務時間外ではマス状況あるいはムラ状況へと埋没しがちであるという日本の労働者のおかれている条件の組織論的解決の一つとして、居住組織の思想的意味」が高く評価される必要があると述べて、「勤労者協議会」であれば「労働者を中心に、サラリーマン、農民や商人が個人として参加することによって統一戦線の日常的実感を準備するとともに、保守勢力の地域細胞をなす町内会、部落会を下から掘りくずしていく」（松下 1959→1962：194）役割を地域社会のなかで果たすことができるとの議論を展開した。

地域とは、人々が生活の場でつながる拠点でもあり、同時に支配権力が具体的に管理支配する地点でもある。地域から現代日本における統一戦線をめざした松下は、「個別動員主義」を否定し、党派を含む「共闘の思想」を構築し、「共闘会議」を組織化していくことを主張した。松下は生活の矛盾の集約点である地域を拠点にすることでトータルな社会変革の思想と運動を構想したのであり、そうした構想にもとづいた政治運動の実現を革新政治指導に求めたのである。

このように松下の地域民主主義の思想と運動は、国民運動における革新勢力のリーダーシップをめぐる変革の思想と運動でもあった。この点にこの時期の松下の議論の特徴がある。社会党の組織体質の変革に真摯に取り組もうとした松下は、「地域活動家の養成、さしあたっては党員や議員の再教育が必要」だと決意し（松下 1961→1962：250）、社会党の機関紙である『社会新報』の充実や普及にも力を入れた。松下が『社会新報』の編集長にも意欲を示していたのはこうした文脈から理解できる。また、松下は一九六二年に社会党の革新政治白書ともいうべき『国民政治年鑑』、翌六三年には姉妹編である『国民自治年鑑』の編集作業に深く携わった。『国民政治年鑑』は、「日本の革新運動」は「とかく観念的、教条的に指導される傾向」にあり、「中央の諸情勢のみならず、運動末端の実態についての資料を、革新運動の全領域にわたって全面かつ系統的にあつめ」ることで、「中央と地方、さらに地方相互の経験交流に道をひらき、創意ある活動経験とたたかいの成果を集積・整理して、それを国民の共有財産」（国民政治年鑑編集委員会編 1962）にすることを編集方針にしていた。これは、社会党の構造改革派による機構改革の発想と論理であり、つまりは松下の社会党改革の方向性にも見合うものであった。

しかしながら、構造改革派の旗手である江田三郎による「江田ヴィジョン」は一九六二年一一月の第二二回党大会で否決され、江田は書記長の退任を余儀なくされる。一九六四年一二月の第二四回党大会では、マルクス・レーニン主義に立脚する綱領的文章「日本における社会主義への道」が採択される（中北 2003）。マルクス主義の二〇世紀転換を主張し、党内の構造改革派を梃子にして日本の状況に応じた社会主義の実現をめざしていた松下にとって、こうした事態はいわば「逆コース」以外の何ものでもなかった。このように、一九六〇年代前半の松下の社会変革の構想は日本社会党の現実を前に頓挫したのであり、松下にとっては大きな挫折であった。

3 「市民」論の展開と問題性

一九六〇年代後半以降、全国的規模で多様な社会運動が展開する。産業公害が深刻化するなかで、各地域で展開された公害反対運動はこの時代の住民運動の重要な一翼を担うものであった。一九六五年四月にはベトナム戦争に反対する市民運動である「べ平連」が登場した。一九六七年四月の東京都知事選挙では社会党と共産党が推薦する美濃部亮吉が当選し、一九七三年には六大都市で革新自治体が誕生した（荒川 2009）。松下はこの時代に「自治体レベルの市民運動」に着目し、「市民の政治参加」について思索を進め、有名な「シビル・ミニマム」論を提起するようになる。本節では、一九六〇年代後半から七〇年代にかけて展開された「市民」「市民自治」論について、松下の問題意識に即して三つの特徴を指摘したい。

「実体としての市民」主義

第一に、松下は「市民」を「私的・公的な自治活動をなしうる自発的人間型」であると、階級・階層としてではなく、「民主主義の前提をなす個人の政治資質、すなわち「市民性」というエートス」として設定したうえで、一九六〇年代後半の時点で、高度成長による大衆社会状況が進展し、「マス状況の拡大のなかから「市民」的人間型が日本でうまれつつある」との状況認識を展開した。つまり松下は、高度成長のなかで「市民」が実際に日本社会に出現しているという「市民」に対する実体的理解を示しており、上層の労働者階級を念頭にその比率は日本社会において三分の一であるとの見通しに立っていた（松下 1966→1994：173，195）。

松下は、「ムラ状況」のなかに「市民性」を見出す、あるいはまた社会変革にあたって土着のネルギーを利用するという発想と論理を拒否した。松下は「新中間層」を担い手とする市民的な合理主義を高く評価していたのであり、「日本においても「高度成長」（工業化）と「新憲法」（民主化）によって市民感覚が広汎に成熟する客観条件を獲得した」（松下 1966→1994：177）との発言に見られるように、この時期の松下の議論は「市民的人間型」が日本社会に登場する歴史的必然性を強調するものとなっている。

こうした松下の「実体としての市民」（後藤 2006）を変革主体として位置づける発想と論理からは、「マス状況」と「ムラ状況」の二重構造において同時代を批判的に捉える視点は後退する。松下は、一九五〇年代後半の大衆社会論では「新中間層」（「大衆」、「国民」）の政治意識について両義性を見据えながらも注目しようとしていた。だが一九六〇年代後半の松下は、高度成長の時代の支配体制との関係性において「市民的自発性」や「市民運動」の両義性を捉えるような仕方で議論を展開することはなかった。

自治体計画への参加

上記のように一九六〇年代後半の松下の「市民」論からは、一九六〇年代前半のように大衆を組織化しようとする政治的契機は議論の後景に退く。その代わりに社会変革における個人である「市民」の主体性が強調され、また「市民運動」における直接民主主義的契機が注目されるようになる。これが二つ目の特徴である。

こうした松下のスタンスは、一九七五年に岩波書店から刊行された『市民自治の憲法理論』のなかで明確に打ち出された。

松下は、「憲法学をふくめてひろく憲法理論の今日的課題は、憲法制定権力としての国民主権を日常的に活性化する制度の構成を、具体的に問うこと」であるという。「これまで国民主権は、国レベル、自治体レベルをつらぬいて、統治者選出儀式に堕した「清き一票」による選挙にとどまり、国民主権の日常的発動形態としての選挙制度、ことに自治体レベルの直接民主主義的諸制度の意義を、憲法・行政学者は十分理解しえていなかった」（松下 1975：16）ことを指摘し、「市民は、革命の日常化としての選挙の主体であるだけでなく、それをもふくむ国民主権の日常的主体として、位置づけられることが必要になってくる」との議論を展開した（松下 1975：45–46）。

それでは、「国民主権の日常的主体」はどのように形成されるのか。松下は、市民が「自治体のレベルにおける政策・計画の策定」に関わり、市民自治による市民自由・市民福祉の実現を実践していくこと、つまりは自治体レベルの市民参加を経験することによってであると主張した。松下は、「市民運動とくに自治体計画策定への市民の参加」に、社会変革の可能性と現実性をこの段階で見出していたのである（松下 1975：69）。

自治体レベルの政治の着目という点で、一九六〇年代前半の地域民主主義論と六〇年代後半の市民自治論はともすれば連続的に捉えられがちである。松下自身もそのように語ることが多い。しかし、その歴史的位相は異なることをここでは強調しておきたい。こうした議論の推移を考えるうえで、社会党の構造改革派が党内で主導権を失う同時代の状況のなかで、革新政治指導に現実の社会変革を松下が期待できなくなったことは大きかったように思われる。ひるがえって一九六〇年代後半以降の松下は、社会変革を同時代の「実体としての市民」や「市民運動」の具体的現実から理論化する志向性を強めることになったのである。

「政策インテリ」論

知識人にとって「大衆」像の変容は、自己意識の変容をともない、みずからの学問的営為を反省する契機にもなる。三つ目として、松下の「政策インテリ」論を検討したい。

松下は、「戦後二〇年の過程で、国際的にも国内的にも状況構造が多面的に変動したが、これに対応していく知的自立性の確立、それにともなう知的生産性の拡充を自覚しないかぎり、状況構造を変革する知的ヘゲモニーを形成しえない」（松下 1965→1971：130）との問題意識を開陳したうえで、「民主主義と工業化という座標軸の世界史的同位性のうえに、戦後日本の社会科学は「ひらかれた」社会科学として展開しうる条件を成熟させることになった」（松下 1965→1971：144）との議論を展開した。

具体的に松下が提示したのは、「実証科学、法則科学にとどまることなく、計画を原型として社会過程への批判的かつ構成的な政策科学」としての社会科学である（松下 1965→1971：146）。そして、その担い手として「政策インテリ」という知識人類型を設定した。

「政策インテリ」に対置されたのは「思想インテリ」である。それは、「従来の総合雑誌巻頭論文筆者を原型とする啓蒙インテリ型の政治的知識人像」とほぼ重なるものだという。松下は「思想インテリ」を否定はしていない。松下は「思想」について、「現実についての巨視的イメージと、現実をつくりかえていく内発的エネルギーを蓄積する」ものと定義する。また、従来の「社会科学」については「すぐれて法則ないし構造を提示する」ものとして位置づける。しかし、同時代においては、それに加えて「操作的思考をもつ専門参謀型思考形態」が不可欠だという（松下 1965→1971：154-155）。先に述べたように、同時代の松下は自治体のレベルでの市民参加を活性化させようとしていた。そのためには、天下国家を論じるような教養人、伝統的な知識人では不十分である。自治体の政策や計画について具体的に分析・考察ができ、立法能力にもたけている、いうなれば社会工作者としての知識人が創出されなければならないと考えていた。

それと同時に、そうした「政策インテリ」は大衆社会状況のなかですでに登場しているとも認識していた。松下は、「日教組の教研集会、自治労の自治研集会などは、職業的専門知識と国民的責任を結合する新しい活動家的な政策インテリを育てつつある」（松下 1965→1971：153）と発言している。ここでいう「政策インテリ」とは、「労働者階級ついでその上層をなす新中間層」にそのまま重なる。つまり松下の設定する「市民」とは、「政策インテリ」と言い換えられるものであり、それは松下圭一自身の姿とも重なる。ここに至って、松下の議論は〈働きかける者〉と〈働きかけられる者〉が一致する傾向が見られるようになる。

松下の大衆社会論は、大衆社会状況のなかで変革主体を対象化、客観化する議論であった。それに対して、一九六〇年代後半から展開する松下の「市民」論は、松下の問題意識が先行し、研究者である松下の主体性と研究対象である「市民」「市民運動」の主体性の峻別が見えにくくなる。さらに一九八〇年代以降になると松下の議論は平易な文体で展開され、詳細ではあるものの、規範的かつ技術的な議論へと切り詰められていく傾向が顕著となる。対象（他者）を他在において理解する発想と方法が、松下の理論的営為から消失していくのである。ここでは、岡崎晴輝が、「松下の政治技術論は、他者を客体として操作する主観主義に陥っていないだろうか」（岡崎 2009：235）とその理論構成を批判していることもあわせて指摘しておきたい。

おわりに

本章では高度成長の時代に松下が展開した学問的営為について、段階性を意識してその軌跡を明らかにした。松下の大衆社会論から市民自治論への展開は直線的ではなく、正統派マルクス主義および既成の革新政党との対抗関係のなかで同時代の現実を理論化することで切り拓かれたものであった。松下は一九七五年に『市民自治の憲法理論』を岩波書店から刊行する。同書は市民自治・市民政治の発想と論理を体系的に論じた松下の代表作であるが、本章で検討してきた松下の高度成長の理論的、思想的経験を総括的に展開した作品として捉え返すことで、松下の学問的営為を戦後思想として再審判することが可能となる。本章はその第一歩を踏み出したものである。

二〇一一年三月一一日の東日本大震災とそれにともなう東京電力福島第一原発事故以降、日本の各地域で脱原発運動が広汎に展開している。二〇一二年に発足した第二次安倍内閣は集団的自衛権の行使容認を閣議決定し、戦争国家への道を歩もうとしているが、それに対する市民的な抵抗運動は急速に広がっている。いま、あらためて、地域における民主主義とは何か、市民の政治参加とは、市民運動とは何かが問われている。高度成長期にこれらの問題を徹底的に思索した松下の変革思想からいまなお学ぶべきことは多い。

【和田悠】

10 小田実

——第三世界を見すえた知の旅人

おだ・まこと（一九三二―二〇〇七年）作家・市民運動家。著作に『何でも見てやろう』『「難死」の思想』『「ベトナム以後」を歩く』など。

はじめに

小田実（一九三二―二〇〇七年）は作家、思想家、市民運動家として知られた人物である。一九三二年、大阪市北部の福島、プラグマティックな商人の多い、いわば大阪の下町で生まれ育った。上海事変の年に生まれ、戦争のなかで自己形成し、「天皇陛下のために死ぬこと」は当然だと考えていたという。しかし戦争を目的としてかたちづくられた秩序の崩壊を大阪空襲を通して経験し、この空襲体験が小田の思想にとって重要な位置を占めることになる。まだ世界旅行が憧れの時代だった一九六一年、世界旅行記『何でも見てやろう』がベストセラーとなり、小田は世に知られることとなる。もっとも小田は、高校生の時に書いた小説「明後日の手記」で一九五一年にデビューを果たした早熟な作家でもあり、東京大学の大学院で古代ギリシア思想を研究していた。この世界旅行もハーバード大学へ留学するため、一九五八年にフルブライト奨学金を得たのがきっかけだった。

小田の文体は非常に平易で読みやすいといわれる。だが、旅行以前の文章は読みやすいとはいえず、若き小田が大きく影響を受けた、初期の野間宏の難解な文体を思わせるものである。

鶴見俊輔（⇒05）は、「この教養ある文体は作者にとってじゃまになりはじめた。やがて世界を一日一ドル旅行して歩くなかで、アジアのどこかで彼は、この文体をぬぎすてる」（鶴見 1970: 400）と解釈している。『何でも見てやろう』の人気は、わかりやすい文体とともに、世界を軽々と駆け巡るような内容にも起因している。一九一三年生まれの杉浦明平は、「戦後まもなく世代論争がにぎやかだったことがある。がこの『何でも見てやろう』を読んだときほど鮮明に戦前派のわたしたちとはまったく質の異なる新しい世代が生まれた、いや、自己の声をあげたと感じたことはない」（杉浦 1970: 4）と、その衝撃を記している。戦後すぐに表舞台に出てきた世代の知識人から見て、小田のスタイルや行動は新しい時代を感じさせるものだった。小田は経歴を見ればもちろん立派な「知識人」であったが、当時の学者や評論家、ないし広義の「文学者」といった知識人イメージをはみ出た「新しい世代」として、安保闘争後の日本の論壇に現れたわけだ。

小田は鶴見俊輔に誘われるかたちで、ベトナム反戦運動に関わった。これが、一九六五年四月に結成されたベ平連（「ベトナムに平和を！」市民連合）での活動である。戦争に反対して脱走した米兵の支援は、世界に大きなインパクトを与えた。日本の文脈では、政党や労働運動を中心とした運動のあり方から、「市民」を中心としたネットワーク型の運動をベ平連がつくり上げていき、その中心的な人物として、鶴見俊輔とともに評価されることが多い[1]。

一九七〇～八〇年代には、韓国の詩人金芝河や、後に大統領となる金大中の救援運動に関わったほか、ＰＬＯのアラファトとの交流など、第三世界主義の運動とのネットワークを各地で広げ、旅行はもちろん、ベルリンやニューヨークなどの長期滞在を含め、頻繁に海外に行っている。

一九九五年、西宮で暮らしていた時に阪神・淡路大震災で被災した。被害を大きくし、長引かせた背景にあった市民軽視の街づくりや復興について、厳しく行政を批判するとともに、政治のあり方を市民が決めるための、市民主権の実現という関心も強めていった[2]。

二〇〇四年に立ち上げられた「九条の会」では、加藤周一、鶴見俊輔らとともに九人の呼びかけ人の一人であったことも、よく知られているところである。

小田は市民運動や、世界での様々な活動をもとに多くの評論を書く一方で、作家としての活動も重視し、多くの作品を残している。とはいえ、作家小田実についてのまとまった研究は、黒古一夫のもの程度である（黒古 2002）。『HIROSHIMA』（一九八一年）や『玉砕』（一九九八年）など、翻訳されて海外でも読まれている作品があるのに対して、作家としての研究は少ない。当然、思想家、作家、運動家としての小田をどういう像で総体として捉えるかという課題も、まだまだこれからである。(3)

1　本章の課題設定：小田の世界認識

小田実を考えるうえで、意外にも正面から論じられたことがないのが、彼の世界認識である。小田のアメリカ認識についてはいつくか取り上げられており、小田の思想や文学を考えるうえで、アメリカが重要なポイントであることはいえる（阿川 1998：桜井 2002：室 1975）。とはいえ、小田の行動、人脈、視野の広がりは、グローバルなものであった。べ平連の活動が世界的な広がりを持つものとなったなかで、小田はベトナム反戦のみならず、東西冷戦の二項対立に組み込まれることを拒否する国々の運動としての第三世界主義に対して積極的にコミットした日本の代表的知識人の一人となった（これに、アジア・アフリカ作家会議での活動も加わる）。埴谷雄高は、こうした国際派の知識人として小田と堀田善衛を挙げながら、主に国際組織の要人に会う堀田に対し、海外の名もない庶民にも会う小田のフットワークの軽さに驚いている（埴谷 1970：2）。小田のこうした特徴を正面から論じたものは、小中陽太郎の同時代評ぐらいだろう（小中 1978）。

もっとも、そうした研究が少ないのはやむをえない点がある。というのは、小田はあまりに多くの地域を訪れ、政治から現地の人々の生活まで縦横無尽に論じているため、地域の認識に具体的に踏み込むのは容易ではない。

とはいえ、一九七〇年前後における、「反戦平和」運動、社会運動のパラダイム転換において、小田の思想が重要だったことはよく言及されるとおりで（道場 2009：122；小熊 2009：172）、その小田の思想を考えるうえで、世界の現場を通して見た事実をどう整理して思想に結晶させていったのかは重要な問題である。ここでのパラダイム転換とは、大きくいえば、日米安保体制が日本という範囲を超えてアジアへと広がっており、それによってベトナムに対して日本人が「加害」の側に立ってしまうこと、そこに高度成長を経て、日本企業がアジアに経済進出し、搾取や公害輸出などによって加害者の側に立っていることがつながっている、という認識の獲得である。

七〇年前後のこうした思想変容はしばしば言及されるが、本章ではその少し後、七〇年代後半からの時期を中心に考えていく。ベトナム戦争終結後の状況にどう向き合うかを、小田自身は重要な課題とし、「ベトナム以後」と呼んでいた。本章は、この時期に小田がこだわった太平洋の島々のある「南洋」に焦点を当てながら、「ベトナム以後」に小田がどう向き合ったかを明らかにすることを課題としたい。

2　議論の前提

「ベトナム」から「ベトナム以後」へ

まず、小田にとって「ベトナム以後」が意味することを確認しておこう。ベトナム戦争中は、ベトナムが世界の大義を代表しており、当時は「世界のあちこちで支援運動がかたちづくられたばかりでない、運動が人びとそれぞれの問題での「解放運動」となったことです。あるいは、それまでにあった運動、闘争に大きな質的変化、そこでの飛躍を強いる」（小田 1978a：163）。小田がよく挙げる例として、米国での公民権運動が、黒人差別を通して、ベトナムでの黒人兵の死亡率の高さと結びつく。あるいは日本でベトナム反戦を真剣に訴えるとすれば、在日米軍基地をあわせて考えざるをえない。ベトナム戦争は、その遠くで行われているはずの戦争が自分たちの地域につながっているという認識を、世界各地の運動にもたらしたといえる[4]。

その結果、ベトナム人のたたかいは「アメリカ合州国がつくり上げて来た戦後世界の秩序そのものにぶちあたって、戦後世界そのものをゆるがせることになる。その戦後世界には、秩序の共同形成者としてのソビエトも入っていれば、ある意味で「植民地のない資本主義」の支配の下に「安住」して来た第三世界そのものも入っています」（小田 1981a：305）。

これが、ベトナム戦争が終わり「ベトナム以後」になると、「かつては人類の正義の象徴だったベトナムもなみの社会主義国になった。カンボジアに侵入した。ポル・ポト政権は虐殺を行い、中国は中国でベトナムへの懲罰行動を起こす。第三世界も自分の国の繁栄、安定のことばかり考えて全体を見る目を失ってしまった」（小田 1981a：379／傍点原著者）。

この変化は、かつてはベトナムだけ見ていればよかったのが、今や世界全体を考えなければいけなくなった、というだけの話ではない。強者による一方的な侵略に抵抗するというベトナムの「大義」は、強者のつくった秩序に抵抗する世界中の人間を結束させたのだが、その結果侵略が終わり、結束が崩れるなかで世界の秩序そのものが変容していった、ということでもある。

ここで引用した一九八一年の本のタイトルは『二つの戦後を旅する』であるが、これは第二次世界大戦とベトナム戦争の「二つの戦後」を指している。ここで第二次世界大戦とは、そこにつながった開戦前の大きな動き、たとえば日本の中国侵略を含み込む意味で用いられている。

第二次世界大戦の結果、アメリカが主導してつくったのが「戦後世界の秩序」である。戦勝国の植民地では、解放（独立）への動きを抑え込もうとしたわけだが、それが段々と抑え込めなくなった。他方、新植民地主義というかたちで、力で抑え込まずに経済的に支配するかたちがつくられていく。日本でも一九七〇年頃から、A・G・フランクやサミール・アミンの従属理論が知られるようになったが、そうした経済支配をも厳しく問う声が出てきたわけだ。

こうした「ベトナム以後」の状況を考えるのに際して、小田が「A・A」（アジア・アフリカ主義）と「第三世界（主義）」を区別しているのは示唆的である。「「A・A」はかのバンドン会議が象徴する政治的理念と現実であるなら、「第三世界」では「石油衝撃」……がそれとはちがった政治的理念と現実を体現しています」（小田 1984：135）。ちなみに小田がオイルショックを「石油衝撃」と書くのは、「石油危機」が輸入側の特に先進国側から見た捉え方であり、「ショック」を主体的に起こした「第三世界」の産油国の視点から捉えているからである。

小田は、ベトナム戦争を挟む時期に「A・A」から「第三世界」への、新興独立国の質的・量的転換があったと見ており、「A・A」の時代はネルーやエンクルマ、スカルノなどの指導者たちが華々しく「A・A」の理念について語ったが、「その理念を実際の政治、経済の場に実現して行くだけの手立てと力をそのとき「A・A」は持っていませんでした」（小田 1984：137）と書く。「「A・A」の場合は批判者としてとどまっていたが……「第三世界」はもうそうはできないでいる。いやおうなしに、彼ら自身の新しい価値を生み出さないとやっていけないところに、現実のありようと原理の双方において来てしまっている」（小田 1984：136）。独立してもバラ色の世界があったわけではない現実への対応が厳しく問われるところに来た、ということだろう。

理念で結びついていた「A・A」が、ベトナム戦争で現実的な結びつきを（先進国の反戦運動も含めて）形成する。その結果かたちづくられた「第三世界」の力は増したが結束は崩れ、オイルショックが「第三世界」の非産油国にとっても危機をもたらしたように、「第三世界」内部の格差が広がっていく。「ベトナム以後」を小田はこうした時代として捉えている。

「南洋」について

一九七〇年代、小田はかつて日本軍が連合軍と戦い、餓死や自決や「玉砕」を繰り返した太平洋の島々を色々と訪れている。一九七三年にはガダルカナルでの取材をふまえた『ガ島』という長編小説を書いているが、特に「ベトナム以後」という課題がはっきりしてくる七〇年代後半に、かつて「南洋」と呼ばれたこの地域への言及が増えていく。

小田自身は「南洋」という言葉を用いていないが、ここでいささか古めかしいこの言葉を用いるのは、次のような理由がある。「南洋」とは「太平洋の熱帯の海域」を一般的に指すこともあるが、「日本の南方に当たる熱帯の海洋と島々の総称。第二次世界大戦前、わが国の委任統治領であったミクロネシアの島々およびフィリピン・インドネシア諸島などをいった」（ともに『日本国語大辞典 第二版』小学館）という、「南進論」と結びつき、侵略イメージを帯びた言葉、といっても差し支えあるまい。

それをここで用いるのは、小田のこだわりが、太平洋諸島一般よりも、戦争の激戦地だった島々にあったからである。その歴史を受け止めつつ、相対化する視点を小田が持っていたことをふまえて、「南洋」とカッコつきで用いる。ここで「ベトナム以後」という課題と「南洋」へのこだわりが、小田のなかでどう結びついていたかを考える前提として、小田の平和思想について簡単に触れておく。

「殺すな」の論理構成

小田の思想を考えるうえでの代表的な評論としてしばしば挙げられるのが、「「難死」の思想」（初出『展望』一九六五年一月）と、「被害者＝加害者」論と呼ばれる考えにつながる「平和の倫理と論理」（初出『展望』一九六六年八月）である。この二つの論は緊張関係を持ちつつ、「殺すな」という一つの平和思想の原理をかたちづくっていると、道場親信が論じている（道場 2014）。

「「難死」の思想」は一九四五年八月一四日午後、戦争が終結する前日、「お国の政府が降伏して、戦争は終りました」（小田 1965→1991：7）というビラの投下とともに行われた大阪空襲を、当時中学生だった小田が体験したことと深く関わる文章である。そこで彼は、戦争のなかでいかようにも国家による意義づけのできない、戦争の終結が決まってからのおびただしい死を目の当たりにした。

これを小田は、特攻隊員の死に代表される「散華」、国家によって要請され、みずからの意志によってそれに応えた（とされる）がゆえに最も讃えられる死の対極にあるものとして「難死」と呼んだ。この「難死」を出発点に、「私状況」（個人の生活）からの「公状況」（国家の大義名分）への批判を論じたテクストである（小田 1965→1991：5）。

「難死」と対比されている「散華」を考えるにあたって、小田はほぼ同世代（一九三一年生まれ）で、一九六三年に「散華」という小説を書いた高橋和巳の名前を挙げている。その高橋は『展望』一九六五年八月号で、「「難死」の思想」を評価したうえで、それを読者が単純化して受容することへの危惧を書いている。「『難死』の思想」は、ちょうど「散華の精神」の追究がともすればその謳歌へと傾く危険をもつように、すべて政治的主張がまず自己を無罪の位置に据えて他を糾弾する、あの〈無罪の陥穽〉にはまり込む危険が多分にある。……日本の難死者はひょっとすると、中国の民衆を難死させた人間と、同じ人間ではあるまいか、と感ずるべきである」（高橋 1965→1991：127-128）。つまり国家による意義づけを拒む難死は、被害者として国家の戦争責任を問う足場となるが、それが絶対化されてしまう危険性がある。そして高橋は、その被害者が中国に対して加害者であった可能性を示唆している。直接この議論を受けたかどうかは別として、小田はこの指摘に応える方向性で、思索を深めていく。

「「難死」の思想」を書いた後、小田はべ平連の活動に携わるようになり、その中心的メンバーとなるなかで、「被害者＝加害者」論と呼ばれる認識枠組みを示していくことになる。

「平和の倫理と論理」では、当時の日本での戦争体験の語りが、「被害者体験をさし、それ以外のものをささない」ことを指摘する。そして、「極端な場合には、被害者であることがそのまま加害者である場合もあるだろう。そして、ある場合には、被害者の被害の度合いが激しければ激しいほど、それだけいっそう狂暴な加害者となる」（小田 1966→1991：65）と書く。

先ほどの高橋の言葉と似てはいるが、難死者が「ひょっとすると」中国への加害者であったとする高橋よりも踏み込んで、被害と加害の結びつきを、偶然ではなく、被害を受ける側であるからこそ、別の相手に対して加害者の立場に立ちうる（たとえば、日本で地主に搾取された結果、満洲への移民となった農民は、侵略の尖兵的な役割を担った）、という認識の深まりがある。大抵の場合、被害と加害は絡まり合っており、状況のなかで難死者にも加害者にもなりうる。これが「被害者＝加害者」論である。

二つの系の考え方をあわせて、日常のなかでずるずると加害の立場に立つことを拒否しつつ、殺されることにも抵抗する、というのが「殺すな」の原理といえる。

3　「南洋」の位置づけ

玉砕の島々へのこだわり

小田が「南洋」の島々にこだわった理由を見ていこう。小田が訪れた島々では、かつておびただしい人数の日本兵の餓死や自決や「玉砕」があったわけだ。戦闘の果てに全滅する「玉砕」は、最初から死ぬための作戦の結果である「散華」と同じではないにせよ、死（部隊の全滅）を実質的に前提としており、国家にその価値を公認された死であり、「玉と砕ける」と美化された死でもあった。他方、「餓島」（ガダルカナル島）での、補給を軽視した作戦の結果のおびただしい餓死は、敵と戦わずジャングルでの飢えと戦うなかでの死であり、難死に似た空しさとおぞましさを感じさせる。

一九七九年の「男」という短編小説で、小田本人を思わせる語り手が、ガダルカナルへのこだわりを語っている。「ガダルカナルへ行くことがいくさのあと長くわたしの執念のようになってきた。ことにベトナムでいくさがあり、私が反戦運動に加わったりしたことでふしぎにその気持ちが強まった。と言って、反戦の志をそこでたしかめるというのではなかった。第一、二つのいくさのあいだには何んの論理的なつながりもなかった」（小田 1981b：117）。しかしこれは論理的でない何かによって、二つのいくさがつながっている可能性を示唆している。これも**2**で見た「二つの戦後」と関わる点である。

当時の「南洋」の意味づけ

同じく戦場となった「南洋」の島であるグアムについて、社会学者の山口誠が興味深い指摘をしている。「太平洋戦争以後のグアムでは、一般人の入島が厳しく制限されていた。巨大な米軍基地を抱える、立ち入り禁止の軍事島だったのだ。そのグアムが解放されたのは一九六〇年代、観光とは対極にあるはずのベトナム戦争が激化しつつある時期だった」（山口 2007：vii）。

ベトナム戦争によって、東南アジアという地域が、小田やべ平連の人々の視界に、否応なく入り込んできた。在日米軍と、返還前の沖縄の米軍の存在によって、自分たちがベトナムに対して加害者の立場に立つことを知ったわけだが、それによって開かれた視界は、ベトナムそのものを越えたアジア太平洋地域を含んでいた。それはかつて日本軍が侵略した地域であるとともに、現在の米軍が活動する拠点となっている地域も含んでいた。グアムのほか、玉砕の島であり原爆投下のためのB29の発進基地であったテニアン島、核実験場のあったマーシャル諸島などである。

アジア・アフリカでの植民地化のうねりから少し遅れたかたちで、一九七〇年代に太平洋の島々にも独立の機運が広がっていく。当然そこには、経済的自立のため先進国資本とどう付き合うか、あるいは米国の信託統治領では米軍のグローバルな展開とどう関わるか、という課題が、地域ごとに存在した。

小田の「南洋」の島への関心の出発点はかつての戦争であったが、独立も含め島の現在の人々の動きや政治にまで踏み込んでこの地域を論じている。「一口に言えば、「全員玉砕」にしろ、あるいは、「全員自決」、「全員餓死」にしろ、それらのことがらをそれだけで考えたくはなかったのです。それをもっと時間のひろがり、空間のひろがりの双方のなかでとらえる」（小田 1978b：60-61）。それは当然、新植民地主義といった現在の問題だけで考えることへの批判でもある。

一九七〇年頃、多くの日本人にとって、「南洋」は、戦争の記憶と結びついた「玉砕」や慰霊の島であるか、そういった過去との結びつきを断ち切った観光のための南の島であるか、せいぜい、戦跡も観光地のなかに組み込んだうえで消費の対象となるような場所か、という位置づけだった。そして現在の島に関心を持つ数少ない人も、過去のことが視野に入りにくい。その分断された視野の接続を小田は試みるのである。

もちろん、時空間の大きな広がりで考える、と抽象的にいうことはできても、小田とて、最初から様々な問題の広がりが具体的に見えていたわけではない。一九七二年に最初にガダルカナルへ行った時、「ジャングルのなかに少し入ってフンドシひとつ、モジャモジャ髪の入れ墨男に道案内されたときに、彼は好意でしてくれていたのに不当な恐怖感をおぼえた」という。こちらが勝手に押しかけて戦争した側の日本人なのだから「むこうのほうがこちらを怖れて当然」なのに、である。その意識に気づき反省をして、「私が「アジア・アフリカ」と言ったり、「第三世界」と言ったりするのは、はたして、どこまでを視界に入れてのことであろうか」（小田 1978b：64）と問いなおす。

第三世界主義にコミットしているからこそ、なおのこと、先進国との対抗において目立つ国を「第三世界」の「主体」として考え、そうした動きのなかには見えがたい小さな島々の人々が視点から落ちてしまっていたことに気づく。そうした小さな島や国の人々が取り残されるのであれば、それは「第三世界」という理念そのものを裏切ることになりかねない。こうして自身の「第三世界」観を修正していく。

小田の思想の方法的特徴

七〇年前後の「パラダイム転換」と一口にいっても、転換にともなって、今まで軽視されてきた地域に光が当たる、というような簡単な話ではなく、光を当てる地域ごとの持つ意味を具体的に確認する作業が不可欠である。ここで取り上げるテクストからは、「転換」における、当時の認識枠組みの「突破」のプロセスとして、具体的な気づきが読み取れる。というより、小田は自分の認識が「他者」との出会いにより揺さぶられ、認識が深まっていくプロセスを意図的に書き込んでいるのだ。さらにいえば、それは現在の私たちも落ち込みがちな陥穽に気づかせてくれるきっかけとなると思う。

こうした認識の深まりのプロセスは、「時空間の広がり」のなかで考えることを通して、「殺すな」という原理ともつながっている。武藤一羊は、「難死」に関してこう書いている。「空襲体験が小田の思想の原点なのか？……しかしかりにそうだとしても、それは、たとえば安田武にとって学徒兵体験が原点であるような仕方で「原点」なのか？　まったくそうではないだろう。……それは現在の、そして将来の問題なのだ。空襲体験への小田の執拗な回帰にもかかわらず、それは過去の一定点に固定された「原点」ではない」（武藤 1971：422-423／傍点原著者）。

学徒出陣をして、戦後、「わだつみ会」で活動した評論家の安田武にとって、その「原点」は、そこで時間が止まり、そこから一見平和に見える現在に安住することを裁くための固定点として機能する。安田の戦争体験論は、戦場の体験の実存的意味に迫るものを持っている反面、非体験者には理解を拒むような面を構造的に持っている[5]。対して「難死」とは、現代の戦争にともなって必然的に生まれる無残で無意味なおびただしい死であって、一九四五年八月一四日で止まるようなものではない。「ここで、かんじんなことは、過去の被害者体験、加害者体験を過去のすぎ去ったもの、完結したものとせず、現在、未来にわたる問題としてとらえることだろう」（小田 1966→1991：80）。「新たな難死」を阻むための論理として、小田は「殺すな」の原理に至ったのである。

2で「二つの戦後」という視角に触れたが、日本の戦後において、十五年戦争の意味を問うという営みは重要な意味を持った。だが、その論じ方を間違えれば、「過去の一定点に固定され」現在とのつながりを欠いたものとなりかねない。戦争を出発点に考えるという戦後日本の知的遺産を、現在世代、将来世代に開いていくかたちで継承するという意味で、小田は「新しい世代」であり、前世代の否定者ではなく柔軟な後継者ということができる。

4　「判ラナイ」ことからの意味転換

アベママ島とは

本節では、小田が訪れた「南洋」の一部、ギルバート諸島で考えたことを手がかりに、「他者」との出会いから認識枠組みを広げていくプロセスを見ていく。まず、「難死」についての認識の深化を書き込んだ例としてのアベママ島での自決の例を見ていく。

3で言及した「男」という小説が収録されている『海冥』という短編集の裏表紙に、小田の短いコメントがある。「アベママ島というギルバート諸島に属する赤道直下の小島がある。そこで二十数名の日本兵がひっそりと玉砕をとげていた。「ひっそり」というのは、そのときにはたしか何んの「大本営発表」もなかったからだ。……私がこの本に収めた一連の物語を書こうと心に決めたのはその小島でだった」（小田 1981b）。

もっとも、作品集には、はっきりこの島とわかるような話は出てこない。この島について直接書いているのは、評論集『「共生」への原理』（一九七八年）である。

アベママ島（アパママ島とも）は、当時英領ギルバート諸島に属した島の一つ。同諸島は一九七九年に独立し、キリバス共和国となっている。一九七九年時点で、アベママ島は人口二三〇〇人（越村 1979：4）。ギルバート諸島には、玉砕の島として知られるマキン、タラワも属している。小田は一九七七年に同諸島を訪れ、その時点でギルバート諸島は独立が決まっていて、憲法制定会議が行われていた。

アジア・太平洋戦争開戦後、日本軍は一九四二年八月下旬頃から、アメリカとオーストラリアの交通路に位置するこの地域を攻撃し、アベママ島に九月二日に「無血上陸」して調査、タラワは九月三日に「無血占領」（防衛庁防衛研修所編 1973：138-139）したという[6]。

小田はこの「無血」という書き方に対し、「たしかに、日本海軍に関するかぎり、「無血」であったでしょうが」、ベシオ島（タラワの一部）への日本軍上陸に際してイギリスの（おそらく非武装だった）民間人二二人が日本軍により銃殺されたと、『戦史叢書』を批判している（小田 1978b：13-14）。

一人の日本兵の死

さて、タラワ本島から小型機で約三〇分、アベママ島の飛行場へ着いて、小田は朝食をとろうと島のレストハウスへ入る。「カプスタ」なるヌードルがある、ということで地元の麺を食べようと頼んでみたら、日本の「カップスター」が出てきた。一個六〇〇～七〇〇円で輸入しているという。世界市場の広がりと、しかし孤島ゆえの輸送費のコストを物語っている。

日本軍占領下、この島には見張所があっただけで、日本兵は二四名しかいなかった（タラワ島の守備隊は軍属等含め三五〇〇名ほど）。『戦史叢書』によれば、一九四三年一一月二一日朝、アベママ島に米軍が「無血上陸」、その後戦闘となり、二六日朝、「日本軍見張所員はついに自決し果てた」。もっとも、全滅したため日本側の詳細な記録はなく、米軍側の資料を根拠に、二四名中一四名が砲撃により死傷、残りが二六日に自決したという（防衛庁防衛研修所編 1973：473-474）。

小田は、戦時中二〇歳くらいだった現地人のシバさんという人に、日本兵のエピソードを聞いている。シバさんが見たのは、顔見知りだった（おそらくは）「カンベ」という名前のたった一人の自決である。

彼の記憶によれば、その自決は米軍が上陸した後、「全員自決」（一一月二六日）の二日前の出来事で、たまたま「カンベ」さんと行き会い、あいさつをしたあと「おたがい、反対方向にむかって歩き出したところで、銃声が鳴りひびいた。おどろいてふり返ると、「カンベ」さんが自分の脳めがけて小銃を射ち、血を流して倒れていたというのです」。驚いて駆け寄ったシバさんは、「どうしてこんなことをしたんです、と言ったそうです。「カンベ」さんは苦しい息の下から「判ラナイ」と言ったそうです」（小田 1978b：37）。ギルバート語しかできないシバさんは、「判ラナイ」という「カンベ」さんの発した日本語の音節を、はっきりと記憶していた。

では、この日本兵の「判ラナイ」は、何を意味しているのか、小田は考える。普通は、ギルバート語の質問が「判ラナイ」なのだが、「ただ、ひょっとして、若いギルバート人が彼にむかってその質問を発したときに、自分の自決の意味が判らなくなったのではないか」（小田 1978b：38）。

当時の日本兵にとって、抗戦の努力かなわず、なす術なしとなった場合であれば、自決という行為は、「散華」の近くにある、軍人として国に殉ずる称賛されるべき行為、少なくとも軍人としての本分を守る行為として、評価されるのが自明だったはずである。しかし、いざ自決し、息絶えるまでのわずかな時間に、唯一の証言者となるかもしれない顔見知りの現地の若者が、自決という行為の意味を理解しえなかったとしたら、「「カンベ」さんは、そこで自分がそのなかで死のうとしている世界は、自分の倫理と論理がまるごと通用する世界でないことをもっともあからさまなかたちで認識したにちがいありません」（小田 1978b：39）。

小田がこのちっぽけな島の一人の死にこだわるのは、これが「散華」の、そしてその対立項としての「難死」の枠組みにゆさぶりをかける出来事だったからである。

小田は自身の論じた「難死」と、すでに故人となっていた高橋和巳が論じた「散華」とを、このアベママ島での自決をもとに考えなおす。「今から考えてみると、二人とも手慣れた土俵の上でスモウをとっていたような感じがします。すくなくとも、土俵は二人の手持ちの認識体系で判る土俵で、中、南部太平洋でのおびただしい死の場所のように「判ラナイ」ところではない」（小田 1978b：77）。

小田が大阪で見た空襲での「難死」を、仮にシバさんが見たら、その無残さは「判ル」ことだろう。さらに、彼は爆弾を落とした米軍に対して「どうしてこんなことをしたんです」と問うかもしれない。米軍の無差別爆撃が、シバさんのような人を納得させるような正当性を主張できるのか？　答えは「否」であろう。「散華」との対比で出てきた「難死」ではあるが、こうして考えた時、「難死」の概念の射程は「散華」よりも広いものであるといっていいと思う。

認識の「突破」のプロセス

小田がギルバート諸島を訪れた当時、独立を控えて憲法制定会議が行われていた。タラワ本島にある首都のバイリキに、各地から住民代表が集まって議論するのだが、約二〇〇〇キロメートル離れ、定期便もないクリスマス（Kiritimati）島などからも代表が来ている。会議は外国人の小田が聞いても一向に構わない、開かれた場で議論されている。しかもそのうえで、代表たちのつくった案を地元に持ち帰って住民の討議にかける。こうした直接民主主義的なプロセスは、人口が少なく貧富の差が少ない地域だからこそ可能になるとはいえ、これは村（部落）ごとに「マネアバ」（Maneaba）という集会所があり、そこで話し合いをする現地の伝統にもとづいているという。「おえら方の密室」で決められた大日本帝国憲法や日本国憲法に鑑みるに、「ハダシで座ってみんなで国の基本をさだめているギルバートの人びとにくらべていかに私たちがおくれた人間であるか」（小田 1978b：30）と小田は感嘆している。

「カンベ」さんの「判ラナイ」を、アベママ島の人たちに対する判らなさとして解釈する時、これは死のどんづまりで出てくる、理解できないものをできないと言い切る謙虚さとして捉えられる。「文明」の側は長らく眼前にある得体のしれないものを「まちがったもの」や「野蛮」として、相手の側に誤りを押しつけてきた。それをやめるところから、相手の世界を理解することが始まる。

「部落に「マネアバ」の集会をもつ「構造」が議会を理解し、民主主義を体得し、さらに、住民参加という点においてあっちの〔「文明」側とされてきた――引用注〕世界の「構造」よりもさらに先のところまで人びとをおもむかせる」（小田 1978b：71／傍点原著者）。小田自身数年前まで「第三世界」の外として視野に入っていなかったような太平洋の島の人々が、新たな独立国としてスタートするにあたり、世界の民主主義の最先端を行っていることに気づく。「文明」というおごりを、ギルバートの人々にひっくり返される。「判ラナイ」からその気づきまでのダイナミック（動態的）な把握のプロセスを、認識の「突破」として、小田は書き込んでいるのである。

おわりに

本章は「南洋」に注目して小田の思想を捉える試みだが、「南洋」に限ってもここでは扱えなかった興味深い思索はほかにもあり、今後の課題としておく。ベトナム反戦のリーダーという小田実像に比べ、「ベトナム以後」における第三世界主義に深くコミットした小田実という像は、あまりにイメージが薄い。しかし彼のひそみに倣い、彼の行動と思想をより広い時空間で捉えてこそ、小田実の本当の姿も見えてくる。他にも色々な地域から考えることで小田の問題関心がはっきりと見えてくるだろう。

そして七〇年前後にパラダイムが転換したといっても、実際には転換後に少しずつ認識が広がっていく様子を、パフォーマティブに記述する小田の方法を読み取ってきた。しかもそれが、小田より上の世代の思想を発展的に継承したという面も、指摘したとおりである。この継承については、小田の場合特に狭義の思想家だけでなく、戦後文学の作家たちと向き合う営みによる部分が大きく、思想、文学、運動を統合的に捉えて小田を理解するという課題が、一層重要となるといえる。本章ではこうした小田の思想の広がりの可能性を、少しは取り出せたと思う。そして莫大な課題が残っていることも見えたのではあるまいか。

注

（1）べ平連については、小田自身の回顧がある（小田 1995a）。小田実の位置づけに焦点を当てたもののうち、本章の他の部分で言及できなかった主なものとして、戦後の平和運動においてべ平連を位置づけるなかで小田の思想を取り上げた道場（2005）、小田の思想を主に空襲体験とべ平連を軸に整理した小熊（2002）がある。

（2）阪神・淡路大震災について小田が書いた本として、さしあたり小田（1995b：1996）を挙げておく。
（3）黒古（2002）や、『HIROSHIMA』についての道場の分析（道場 2014）は、ジャンルを超えた小田実論の一つの試みだろう。
（4）ファム（Pham Xuan Thu Van）は、ベ平連とそこでの小田の活動を評価しつつも、ベトナム側からの視点で小田の運動論を検討し、ベトナムへの理解が不十分であることを指摘している（Pham 2012）。ベ平連の運動が、ベトナム戦争を自分や日本の課題として捉える以上、認識と思惑のズレはやむをえない部分があったと思われるが、重要な指摘である。
（5）紙幅の都合上、安田の議論の詳細は省くので、関心のある方は拙著で安田について論じた箇所と関連注を参照されたい（神子島 2012：21-22）。
（6）ちなみに『戦史叢書』では、陸軍海軍ともにギルバート諸島について書いているが、ここでは刊行が後で、かつ実際に作戦を担ったために記述の詳しい海軍編から引用した。

【神子島健】

Column ③

フェミニズム

――根源的《ラディカル》な解放を求めて

日本におけるフェミニズム

日本におけるフェミニズムの運動は、女性解放、婦人参政権の獲得をめざすかたちで、戦前に一定の広がりを見せた。とはいえ、法的平等の達成は、敗戦後、GHQによる占領改革と、日本国憲法での男女平等によるものであった。しかも、家庭生活、経済面の実態は、「男女平等」とは程遠いものだった。法的平等が実際の平等につながらない現実が、戦後フェミニズムの前提だったともいえる。

フェミニズムの思想は、元来、男女平等や女性解放という実践的な目標と分かち難く結びついている。女たちが抱え、抱え込まされた現実的課題に向き合う思想、ともいえる。他方、それは「人間とは何か」、人間の集まりとしての「社会とは何か」を問いなおす根源性を持った思想でもある。一九六〇年代に先進国で起きた、性別役割分業を前提につくられた女性イメージを批判する思想運動を第二派フェミニズムと呼ぶが、ここでは戦後日本における第二派フェミニズムと、前史を含めたその関連の思想・運動を中心に取り上げる。

森崎和江

植民地朝鮮で生まれ育った森崎和江（一九二七年－）は、一九五八年、九州の筑豊を拠点に、谷川雁らとともに「サークル村」の活動にコミットしていく。「サークル村」は、福岡県の炭鉱町中間《なかま》を拠点とした文化運動で、石牟礼道子（⇒08）も会員だった。

当時全国的に活発だったこうしたサークル活動自体が、女性が新たなつながりをつくり、家庭などでは語れなかったことを共有する場として機能した。森崎も「サークル村」と同時並行的に地域の女性たちと集い、『無名通信』を発行していた。性別役割分業を批判的に捉える先駆的なミニコミ誌だったといえる。

森崎は、異質なものとの共存を許さない日本の伝統的な共同体への批判的関心を持っていた。その意味で彼女は「戦後啓蒙」とつながる部分を持っていたが、「戦後啓蒙」とは違う部分も持っていた。

「女性であること」の語り難さへの追求は、論理的・合理的に捉えきれないものへの思考へとつながる。朝鮮での生い立ちや、アジアへの移動が頻繁に行われた九州という場所へのこだわりも彼女は持っていた。幕末の開国以降、身を売りながらアジア諸国へと流れ／連れられて行った「からゆき」などと呼ばれた女性たちの存在を一九六〇年代から掘り起こした。大日本帝国のアジア進出と密接に関わりながら、恥ずべき存在として排除された彼女たちの人生に光を当て、一九七六年に単行本として出版した（『からゆきさん』）。彼女の仕事は若い世代の多くのフェミニストたちに影響を与えたが、この『からゆきさん』は、特に第二派フェミニズムの視点と重なる部分が大きいといえる。

ウーマン・リブと第二派フェミニズム

労働組合や政党など、かっちりとしたメンバーシップを持つ組織を軸とした運動に対するものとして、「新しい社会運動」が、一九六〇年代後半ごろから、多くの先進国で盛んになった。日本でもそうした運動が繰り広げられたが、主に二〇歳代の女性たちが担ったウーマン・リブ（Women's Liberation）は、当時ラディカルとされた運動の持つ男性中心主義を批判した。

その代表的な存在が、「ぐるーぷ・闘う女」の中心的メンバー、田中美津（一九四三年－）である。一九七〇年に彼女が書いた「便所からの解放」（一九七二年の『いのちの女たちへ』所収）は、〝性別役割分業を前提につくられた女性イメージ〟への鋭い批判であり、そのイメージに従って生きる息苦しさを感じていた女性たちに大きなインパクトを与えた。彼女が日本のリブの代表的論者・思想家として位置づけられる主な理由は、鋭い言語感覚にあるといえよう。

田中いわく、リブは「自分の、女の〈生きる〉を真剣に問い詰める女の運動」である。「自分の」とあるように、最終的に自分を解放できるのは自分しかいないことの自覚が込められている。「ぐるーぷ・闘う女」は、リブ合宿など、多くの女性が集う場所をつくり、優生保護法改悪反対など様々な運動を展開、支援し、女たちの連帯を進めた。それでも、田中の思想は自分という原理に立脚したものといえる。当時の第二派フェミニズムの運動が世界同時進行的であったとしても、彼女たちの思想は借り物（輸入したもの）でなく、自分の問題から出発した自前の思想であったことを示唆している。

一九七〇年代にうねりを見せたリブの運動からやや遅れるようにして、上野千鶴子（『家父長制と資本制』一九八五年）

などに代表される、社会学者を中心とするフェミニズム研究が、八〇年代に大きな展開を見せる。

運動として女性の生活の場に根ざしたリブ、学問としてそこから遊離していったフェミニズム（研究）と、対立点を強調した評価もあるが、両者は同じ根から出てきた密接なもの、として位置づける評価もある。「リブ」と「フェミ」は、一定の緊張を持ちつつ、日本における第二派フェミニズムとして〝ともに歩んだ〟ということになろう。

アジアへの性侵略への批判

「運動」と「研究」が分かち難く結びついた好例として、アジアへの視点に注目してみたい。高度経済成長は、日本企業のアジア進出の負の側面をあぶり出した。主に公害輸出、国際分業による低賃金労働の押しつけ、韓国でのキーセン観光や東南アジアでの少女買春などの日本人男性のセックス・ツアーである。その現代の問題を批判し、現地の運動とつながるなかで、「経済侵略」が、戦前・戦中の軍事侵略の地域と大きく重なっている現実を突きつけられていく。

このことは、戦中と戦後を断絶的に捉える戦後観の問題点を指摘し、アジアへの「加害」から現在と過去をつなぐ視点で現代史を捉えることにもつながる。歴史学者や環境活動家などとともに、フェミニストもこうした仕事において重要な位置を占めていた。その視点は、アジアでの開発援助が現地の人々の生活を苦しめている側面や、日本に出稼ぎに来る労働者のおかれた厳しい状況、企業に縛られた日本人男性の価値観など、当時の日本のあり方を厳しく見つめなおすところにまで届いていた。

こうした一連の調査、提言において重要な位置にあったのが、アジアの女たちの会（一九七七年設立。一九九四年からアジア女性資料センターに改組）であり、同会が発行した『アジアと女性解放』（準備号〜二一号）であったといえる。とりわけ、朝日新聞記者で、シンガポール支局での勤務経験を持った松井やより（一九三四–二〇〇二年）は、『女たちのアジア』（一九八七年）などの著作を書いているが、そこで培った現地の運動とのネットワークを活かし、運動の中心的なメンバーとして活躍した。

こうした活動のなかからその意味が大きく問われるようになったのが、「従軍慰安婦」という問題だろう。松井やよりを中心的なメンバーとして実施された「日本軍性奴隷制を裁く女性国際戦犯法廷」（二〇〇〇年）に結実したような戦後日本のフェミニズムの思想は、男性の論理で組み立てられてきた国家、そしてそれを暴力で支えるものとしての軍隊の論理を、根源的に批判し続けている。

【神子島健】

Ⅳ

戦後思想の現在

11 見田宗介——戦後思想の「幸福」に向けた〈転回〉

みた・むねすけ（一九三七年‐）社会学者。真木悠介の筆名も持つ。著作に『気流の鳴る音』『時間の比較社会学』『現代社会の理論』など。

はじめに

見田宗介は一九三七年生まれの日本を代表する社会学者の一人である。見田は様々な社会データと理論を組み合わせながら、戦後日本の社会意識を描き出すことをしてきた。その仕事は多くの社会学者に大きな影響を与えてきており、ある時期以降の日本社会学の基礎をつくってきた一人ということもできるだろう。

だが、見田の社会学の影響はこのような制度的なものにとどまるわけではない。『思想の科学』の論考や新聞時評といったジャーナリスティックな側面を持った見田の仕事は学問の世界の枠組みを超え、世間により直接的な影響を与えてもいる。

ある時期以降の見田は、文学的ともいえる文体によって多くのファン層を獲得している。たとえば、見田が戦後日本社会を三区分した「理想の時代」（一九四五年～六〇年ごろ）・「夢の時代」（一九六〇年代～七〇年代前半）・「虚構の時代」（一九七〇年代半ば以降）という図式（見田 Ⅵ: 99）[1]は社会学の世界を超え、文化批評の世界でも使用されることが多い。見田は、「現実」という言葉の対立語を人々がどのようにイメージするかによって、その時代を生きる人々の「社会」の捉え方やあこがれや欲望のあり方を取り出すためにこの図式を使った。この単純であるが、時代イメージを喚起させる方法は多くの人々を魅了した。弟子である社会学者・大澤真幸の『虚構の時代の果て』や、批評家・東浩紀の『動物化するポストモダン』の議論などにその現代文化論への応用を見ることができるだろう。

見田宗介は、一方ではまさに社会学という学問の正嫡的な存在であり、他方では、そこから外れ、独自の文体によって社会学の可能性の模索を行った異端の存在でもあるという二つの顔を持つ社会学者としてある。このような見田の二重性を象徴するものが、見田がもう一つの名義として使用する「真木悠介」という存在だ。見田は、ある時期以降、自身の名前で執筆を行うと同時に、真木悠介という名義を用いて執筆活動を行ってきた。真木悠介は近代社会の「外部」にあるような世界を「旅」するようなかたちで思想を展開してきている。

注目すべきことは、見田宗介と同様に真木悠介という存在もまた社会学的著述を行ってきたということだ。もしかしたら、ペンネームで小説を書く学者というものは他にも存在するかもしれないが、一人の社会学者が二つの名義を用いて、同時に社会学的著述を行うということはおそらく相当に珍しい事態だ。あるところで見田は、見田名義の仕事は「位置付けとしては、真木の名前で出している基幹的な仕事の進行にたいして、側面にバリケードを築いておくということなのです」と語っている。真木名義では「近代理性の地平を超えた本来の理論構築をおしすすめてい」き、見田名義では近代世界の内部に実存して、その矛盾を生きる主体として書いている（真木・廣松 1990：169）。それは「正規軍とゲリラといったイメージ」であるとも語られる。

既存の学問的枠組みのなかで「見田宗介」が目の前にある社会の姿を分析していき、「真木悠介」がそれを超えた〝ありうべき〟社会のイメージを生み出していく。このような二重のイメージが見田宗介の社会学のなかには存在していた。この二重性格は、見田が考える社会学のあるべき姿を反映したものであるだろう。実直な社会分析とともに大胆な社会構想を行っていくことが見田のめざしてきたことだ。分析と構想という社会学の二つの姿は、二〇〇六年に刊行された見田名義の著作『社会学入門』で統合されたかたちで完成を見るに至る。

1　明るさと深さをめざして：本章のねらい

一九九〇年代半ば以降、人文思想系の学問世界では社会学が大きな力を持つようになったといわれている。見田の社会学はこのような社会学がおかれた知的状況を先駆的に準備したものであるともいえるはずだ。見田の思想の展開を追っていくことは、日本の「戦後思想」なるものの変化の過程を見ることにもつながることだろう。

見田は、一九八五年から一九八六年にわたって朝日新聞の論壇時評を担当していたが、それを始めるにあたって、「伝統的な「論壇」の中心部分」として岩波書店発行の雑誌『世界』での大江健三郎の文章の「陰々滅々たる世界感覚のごときもの」について語っている（見田 1987：5）。大江の〝暗い〟文章は、たしかに戦争や原爆の死者たちという「過ぎ去った世代とのつながりはよく見えているが、次に来る世代とのつながりはよくみえていない」。見田は、「戦後左派」を象徴する雑誌である『世界』が「いつ、どのように変身するかということに興味をもってみていた」が「みているうちに十五年がたってしまった」と語り、また、その立場が良心的なものであることはたしかであるが、「良心的であることが良心的であることに居座って安住するかぎりそれはひとつの非良心である」と挑発的に論じている（見田 1987：7）。ここには見田が当時感じていた、自身と「戦後思想」との距離感が表明されている。

一九八五年末にこの時評の一年目の連載を総括するにあたり、見田は当時の日本の思想に関する見取り図について次のように述べている（見田 1987：139）。「保守思想」は〝暗く〟〝浅い〟、「戦後民主主義」的「左翼思想」は〝暗く〟〝深い〟。見田にとって「保守思想」はあまりに陳腐かつ重苦しいものとしてあり、取るに足らない。それに対して「戦後左翼」は真摯に思考を推し進めることをしてきたために深みを持つ。だが、結局のところ、その真摯さは重苦しさにつながるものであり、思想が持つ解放的な可能性を抑圧もする。「戦後知」なるものは〝暗さ〟に覆われたものとしてある。

このような「戦後思想」の両極に対して、見田が一定の共感を示すものが当時、流行のなかにあった「ポストモダン思想」だ。これまでの思想の重力に囚われることなく、新たな思想の可能性を切り開く「ポストモダニズム」の〝明るさ〟は見田にとって好ましいものであると思われた。だが、その共感の一方で、「ポストモダニズム」の軽快さはどこかで上滑りしてしまうものとしてあり、〝浅さ〟という欠点を持ってしまうものとしてもある。だからこそ見田は、〝明るさ〟とともに〝深さ〟を持ったいまだ〝あらざる〟ものとしての思想を模索していくという宣言を行っていく。

見田の思考は、思想がえてして陥りやすい「否定」というものをどのように回避するのか、ということを考えようとする傾向を持つ。「近代」を理想とし日本の封建的「伝統」を抜け出そうとする立場も、また、そのような理念としての「近代」の欺瞞性を指摘し「土着」や「民衆」の可能性を語ろうとする立場も、ある理想的立場に身をおき、「現在」を「批判」することにその核を持つ。そのような「批判」の重力から身を引き剥がしたはずの「ポストモダニズム」も、現実の「相対化」というかたちで結果的に「否定性」を身に帯びてしまう。どのようにそのような「否定性」の契機を抜け出し、「肯定」の思想という〝明るく〟、〝深い〟思想を語りえるのか、という問いこそが見田の社会学がめざす地点としてある。

見田は『気流の鳴る音』のなかで「翼を持つこと」と「根を持つこと」について語っている（真木 I: 146）。翼はわれわれが生きる現実を上空から見下ろすような軽快さを与えてくれるが、根はわれわれが生きる現実との深い関わりを与えてくれる。社会学にはこのような二つの種類の想像力が要求される。先に見た見田と真木の二つの名前の存在に象徴される社会学の二重性格もまた、このような見田の二つの方向性と関係づけて考えることができるだろう。この〝明るさ〟と〝深さ〟の双方の模索という宣言は、見田の思考の根本的な場所にある感覚を指し示してくれるものだ。

「戦後思想」をある時期まで規定する「政治思想史」的なものとは違った地平を持つものとして、社会学が描き出した「社会」の姿はある。それは、生々しい「現実的な政治」だけでなく、フィクショナルな「文化的なもの」を含んだものとしても存在する。「政治的なもの」を中心とする「社会思想」から、「文化的なもの」を中心とする「社会思想」へ、見田の「戦後思想」パラダイムからの乖離の感覚と、新たな思想を提示するツールとしての「社会学」的試みを見ていくことは、これまでと違った「戦後社会」や「戦後思想」に関するパースペクティブを描き出すためのきっかけにもなるはずだ。そのためにも、見田宗介の五〇年に及ぶ思想の展開を「戦後」との関連から追っていきたい。そこでは「戦後」や「戦後思想」といったものに強く影響を受けながらも、新たな思想を生み出そうとする見田の試行錯誤の旅路を見出すことができるだろう。

2　「戦後社会」との関係のなかで：「近代」との葛藤

「戦後」という可能性

一九六〇年代に書かれた見田の初期の仕事は、世を生きる人々の価値観や意識をていねいに読み解いていく「社会意識論」に属するものである。修士論文をもとにした著作『価値意識の理論』は見田自身の社会学的方法論をまとめた本であるが、そこでは問題の追究のために「必要な、あるいは可能な、あらゆる知識と方法が探索され、検討され、動員される、いわば「求心型」」の学問（見田 1966：1）という彼の立場が説明されている。

統計を用いるような数量的データは〝たしかだが、おもしろくない〟、インタビューデータなどを用いた質的データは〝おもしろいが、たしかさがない〟というそれぞれの長所と短所を持つが（見田 VIII：136）、見田はどちらの方法が優れているのかと問うのではなく、目的に応じて、様々な方法論を組み合わせながら研究を行っていくことを提案する。方法論を厳密化し、それを対象に外挿的に当てはめるのではなく、調査対象と問題関心にあわせて、それぞれが独自のかたちで調査や研究を行っていくことが見田の考える社会学的方法論の核心にあるのである。

このようなスタンスはこの時期の見田のユニークな研究に結びついている。一九六五年に出版された論文集『現代日本の精神構造』に代表される社会意識研究のなかで、見田は、たとえば、ベストセラー本や人生相談、色彩感覚などを分析しながら、そこから垣間見える人々の生きがいや不幸の意識を拾い集めていくことが行われている。メディア上に存在するそれらは「一見マンネリズムで紋切り型の表現」に覆われているように見えるかもしれないが、その「うしろに、どれほど切実な情感のひだや、どれほど重い願望あるいは絶望が仮託されているかということの、透視」（見田 IV：5）が行われなければならない。見田は、様々な対象に対して様々な方法を駆使しながら、日常を生きる人々の意識を丹念に拾い集めていく。

ここで見ておきたいのは、見田が、彼自身も属する戦後期に精神形成を行った「戦後世代」に可能性を見て取っていることだ。彼がまだ大学院生であった一九六四年に書かれた「日本人の人生観」という論考のなかでは、「戦中世代」の〝女々しさ〟や〝未練たらしさ〟、〝ニヒリズム〟に対して、[2]「戦後世代」の「正論」が持つ可能性が論じられている。見田にとって「戦後世代」という新たな世代は、まさに目の前でそのように生成するものとしてあった。

このような「戦後世代」に対して高い評価を与える一方で、見田は、この「戦後体験の可能性」が「未定」のものとしてあることも論じている。「ある世代の体験がその意味を十分に展開するには、幾年も幾十年もの年月を必要とする」（見田 1965：142）。つまり、世代体験には充電期と発電期というタイムラグがあるが、発電期が来る前に、その可能性は潰されてしまう可能性を持っている。「戦後状況の中で充電された世代体験」は「もっぱらテレビとか電気洗濯機の電源として使われているのが現状」だ（見田 1965：145）。見田は「戦後」という時代に可能性と危うさの両方を感じ取っていた。

その後、見田の「戦後」に対する見通しは両義的なものから悲観的なものに傾きを見せるようになる。六〇年代後半になると、ホワイトカラーエリートやテレビ番組といった、今でいうところの「消費社会」的なものへの着目が目立つようになる。[3]「戦後」はある程度の達成を迎えた。それは社会を〝明るい〟ものにした部分があるかもしれない。だが、そこに現れたものはむしろ〝白けた〟「シニシズム」の全域化であり、見田において「物象化」という問題関心が強くなっていく。「戦後」の明るさはシニシズムと紙一重のものとしてあり、「戦後社会」と見田のあいだの乖離は大きくなり始める。「戦後社会」は本当に〝明るい〟ものなのだろうか？　それは単なる「シニシズム」に行き着いてしまうものなのではないか？　見田は徐々に「戦後社会」との距離を感じるようになっていく。

真木悠介の「誕生」

このような「戦後社会」との乖離が広がり始めた時期である一九六九年に見田は「真木悠介」という筆名を誕生させる。真木悠介の誕生は明らかに当時の学生運動の影響を受けたものである。見田は学生運動の根幹的な部分に共感の意を示しながらも、他方でその破壊的な虚無主義には反発する。彼らの運動の原理には、「シニカルな不信」と「心情のラディカリズム」（真木 1971：30）が存在するがゆえに、むしろ、時代のなかのシニシズムと共振してしまう部分を持つ。だからこそ、「未来についての総体的なイメージを、明確かつ大胆に思い描くということ」（真木 1971：29）が必要であると考えた見田は、これまでと違ったかたちでみずからの思想を構築する必要を感じるようになる。

それまで、「社会学者」としての見田は、人々の「価値意識」を研究の対象に据えながらも、自身の価値態度の表明については〝さしあたり〟禁欲していた。それは分析のなかで時折現れていたものに過ぎない。だが、このような「禁欲」が、眼前の社会的な「シニシズム」と共振する可能性を感じ、むしろ、見田は積極的に「未来」に向けた価値定立を行うことの必要性を感じるようになった。だから、真木名義の最初の著書名にもあるように『人間解放の理論のために』、「真木悠介」という〝もう一人の〟新たな社会学者が生み出されるに至る。そこでは、サルトルの思想と対峙しながら、彼が強調するような互いが葛藤し合う他者関係という相剋の要素とは違った、互いが豊饒化し合うような相乗の要素を持った人間関係がマルクスとともに構想されている（見田 VII：131-142）[4]。〝明るさ〟をともなった人間関係を「未来」に向けて「理論的」に描き出すことがめざされるようになる。「理論」という虚構的空間は、まさにこのような構想に適したものとしてある。

見田は、真木という筆名を使って、積極的に、理論的思索を展開し、新たな人間社会のイメージを描き出すことをめざすようになった。シニシズムの罠にはまらないために、思想がめざすべきことは、まず、目標となりうる〝明るい〟未来イメージを積極的に語ることだ。

このように見田は、眼前の「戦後社会」とは別の場所に立った思想の構築を志すようになる。一九七〇年代初頭の論考で目に見えることは、水俣、オキナワ、永山則夫、松本清張の小説など、周縁に追いやられた場所や人への関心である（この時期の仕事は主に『青春 朱夏 白秋 玄冬』で確認することができる）。「戦後社会」に内在する存在よりも、周縁化された存在に見田の分析の対象は向かう。それは「戦後」の〝暗黒面〟に目を向けることでもある。

また、理論面においても、論文「価値空間と行動決定」で、「理性的」な判断が「価値」を定めることができず、不可避的に何者かを排除してしまうという構造をつくり出してしまうような「限界」を持ったものであることの描出が行われるようになる。見田の「戦後社会」、そして、さらに「近代社会」へのまなざしは強く批判性を帯びるようになる。「未来」の〝明るい〟イメージの描出は、同時に、「現在」の社会の表面的な明るさの背後にある〝暗いもの〟の存在をあぶり出すことにもなる。「真木悠介」という名前で人間社会の新たな可能性を模索するようになった見田にとって、むしろ、「近代社会」とは「矛盾」に覆い尽くされたものとして見えるものとなってしまった。

このような「近代社会」に対する批判的まなざしが頂点に達するのはおそらく一九七三年のことだ。この年には、見田の代表作として語られることも多い、連続射殺魔とも名指された永山則夫の生涯を「現代の非条理」として質的データ、量的データを駆使して描き出した「まなざしの地獄」および、現代社会の物象化の構造をマルクスの資本論の読解を通じて総体的に抉出する真木名義の「現代社会の存立構造」という二つの論考が発表される。「現代社会」の物象化のメカニズムを徹底的に理論的に描き出し、また、そこから排除される人間の姿をデータとともに描き出すという二層構造の仕事がこの時期に行われた。

「理性」中心的に編成された「近代社会」、そしてそのような「近代社会」を強く志向する「戦後日本社会」に対する批判的な感覚が見田の思想の中心となっていく。六〇年代初頭に見られた見田と戦後の蜜月的関係はこの時期にすでに見ることはできなくなっていた。

3　「旅」の時代：「近代」から遠く離れて

「理性」とは別のあり方をめざして

前節で見たように一九七三年は見田＝真木の仕事を代表する二つの論考が書かれた年であるが、さらにもう一本、真木名義で著名な論考が書かれた年でもある。論文「交響するコミューン」は、「理性」では描くことができない「感覚の解放」を描き出そうとする著作である。先の「近代社会」が持つ非条理を理論と実証の二層で描き出そうとする仕事に対して、「近代」とは異なった新たな世界イメージを描き出そうとする三層目の仕事の姿をここに見ることができる。いまだ存在しない「未来社会」の〝明るい〟イメージと、現存する社会の〝暗さ〟のギャップのなかに身をおくことになってしまった見田は、〝いまここ〟にありながらも、いまだ気づかれていない、世界の可能性を見出すことを行おうとし始める。

「未来」に輝かしさを見出すというのは、いまだ「近代」の範疇に属する認識枠組みであり、それは「現在」を「未来」に向けて道具化するまなざしを生み出したり、もしくは、「未来」の〝明るさ〟と比較して「現在」の〝暗さ〟を強調してしまうようなニヒリズムを生み出したりもする。「近代」を「否定」するという所作も、また、「近代」に取り込まれてしまう。それらは「進歩」というものを核に置いた「近代主義」と共振する考え方だ。だからこそ見田は、「理性」的思考とは異なるかたちで「感覚的世界」に開かれた思想を生み出そうとするようになる。それは感性の革命とでも呼ぶべきものであるだろう。おそらく、現在、多くの人々が見田に対して持つイメージはこの時期に生み出されたものなのではないだろうか。

これ以降、見田の仕事は「近代の外側」の世界に向けられたものとして存在することになる。コミューンへの関心やユートピアへの関心、そして、鶴見俊輔（⇓05）の影響により行われた七三年のインド行、七四年のメキシコ行などから、見田は「方法としての旅」（真木 Ⅳ: 163）という視点を得、そこから「旅行エッセイ」のかたちをとった思考を展開していくことになる。これまで硬質なものとしてあった見田の文体は、これ以降、やわらかなものへと変化していくことになる。

一九七六年の論文「気流の鳴る音」は、「近代」が生み出してきた「明晰さ」とは別のかたちで存在する〈明晰さ〉を求めて、独自の人類学的著作を書いたカルロス・カスタネダの思想を追っていくものであった。「近代的世界」に生きるわたしたちが無自覚に持ってしまっている自明性や常識を疑い、〝ちがった見方〟を獲得しようとする思索が、この時期の見田＝真木の著述の特徴としてある。日常的な「明晰さ」＝「賢さ」は時に、何かがわかっていると思い込んでいるがゆえに、むしろ目をくらませるものとしても存在している。「明晰」とは「ひとつの耽溺」であり、それとは異なったものとしての〈明晰〉は「ひとつの〈意思〉」としてあるようなものである（真木 Ⅰ: 85）。その果てに、透明で〝明るい〟世界との関わり方の可能性は存在している。そして、そのような見方をした場合、「近代」は「狂気としての近代」（真木 Ⅳ: 143）という姿で見えてくることもある。わたしたちが〝あたりまえのもの〟として感じられる世界は、絶えず焦らされ、争わされるように組み立てられたものでもあるのだ。「理性」にもとづき世界や自己を統制・制御しようとする「近代」という時代精神は、他者や自然を支配しようとする性格を強く持ったものだ。そのような「近代性」を自明のものと思い込んでしまった人間たちに、いかに別の可能性を提示できるか、このような問題を見田は中心的な問いとして考えるようになる。

「比較」という方法論

このように見田は〝ちがったかたちで〟「社会」を「見る」ための方法論をこの時期に模索していた。そして、そこから提唱されるものが「比較社会学」という方法論である。見田は単に異なった「社会」を並列して比べるという意味で「比較社会学」という言葉を使っているのではなく、「近代」とは別のかたちで世界を見据える方法を見出すために、「近代」とは異なる世界を素材として思考するという意味で、この言葉を使う。見田における比較社会学とは、「近代社会」を他の世界観を持った文化によって包囲しながら、その特権性を解除する試みとしてあった。様々な世界を「旅」することは、わたしたちの凝り固まった常識や自明性を解きほぐしてくれる。そのような「旅」にもとづいた解きほぐしの感覚を、見田は学問的な方法論として取り入れようとする。(5)

このような「比較社会学」的試みの完成形態が一九八一年刊行の真木悠介名義での『時間の比較社会学』であるだろう。見田は無限直線のように考えられている「近代的時間意識」に対して、原始共同体の反復的な時間意識、ヘレニズム的な円環的時間意識、ヘブライズム的な始まりと終わりがある線分的な時間意識の存在を挙げ、その感覚を比較していく。ここでめざされているのは、いつか死んでしまう人間の生は無意味なものであるという近代人が持ってしまいやすいニヒリズムの超克である。見田は近代的時間とは別の時間感覚の存在を示しながら、人間の〝別のあり方〟を探し求めていく。

このようなニヒリズムの感覚は、近代の時間意識のなかで構成されたものであり、孤立した「近代的自我」の成立とも絡んだかたちで生まれ出たものである。だからこそ、エゴイズムという問題もまた問いの対象とならなければならない。そこで、八〇年代において、見田は、宮沢賢治や石牟礼道子（⇩08）といった文学者たちとその作品を語りながら、文学的表現がうつしとるような「社会の深層」への関心を深めていくことになる。

文学者たちの言葉は単に「言語」というレベルに属するだけでなく、その裏側には常に「身体」に対する問いも含まれている。「近代的自我」とは別の人間のあり方が、文学を素材に論じられることになるのがこの時期だ。このような見田の「身体」に対する問題関心は、野口整体や鳥山敏子の「賢治の学校」といった実践活動との交流を生み出しもした。〝わたし〟という存在が周囲から孤立した自律的な存在であるという感覚を生み出す「近代」的人間観は、〝わたし〟という存在を特権化した「エゴイズム」という行動原理を生み出すものである。

このエゴイズムという問題関心は真木名義による『自我の起源―愛とエゴイズムの動物社会学』において、分子生物学の知見によって、遺伝子という視座からその意味が問い返されることになる。見田の比較対照は、近代vs非近代という軸を超えて、人間vs非人間的世界というレベルからの相対化まで行き着くことになる。

見田は、人々が生きる社会という場の可能性を探るために、「近代」、そして眼前の「戦後日本社会」から遠く離れた場所で思索を行った。見田＝真木は自身の行っている学問を「社会学」と呼んでいたが、それは通常の意味での「社会学」ではなく、「近代」とは異なった場所でみずからの思索活動を行うことで、その拡張をめざしていたということもできるだろう。制度的な社会学から大きくかけ離れた場所に見田＝真木の「社会学」は七〇年代後半以降、向かうことになる。見田は自身を「近代」とは別の場所におくと同時に、「社会学」という学問をも「近代」とは別の場所におくということを行っていた。それは「近代」という「自明」な空間を相対化するための「旅」であった。

4　〈自由〉な社会をめざして：「現代」への回帰

一九九〇年代に入ると見田は『岩波講座　現代社会学』の編集や『社会学事典』の編纂に代表されるように、〝アカデミックな〟意味での「社会学」への帰還を始めるようになる。そして、この時期以降、見田は「現代社会」への言及を多くするようになるし、また「真木悠介」名義の論考もほぼ書かれなくもなる。「近代社会」を「現代社会」と言い換えながら、見田は再び、目の前にある「日本社会」を考察の主軸に据えることとなる。

このような見田のスタンスの変化が顕著に見られるようになるのは一九九六年の『現代社会の理論』であるだろう。この本のなかでは「現代社会」の陰の部分が語られると同時に、光の部分も論じられることになる。たしかに「消費社会」は多くの負荷を自然環境に与えてきたものであり、その暗黒面はあまりに大きなものがある。そして、南北問題に象徴されるようにあまりに大きな負担をその「外部」の世界にも課してきた。だが、見田は「消費社会」のなかにある別の可能性にも目を向ける。「消費社会」とは「情報社会」でもあり、もし、「情報」から「価値」が生まれうるのだとしたら、自然負荷を減らすことができるかもしれない。多くの場合、批判的に論及される「記号消費」であるが、「記号」や「情報」に人が〝楽しさ〟を見出すこと、そこには人間に新たな〈自由〉をもたらす可能性がある。むしろ、見田はそこに目を向け、そこに賭けることを通じて、「現代社会」の〈自由〉への可能性に積極的にコミットしようとする。「現代社会」のなかにも、まだ展開されていない様々な可能性は眠っているはずだ。

ここにあるのは、一見、七〇年代以降の見田＝真木に強く見られる「反近代」的な思想とはまったく異なる思想的態度である。だが、真木は「気流の鳴る音」の時点においても、すでに以下のように語っていた。

> 反近代主義者たちのように近代を否定するためにではなく、〈近代〉をもまた来るべき世界のための一つの素材として相対化し、あらたな生命をふきこんで賦活することのためにも、こんにちのこの作業は必要なのだ。（真木 I: 10）

見田は素朴な「反近代主義者」としてあったわけではない。むしろ、「近代」を相対化することを通じて、違った可能性を模索しつつも、同時に「近代」が持つ潜在的可能性をも再探査しようとしていたのだ。そもそも、「旅」

が可能になること自体、それもまた「近代」の技術的、物質的な豊かさが可能にしたものである。「近代」が自明にならなければ、そのように自由な旅などできない。「近代」のみが特権的に語られてしまうことが覆い隠してしまうものを見田は掘り起こそうとしていた。このように見田は決して、「近代」を根本的に拒絶していたわけではない。ただ、それでも、やはりその語り口には無視しえない違いは存在している。この態度変更はどのようなかたちで生み出されたものなのだろうか。

一九八六年に出版された思想家・小阪修平との対談のなかで、見田は、南の島で、目の前の海の魚よりも、アメリカから輸入された魚の缶詰に魅了される現地の人々に対する、ある種の失望の感覚について語っている（見田 II: 110）。そして、また同時に、都会の人々の服装がダボッとしたゆるやかなものに変化していることの可能性について語っている（見田 II: 106）。「自然」に近い場所に生きる、「近代」にこれから入ろうとする人々は「自然」を遠ざけようとし、一見「自然」から遠く離れてしまったかに思える、「近代」が進んだ果てを生きる人々の生活は、むしろ「自然」との再接近を試みようとする。「近代」と「自然」との関係は奇妙なかたちで反転したものとして現れている。だからこそ、見田はそこで「近代は通過しないとだめですね」と語る。「近代」に飽き足らなくなった人々は、再度、「自然」の魅力を再発見する。そのような「近代」の果てにある感覚を見田は肯定しようとした（見田 II: 110）。

ここにあるのは、「近代」がすでに〝通過されつつある〟という感覚である。「近代」を相対化しなければならないという使命感の如きものは、実際のところ、「近代」がいまだ絶対的なものであり、自明的なものであるという感覚に貫かれているがゆえに生じるものだ。「近代は特権的なものではない」といわなければならないということは、同時に、「近代」は特権的な力を持って感覚されているということを意味している。七〇年代においては、見田においても、おそらく、そのような感触は共有されており、だからこそ、「近代の相対化」というプロジェクトは進行していた。そして、そのプロジェクトの果てに現れたのは、真に相対化された「近代」の姿である。「近代」はもはや、その特権性が批判されるようなものではなく、ある一つの時代として存在していたものとして捉えられるに至る。

このような「認識」は、見田の思索がそこに至るまで深まったために生じた認識であるともいえるかもしれないが、同時に、「日本の戦後」という空間において、「近代」それ自体が成熟を迎え、また、それゆえに通過されつつあるためだともいえるだろう。見田はそのように考え、「近代」という一つの時代が徐々に終わりつつあるという認識に立っている。「現代」とは「近代」がそのかたちを変えようとする過程のなかにある時代であると見田は想定している。だから、「近代」の次にどのような世界が可能であるかが、単なる思考実験を超えたかたちで考察されなければならない。

このような感覚が強く打ち出された書籍が二〇〇六年刊行の『社会学入門』である。そこではすでに「近代」が終わろうとしているという認識が示され、その〝終わり方〟が「人類」の行く末を決めるのではないかということが語られている。「成長」というものは「社会」に常に備わった前提状況としてあるものと思われているかもしれないが、それは〝たかだか〟数百年の歴史しか持たない。「人類史」という視点から見れば、そのように考えることができる。「近代」が生み出したものをどのように利用し、また、どのようにかたちを変えるかが、人類という種の未来に強く関わる問いであると見田は考えた。無理に出来もしない「成長」に拘泥することは、人類の未来を急激に収束させる方向に追いやってしまうだろう。「成長」とは別の自由や幸福が模索されなければ、人類に未来はない。

見田は、生物種の個体数が爆発的な成長期の後に安定的な局面に入るというS字曲線、「ロジスティック曲線」の比喩を用いて、この「人類史」のビジョンを語っている（見田 VII：14）。成長期の後、定常的な安定を獲得した生物種はこのロジスティック曲線を描くが、それに失敗した生物種はリバウンド的に急激な減少状態に突入してしまう。「成長」の幻想にすがりつくことは、この後者に向かう選択肢であると見田は考えている。

近年、見田は「三代目の社会」というコンセプトを用いて、この定常状態を実現する方向性に関するみずからの考えを説明している。「売家と唐様で書く三代目」という川柳をもととした話だ（見田・大澤 2012：11-13）。商売を始めた一代目は勤勉に働き、商売を成功させ店を開く。その苦労を知っている二代目はそれを見習い勤勉に働き続け、それを軌道に乗せる。だが、三代目は一代目の苦労を知らず、豊かさをあたりまえのものと考えてしまっているので、文化や趣味に身を費やして散財し、一代目が苦労して手に入れた家屋敷を売りに出す羽目になる。そして、芸事に長けた三代目が書く「売家」という文字はとても格調高い文字で書かれている。多くの場合、これは三代目のダメさを描いた笑い話として語られることになる。だが、見田は、その意味を再度考えなおす必要があると語る。「文化」に長けていること、なぜ、これが笑い話になるのか？　それはむしろ素晴らしいことなのではないか？これは「情報」が価値を生み出しうるという『現代社会の理論』と重なる話である。

ゆたかさや努力を経済的な視点からのみ一元的に評価してしまうのは「近代」的な視座に立つからである。むしろ、これを笑い話にしないこと、笑い話にしない方向を社会のなかに見出していくこと、それを見出すことが、人類の未来に結びつく問いであると現在の見田は考えている。「近代」はゆたかさを生み出してくれた。ならば、それを素材にして、いかにして、次の未来を構想していくのか、「成長」とは別の可能性を見つけていくのか、それが見田の思想が到達した問いである。そこでは「文化」というものの可能性が強く語られることになる。ゆたかさの意味を書き換えていくことで、人間は新たな自由と幸福を見出すことができるようになるかもしれない。「文化」は、他者や環境を抑圧しないかたちで、人間に幸福をもたらすものとしてある。

おわりに

これが見田宗介が様々な思想的転回を経由しながら到達した現在の思想であり、めざされた〝明るく〟〝深い〟とされる思想の内実である。ここまで見てきた見田の思想の諸展開は〝すばやく〟時代を先取りするようなものというより、どちらかといえば、時代状況や先行する他の論者を〝後追い〟のようなかたちで受け取り、それを熟成させるようなかたちであることが多い。それは〝遅く〟、また〝ミーハー的〟であるということもできるだろう。だが、社会学という学問自体が「社会」に対する受け身的な存在であり、それを受け止め深く考えることで、「社会」に対して新たな学問を提示するようなものとしてある。見田のある種の「遅さ」と「熟成」という方法論は、「社会学」という学問の態度を体現したものであり、それが〝明るさ〟と〝深さ〟という位相を彼の思想に加えるものとして機能してもいるはずだ。

見田は、「戦後」の「社会」のなかで、人間がどのようにすれば、より〈自由〉に、より幸福に生きることが可能かということを考えてきた。彼はみずからの思想を駆動する「原問題」を、「人間はどう生きたらいいか、ほんとうに楽しく充実した生涯をすごすにはどうしたらいいか」という単純な問いであると『社会学入門』のなかで説明している（見田 VIII：7）。それは、最初期の著作『価値意識の理論』のなかで、「人間の〈幸福〉や〈善〉や社会の〈理想像〉などに関する生々しい問題意識は、年々幾百かの夢多き青年たちを社会学や心理学の研究に駆りたてながら、やがて……幼き日の「子供じみた問題意識」としてさげすみの眼をもってふり返られる」（見田 VIII：53）と語ったときから一貫して存在している問題関心であるといってよい。ニヒリズムやシニシズムに陥ってしまいやすい〝真面目な〟思想的営為のなかで、それを乗り越えることが可能なような肯定性に満ちた思想を構築することが彼のめざすところであった。「思想」は人を幸福にするためにある、このようなあたりまえのスタンスを維持し、その実現の方向性を現実の社会のなかに探ることが彼にとっての「思想」であり、また、「社会学」という学問の内実であった。

現在の見田の思想は、「文化」というものの持つ可能性を手に、「人類史」の観点から、「近代」の位置づけを問いなおすものとしてある。これはあまりに壮大で、また、楽観的で理想的な思想であると思われるかもしれない。だが、このような思想が「戦後日本社会」というものを基盤として生まれてきたことの意味は考えてみるべきであることだろう。一見、「戦後思想」から遠く離れたこのような思想は、むしろ、「平和」で「豊か」で「幸福」で〝あった〟日本の「戦後社会」を養分として育ってきたものであるといえるだろう。そして、その「戦後」という時代が生み出した「理想」や「夢」、「フィクション」といったものの〝ゆたかな〟部分を継承し、また、新たなかたちへと転回させていくことが見田が現在、行おうとしていることである。

「戦後思想」の継承および転回のある一つの姿として見田宗介という思想家の持つ位置、もしくは社会学という学問の位置は捉えられるべきものとしてある。シニカルな「否定」を行うことから、幸福に向けられた「肯定」へと舵を切ること、時に「経験」を抑圧してしまいがちな「思考」というものを、そのような営為へと書き換え、深い根を持った〈自由〉へと人々を導きうる道を見つけ出していくことが、見田が「戦後思想」を転回させようとした方向としてある。

注

（1）　本章における引用は基本的に、『定本　著作集』に収録されている場合はそこから行うこととし、その際は、巻数とページ数を記すというかたちにしておく。著作集に収録されていない場合は、著書の発行年とページ数を記しておく。

（2）　たとえば、それは戦死者との関係において、「ぼくらはごめんだ！」というドイツに対して、「きけわだつみのこえ」とする日本的な語り口と結びつけられて語られもする（見田 X：65）。

（3）そこには「サラリアート」や「グレーカラー」という言葉なども見られる（見田 V：114）。

（4）真木悠介名義の初期二冊『人間の解放の理論のために』と『現代社会の存立構造』は、『定本 真木悠介著作集』からは外されている。そのうち、紹介部を含む論文「コミューンと最適社会」のみは『定本 見田宗介著作集Ⅶ』のほうに収録されている。

（5）ただし、その旅の対象として語られるのは主にインドや南アメリカであり、アジア地域がないことに、見田の「戦後思想」的な背景の薄さ、つまり、「戦争責任」問題の薄さを見て取ることも可能であるだろう。

【片上平二郎】

12 柄谷行人――社会主義的ユートピアに向けて

からたに・こうじん（一九四一年- ）文芸評論家。著作に『マルクスその可能性の中心』『内省と遡行』『トランスクリティーク』など。

はじめに

ひとりの思想家としてみたとき、柄谷行人は不思議な立ち位置にいるように思われる。たとえば、丸山眞男（⇒01）や吉本隆明（⇒07）といった戦後思想家たちには、彼ら固有の戦争体験や戦後体験があって、それを語ることの意義もあるだろう。その一方で、柄谷の著作物は、そのような個人史的な読みを拒絶する何かがあるように思われてならない。おそらく丸山や吉本、あるいは竹内好（⇒04）が思想家であるのとおなじように柄谷行人が思想家であるということはできない。このような違いは個人的な資質とは関係がないものと思われる。ひとことでいえば柄谷行人の思想は徹底的に脱人格化されている。ではこうした現象はどこからくるというのか。しかしその前に、まずは思想家としての柄谷行人のキャリアを確認しておこう。

① 文芸評論家として活動する以前のキャリア。一九六六年に「思想はいかに可能か」が東大五月祭賞の佳作として『東大新聞』に掲載されることからはじまる。他に「新しい哲学」（一九六七年）、「『アレクサンドリア・カルテット』の弁証法」（一九六七年）が発表された。

② 文芸評論家としての活動が開始される。一九六九年に「〈意識〉と〈自然〉—漱石試論」によって、文芸誌『群像』が主催する新人文学賞を受賞する。以後、オーソドックスな作家論を文芸誌などに発表するようになる。また小田切秀雄に対して「内向の世代」を擁護する論陣を張るなど、論争的な活動もしている。一九七三年には「マクベス論」が発表される。連合赤軍事件をモチーフとして書かれたものとして後に知られる。こうした活動から『畏怖する人間』（一九七二年）、『意味という病』（一九七五年）といった評論集が刊行される。

③ 文芸評論家の活動と平行して、哲学・思想的な活動がはじまる。一九七四年に『群像』にて「マルクスその可能性の中心」の連載が開始される。これを手始めとして、きわめて抽象度の高い哲学的な著作を発表するようになる。一九八三年に『隠喩としての建築』が、一九八五年には『内省と遡行』が刊行される。いわゆる「形式化」をめぐっての著作である。また『日本近代文学の起源』（一九八〇年）によって、いわゆる構築主義的な観点を文芸評論に導入することに成功する。やがて「形式化」の作業は破棄されて、一九八四年に「探求」の連載がはじまる。これらの哲学的作業によって、柄谷は「現代思想」のスターのひとりとして登録されることとなる。

④ 文芸評論家、思想家としての活動にくわえて、批評誌の編集人としての活動も開始される。一九八八年に『季刊思潮』が創刊され、それを引き継ぐように、一九九一年には『批評空間』が創刊される。時期的には冷戦が終結する過程と重なっている。一九九一年には湾岸戦争に反対する活動を展開している。『批評空間』での活動にウェイトがおかれ、時代の動きに応じるタイプの評論を執筆するようになる。思想面においては、カントの批判哲学に接近する。

⑤　二〇〇一年に、これまでの哲学・思想的な活動の集大成として『トランスクリティーク―カントとマルクス』が刊行される。それと前後して「ＮＡＭ」すなわちNew Associationist Movementをたちあげて、国家と資本への対抗運動を試みている。二〇〇六年には『世界共和国へ』が、二〇一〇年には『世界史の構造』が刊行される。これ以降、歴史に接近する。また反原発運動などの活動にも力を入れはじめる。この時期以降の柄谷は、文芸評論家というよりは、資本主義と国家に対抗するビジョンを模索しつづける、きわめて活動的な思想家というニュアンスが強くなる。

このようなキャリアの区分は、時代的な区分と対応している。②から③へと移行する時期では、専門家集団としての「文壇」が変化をむかえた時期でもあった。一九七六年に村上龍の『限りなく透明に近いブルー』が群像新人文学賞を受賞し、その勢いで芥川賞も獲得する。そのスキャンダラスな物語内容ともあいまって、同作は社会現象となった。小説における「ブロックバスター」の登場である。(1) こうした現象を契機に、文芸作品の生産は、専門家によるギルド的集団から「スターシステム」とでも呼ぶべき状況へと移行することになる。おなじことが文学以外の言論の場でもおきていた。たとえば一九八〇年代の日本における社会現象である「ニューアカデミズム」は、こうした文学場の変様の延長線上にあるといえる。その実態は出版アカデミズムとでも呼ぶべきものであり、そこでは哲学や思想が「商品」として強く意識されるようになる。

思想家としての柄谷行人は、こうした状況の影響を受けている。ポストモダニズムとは、一面では書物のグローバル化であり、そこではフランスの構造主義以降の哲学が「商品」として流入するようになった。(2) このことによって現代思想は、ギルド的な専門家集団が持つ閉鎖性から開放されることとなる。おそらく戦後思想家としての柄谷行人が画期的なのは、こうした書物のグローバル化に直面しつつも、みずからをも「商品」として意識せざるをえない状況に立たされたことにあると考えられる。

こうしたなか、一九九一年にソビエト連邦が消滅し、東西冷戦が終焉をむかえる。それと共鳴するように、同年にアメリカ主導の「多国籍軍」によるイラクへの攻撃がはじまり、第一次湾岸戦争が開始される。ポスト冷戦における日本の政治的立ち位置もあらためて問われることとなった。柄谷は、他の文学関係者とともに湾岸戦争に反対の意を表明する。また浅田彰とともに『批評空間』を運営するようになる。そして誌面での共同討議などを通じて、歴史のダイナミズムに応ずる見解を積極的に発信するようになる。

このようにみていくと、思想家としての柄谷行人を論じる者にとって、注目すべき点は、③の「形式化」から「探求」に至るまでの時期と、⑤の『トランスクリティーク』出版から現在に至るまでの時期の差異であろう。④はいわば過渡期ということになる。『トランスクリティーク』以降の柄谷行人は、おもに文明論を中心とした世界史の再検討という課題にとりくんでいる。このような作業は③の時期には考えられなかったことである。ではこれは、いったいどのようなタイプの言語行為なのであろうか。

1　自由の存在論的ポジション

近年の柄谷が好んで引用するエピソードのなかに、古代ギリシャのキュニコス学派のエピソードがある。ディオゲネスが「お前はどこの市民なんだ」と問われた際に「私は世界市民だ」と応じたという逸話である。修辞的な観点からみれば、これはアイロニカルな表現である。ディオゲネスは外国人であり、また人々から「犬」呼ばわりされていた。アテネという場所の隙間に生息していたのである。

ディオゲネスによるこうした発言は、『探求Ⅱ』などでよく言及されている「単独性」という概念を思いおこさせる。「個別性」から「一般性」に移行するためには、媒介や運動が必要となるが、「単独性」はそれ自身で「普遍性」を体現する。ドゥルーズ『差異と反復』におけるこうした見解と、「普遍性」を「一般性」から峻別するカントとを、柄谷はむすびつけている。ディオゲネスは、人間 - 犬という、人間の例外を体現しているがゆえに、それ自身が普遍性と直結しているのだ。すなわち、一見するとアイロニーのようにみえるディオゲネスの逸話では、「市民＝一般性」と「世界市民＝普遍性」という二項対立が含意されているのである。

しかしながら、ここでは修辞的な観点からこの逸話を観察してみよう。アイロニーとは、ある表現がはからずも別の意味を持ってしまうという状況を指す。たとえば「君は賢いよ」という表現が攻撃的にみえてしまうのは、「賢いよ」という断言そのものが「賢い／愚か」という選択肢を含意しているからである。さきの表現は、この二項対立が圧縮された状態で相手にとどく。つまり「君は賢いよ」という表現が伝えてしまうのは、「君は（愚かな割に）賢いよ」という二重化されたメッセージなのである。「私は世界市民だ」というメッセージからも、同様の二重性を読み取ることができる。一方では市民という概念が必然的に持っている普遍性である――市民という概念の定義上、市民は即時的に「世界市民」でなくてはならないのだ。他方では、こうした市民概念に対する攻撃性を読み取ることができる。すなわち、「世界市民」という言葉で強調されるのは、アイロニカルにも人間＝市民の身体が原理的に持っている「みすぼらしさ」なのである。

こうしたアイロニーとは別種のものが『トランスクリティーク』のなかで目にすることができる。カントは『実践理性批判』のなかで、道徳的な義務、すなわち問答無用の「定言命法」にしたがうことが自由を構成するものであると述べている。一見するとこれは矛盾した主張であるかのようにみえるだろう。しかしそれは、この命令を共同体が課すノルマだと考えるからである。カントが考える自由は、こうしたノルマから構成されるのではない。それはいったいどのような命令なのか。

このような命令に積極的な内容をあたえることはできない。嘘をついてはならない。他者に施しをせよ。こうした命令から自由を導きだすことはできないのだ。ただ「自由であれ」という命令にしたがうことが自由の条件なのだと柄谷は主張する。まるで冗談のような話である。

自由であれ、という命令にしたがうことによってのみ、自由は可能となる。これは具体的な内容を欠いた、空虚なトートロジーである。しかしながら、こうした意味の欠如のみが自由という観念にとって構成的にはたらく。積極的な内容を欠いた空虚な形式――ここからカント倫理学の形式主義、あるいはシニシズムを批判する動きを想定することもできるだろう。ここで求められるのは、こうした修辞的な問題と、カントがいう「可想的なもの」としての自由とが、どのような関係にあるのかを見極めることである。

確認しよう。カントは理性をむやみに使用してはならないことを証明するために、四つからなるアンチノミーをもちいた（Kant 1781＝2005）。世界は有限なのか／無限なのか、世界は原子のように単純な存在者に分割できるのか／できないのか、自由は存在するのか／しないのか、神のような絶対的に必然的な存在者はいるのか／いないのか、これらの一見すると相反する主張のいずれもが正しいことを証明してしまうのが、理性のアンチノミーである。ちなみに第一、第二アンチノミーはカントによって数学的アンチノミーと名づけられ、第三、第四アンチノミーは力学的アンチノミーと名づけられている。

アンチノミーでいわれている理性とは、いわば推論の規則のことである。推論によって、人間は自分の経験を超えた世界を――たとえば発掘された化石から恐竜時代を仮定するというように――知ることができる。一方でこうした理性を構成的に使用すると、つまり推論ではなく、あたかも直接あたえられた対象であるかのように使用すると、論理的な破綻が生じることになる。このことをカントは経験によらずに、推論のみで証明しようとした。すなわち「テーゼ」と「アンチテーゼ」の両方を仮定したうえで、そのいずれもが正しいことを証明するのである。これが純粋理性のアンチノミーである。

そのなかで第三アンチノミーは、自由という概念をめぐって構成されている。テーゼは「自然の法則にもとづく因果関係のほかに自由にもとづく因果関係も存在する」というものである。つまり、自由は存在するという主張である。一方でアンチテーゼは、「自由にもとづく原因は存在せず、すべては自然の法則によって決定される」というものだ。そこでは自由は存在しないことになる。数学的アンチノミー、すなわち第一、第二アンチノミーに関しては、テーゼ、アンチテーゼの双方ともにまやかしであるとして退けられた。対して力学的アンチノミーと呼ばれる第三、第四アンチノミーにおいては、テーゼ、アンチテーゼ、ともに成立しうるとカントは述べている。

その理由はこうである。もし原因と結果の連鎖が「物自体」であるならば、そこに自由による原因が入り込む余地はない。しかし、その因果性はたんなる「現象」であって、物自体ではない。したがって、その現象の外部に、「可想的」な原因を考えることができる。その可想的な原因について、カントは「自由とみなされうる」と述べている（Kant 1787: 565＝2005: 344）。おなじように人間それ自身の一部もまた、可想的なものであるとカントは述べている。なぜなら、それは「人間がとうてい感官の印象に数え入れることのできない諸行為や内的な諸規定においておのれ自身を認識する」からである（Kant 1787: 574＝2005: 354）。いうなれば、自然法則に支配されている現象の世界の外にある「バッファ」を、ここでは自由とみなすことができる。このバッファをカントは「可想的」と名づけているのである。

この可想的なものを、たんなる「無」と同一視してしまってはならない。それはフロイトにおける無意識と同様、存在するのでもなければ、存在しないのでもない、潜在的な領域の名称そのものなのである。にもかかわらず、可想的なものは、現象の領域から眺めると、たんなる因果関係の切断としてのみ存在するようにみえる。定言命法は、その切断が具現化された姿である。定言命法にとって、他人に施すことによって人が快楽を得ようが得まいが関係のないことである。こうした否定性が純化された形象が、柄谷のいう「自由であれ」という命令だということになる。

ここまで考えてみるとわかると思うが、カントの倫理学におけるこうした形式主義は、シニシズムと隣接している。シニシズムとは、あらゆる積極的な価値に対して、冷笑で応じるという態度である。シニシズムの語源となったのは、じつはディオゲネスのキュニコス学派である。ディオゲネスによる身体をはった過激な批判というのは、つねにシニシズムへと転移する可能性を持っている。スローターダイクは、それをキュニコス学派的な批判＝暴露に向けての、権力からの応答であると定義づけている（Sloterdijk 1983＝1996）。

そうなるとここで重要となってくるのは、カントのいう可想的なものと定言命法とのちがいであろう。たとえば仮言命法においては、何かの条件が前提として求められる。健康を害したくなければタバコを吸うべきでない、というようなものである。このような条件つきの命法は、したがって相対的な価値のみを持つことになる。定言命法からはそのような条件が排除されている。人が幸福になると自分も幸せになるという発想は、カントによれば道徳的な態度と無縁なものである。したがって定言命法は、それを聞く者のコンディションに無関心であることを要請する。それは人間という存在においては、何か恣意的な記号のようなものとして働くことになる。たとえば「無」という語を考えてみよう。この語が意味を持つものとして成立するためには、記号と意味との関係は恣意的でなくてはならない。条件と命令との関係が恣意的であるがゆえに、定言命法はそれ自身が「無」の象徴なのである。一方で「可想的」なものは、現象としてみるとそのような恣意的存在と区別がつかないだろう。にもかかわらず、それは潜在的なものとして存在するのである。柄谷はカント的な「物自体」の本質をその「他者性」においているが、それは物自体というよりも、物自体もふくめた「可想的なもの」の本質だと考えたほうが適正であろう。それは想像的なもの、潜在的なもの、実践的なものからなるハイブリッドな領域なのである。ではその内実はどのようなものなのか。

2　構築主義と形式化の諸問題

ここで思想史的な観点から柄谷の思考のあり方を考えてみよう。絓秀実は、『日本近代文学の起源』の刊行を「労農派」による文学史観の登場として位置づけている（絓 2014）。

ここで労農派が何なのか確認しよう。明治維新に端を発する日本資本主義の発展をどのように評価するのかについての論争が、一九二〇年代から一九三〇年代にかけて展開されていた。かの有名な日本資本主義論争である。講座派は、日本がいまだブルジョア革命が遂行されておらず、十分に市民社会化されていないという認識に立っていた。日本は、半ば封建的であるような、いわば準近代国家であり、まともな国家になるには、まずはブルジョア革命をおこさなくてはならないと考えていた。それに対して労農派は、日本は資本主義を導入した時点で、すでに否応なく市民社会に突入してしまっていると認識していた。

講座派の文学史観の典型として、絓は「私小説論」を書いた小林秀雄を挙げている。フランスの自然主義文学が成功したのは、社会化した「私」というものが、すでに十分に形成されていたからである。一方で日本では、そのような文学的背景が欠けている。日本において社会というものがはじめてリアリティを持つようになったのは、マルクス主義が導入されることによってである。こうした文学史観は、たしかに講座派のものであろう。そこで、市民社会化されている西欧という認識そのものが疑われることはなかった。

こうした文学史観は、吉本隆明のような「居直り」もふくめて、近代の文芸評論を支配してきた。それに切断をもたらしたのが『日本近代文学の起源』だったのである。他の野心的な著作をおしのけて、『日本近代文学の起源』

がいまなお圧倒的な影響力を持っているのは、ひとえにこの切断の力によるものであると絓は解析している。

このような切断が可能となったのには、『日本近代文学の起源』が構築主義的な世界観を採用したからだと考えられる。確認するが、構築主義とは、人間にとって自明なものだとされている現実的対象が、じつは政治的な効果として構築されたものにすぎないのではないか、という観点から物事を解釈していく方法のことである。ナショナリズムやジェンダー、あるいは科学史などを論じるにあたって、いまなお絶大な影響をあたえつづけている。その哲学史的起源は、物自体と現象を区別したカントの批判哲学、もしくはデカルトの「方法的懐疑」に求めることができよう。

『近代日本文学の起源』にみられる構築主義的な文学観は、たとえば次のような文章に要約することができる。

> 近代文学の起源に関して、一方では、内面性や自我という観点から、他方では、対象の写実という観点から論じられている。しかし、これらは別々のものではない。重要なのは、このような主観や客観が歴史的に出現したということ、いいかえれば、それらの基底に新たな「象徴形式」(カッシーラー)が存在するということである。そして、それは確立されるやいなやその起源が忘却されてしまうような装置である。(柄谷 1980→2008)

このような観点から、柄谷はまず「風景の発見」について批評する。風景とははじめからあるものではなく、ある種の遠近法によって成立するものである。それは自己の外部を見ない、むしろ外部に無関心な「内的な人間」によって見出される。そのような人間を描いた典型として、国木田独歩の「忘れえぬ人」が挙げられている。自分以外の人間を風景として見るということは、むしろ関心を排除した視点から見ることを意味する。群衆という観念が成立するのは、こうした遠近法的な倒錯の効果による。おなじく「内面」という領域が発見されるのは、言文一致からである。

という政治的かつ美学的な運動による。文学とは人間の内面を描くことを目的とする。こうした見解を、構築主義的な観点を導入することによって柄谷は転倒する。この転倒によって「文学と政治」といった、伝統的な問題系も、いわば偽の問題として無効化されていく。なぜならば、ここでは文学そのものが政治の効果として書き換えられるからである。

このような観点の導入によって、これまで自明のものとされていた対象が、あらためて思考の対象として定められる。いやむしろ、それは思考というよりも「演算」の対象といったほうが正確であろう。『日本近代文学の起源』の出版と前後して、柄谷は「形式化の諸問題」にとりくむようになる。すなわち『マルクスその可能性の中心』『隠喩としての建築』『内省と遡行』といった本にまとめられた仕事である。そこで展開されていたのは、オリジナリティにみちた、あるいは人間的な思想などではなく、徹底して匿名的な演算である。構築主義的な観点は、その反作用として柄谷を「形式化」へと向かわせたのである。

このような演算に対応しているイメージとして、『隠喩としての建築』『内省と遡行』では数学もしくは建築がとりあげられている。『内省と遡行』に収録されている「言語・数・貨幣」では、ラッセル、ヒルベルトなどによって遂行されてきた数学基礎論のプロジェクトが参照されている（柄谷 1985→1988）。この基礎づけのプロジェクトは、クルト・ゲーデルによる「不完全性定理」によって、基礎そのものを成立させようとすると論理的に「真」とも「偽」とも判定のつかない決定不可能な定理が見出されてしまうことが証明される、というものである。「証明は複雑だが、要するに、彼は「形式主義」を外から解体したのではなく、それ自身の内部に「決定不可能性」を見出すことによって、その基礎の不在を証明したのである」（柄谷 1985→1988：46）。このようなゲーデル的な手法は、哲学においてはジャック・デリダによる脱構築と親和性がある——実際デリダは、初期の論文でゲーデルにも言及している（Derrida 1967＝2013）。

くりかえすが、このような所作でみられるのは、オリジナリティが問題になるような「思想」とは別の何かである。当時の柄谷が何度も主張していたのは、むしろそのような思想がもはや不可能であるような「人間の条件」についてである。

コンピュータ、すなわち膨大に現実化された〝形式化〟は、われわれが形而上学的・古典主義的にしがみついてきたさまざまな区別を現実的に一掃してしまった。これはまったくの不意打ちである。もちろん一掃されたことに気づかぬ連中もいるし、またまだそれが理論的問題であるかのように考えることで却って従来の思考を蘇生させつづけている連中もいる。たぶん彼らはいずれ今の小学生たちに笑われるだろう。逃げ道はまったくないのだ。われわれは、現実化された形式体系すなわちコンピュータの勝利を前提としてものを考えるほかない。つまり何もかも凡庸であるほかない。そのとき、ゲーデル的問題がべつのかたちで、あらゆる局面であらわれるだろう。否、それはすでにあらわれている。（柄谷 1985：264）

こうした見解から、ふたつのメッセージを読み取ることができる。(i)テクノロジーの発展による「形式化」の傾向が、いよいよ人間の知的営為を凌駕しつつあるという認識。(ii)そのような形式体系が「ゲーデル的問題」によってやがて破綻をむかえるだろう、という終末論的認識。これらふたつのうちどちらにウェイトをおくかによって、当時の柄谷の評価もかわってくるだろう。しかし「自然／人口、人間／機械といった従来の二項対立はもはやほとんど成立しない」と断言する柄谷の屈託ある認識は、おそらく一九八五年に「サイボーグ宣言」を発表したダナ・ハラウェイのものに最も近いであろう（Haraway 1991→2000）。

3　東西冷戦とそのオルタナティヴ

確認するが、七〇年代後半から八〇年代にかけての柄谷行人は、『隠喩としての建築』に代表されるような形式化の問題にとりくんでいた。そこで展開されていたのは、個人的な経験に根ざし、血肉化された「思想」というよりは、匿名で取り替え可能な、つまり「凡庸」な演算の数々である。おそらく当時の柄谷を要約するには「考える機械」という言葉が最もふさわしいだろう。柄谷行人を「思想家」として理解しようとすると躓いてしまうのは、ひとえにこうした事情によるものである。

このように演算という形まで抽象化された思考が展開されたのは、個人の資質によるものというよりは、当時の歴史的文脈における何らかの「徴候」として考えたほうがいい。たとえば、柄谷は、東西の冷戦構造における言説のあり方について、次のようなコメントを残している。

「革命」といおうと「反戦」といおうと、この二元構造のなかにいる以上、空疎であるにきまっているのです。とすれば、この構造を理論の上で解体していくほかない。吉本隆明のいう「自立」にしても、そういうものです。かつて、こうした志向は少数派であり、インパクトがありました。一見すると違うようだけれども、デリダのディコンストラクションもそういうものですね。これは形而上学的な二項対立をディコンストラクトするというもので、形式的にはプラトンまで遡ったりしますから深遠そうに見えますけど、実は、これは戦後の二項対立（冷戦構造）と完全に対応しています。アメリカにもつかず、ソ連にもつかず、そして、そのような対立そのものを無効化してしまうこと。それはまた「文学」の優位でもありました。なぜなら、「第三の道」とはいわば「想

像力の革命」なのですから。（柄谷 1994→2001：234）

ここでいわれている「第三の道」とは、アンソニー・ギデンズが唱える「第三の道」のことではない。冷戦における二元論の世界に対してのオルタナティヴのことである。たとえば一九八二年に、大江健三郎、小田切秀雄、中野孝次、井上ひさしをはじめとした、多くの文学者による「反核声明」が新聞広告として掲載された。これには吉本隆明による批判が有名である。柄谷は、こうした普遍的で反論の余地のない主張を展開したところで、それは「東西」の二元構造のいずれかに組み込まれてしまうのだ、と述べている。この反核アピールは、もともとレーガン政権がヨーロッパに核兵器の配備を準備していたことに対して、西ドイツの作家が反対の声明をあげたことが発端となっている。反核声明は、結果としてソ連の利益に資することになる、というのが当時の柄谷の主張であった。引用は、そのような文脈をふまえてのものである。

こうした二元的構造に組み込まれているうちは、いかに普遍的な理念を主張したところで、二元構造に巻き込まれてしまう。冷戦下において「メタ言語」は存在しないのである。システムに対するオルタナティヴを提示しても、それは二元構造に組み込まれてしまう。ジャック・デリダによる脱構築《ディコンストラクション》とは、そのようなメタ言語、つまりシステムの外部を想定することなく、自分たちが内在しているシステムそのものを別のもの《オルタナティヴ》へと組み替えていく哲学的かつ政治的な運動のことである。

たとえば『絵画における真理』では、カントの『判断力批判』の脱構築が試みられている（Derrida 1978＝1997）。「美の分析論」のなかに、装飾を意味する「パレルゴン」という言葉が登場する。パレルゴンの例として、カントは「絵画の額縁」「彫像の衣服」「壮麗な建造物を取りまく列柱」を挙げている。こうした装飾物は、たんなる作品の付属物であり、鑑賞にあたっては排除すべき夾雑物のようにみえる。デリダはこうした「作品／パレルゴン」というヒエラルキーを脱構築する。パレルゴンは作品の内部に属するのでもなければ、作品の外部に属するのでもない。作品に付着しつつも、それは作品と作品の外部を切り分け、作品そのものを世界から削りだす。デリダは、こうした枠づけの作用を持っているパレルゴン的な存在が、『判断力批判』という書物そのものにも見られると看破する。すなわち、「質」「量」「目的」「様相」という、四つのカテゴリーである。こうしてデリダは、カントの『判断力批判』を精緻に読解することによって、「作品／パレルゴン」というヒエラルキーを反転させるだけでなく、「パレルゴン」そのものがこうした二項対立を支えている上位の存在であることを証明するのであった。

こうした、システムの内側からの内在的な批判、というモチーフを柄谷による「形式化」の作業も共有していた。デリダは、脱構築にはふたつの「スタイル」があると『法の力』のなかで述べている（Derrida 1994＝1999）。ひとつは「論証的な、そして非‐歴史的に見える行き方をとって、さまざまな論理的‐形式的パラドクスに立ち向かう」。もうひとつは「それよりも歴史的‐想起的であり、テクスト読解、綿密な解釈、および系譜学によって進行するものと思われる」。テキストを論理的に読み解くことによってなされる、前期デリダの脱構築は、おそらくこのふたつのスタイルの混交である。後者の脱構築はポール・ド・マンのような人物によって遂行されていた。この文脈でいうと、ゲーデルの「不完全性定理」に焦点を当てる柄谷の「形式化」は、前者のスタイルをとった脱構築だということができる。

『絵画における真理』におけるパレルゴンの例をみるとわかると思うが、デリダによる脱構築を「第三の道」の比喩形象として読むことができる。それは「作品／作品の外部」という二項対立のいずれに属することもなく、にもかかわらずその二項対立を可能とするものである。

ここで歴史的文脈を確認しておこう。「第三世界」という言葉は、東西冷戦の産物である。新谷卓『冷戦とイデオロギー　1945～1947』を参照してみよう（新谷　2007）。そこではエルンスト・ノルテの冷戦分析が紹介されている。

冷戦期の世界観とは、「アンチファシズム」「アンチ全体主義」「アンチアメリカニズム」という、三つのイデオロギーによって重層的に形成されたものである。すなわち、第二次世界大戦においてアンチファシズムとして形成された敵対性が、戦後ではアンチ全体主義へと換喩的に横ずれしていく。さらに、ベトナム戦争を契機として、アメリカ国内を中心に「アンチアメリカニズム」が形成されていく。こうした「アンチ」によるイデオロギーは、自由主義、民主主義、社会主義、共産主義といった実定的なイデオロギーよりも強い影響力を持っていたと新谷は述べている。

さらに新谷はメアリー・カルドーによる「想像上の戦争」という冷戦の定義を紹介している。カルドーは冷戦を解析するために、ふたつの術語を導入した。ひとつは「外的な紛争」である。これは「権益をめぐる従来の紛争や相手の攻撃は脅威に対して防衛するための手段としてなされる軍事的な行為」のことである。この立場に立てば、紛争を「単純かつ合理的に」説明することができる。ここではクラウゼヴィッツによる「政治の継続としての戦争」という定義がそのまま当てはまる。もうひとつは「国内の内政的な圧力から生み出される非合理的な軍事行動」すなわち「内的な紛争」である。この紛争を言い換えると、統治のためのテクノロジーとして使用される「スペクタクル」を相手にした紛争、ということになる。

ここでカルドーは、外的、内的それぞれの組み合わせを四つ挙げている。(i)アメリカが外的な要因で、ソ連が内的な要因。(ii)アメリカが内的でソ連が外的な要因。(iii)アメリカ、ソ連ともに外的であるとする見方。(iv)アメリカ、ソ連ともに内的であるとする見方。(i)の観点においてソ連は、マルクス・レーニン主義というイデオロギーによる非合理的な拡張主義に対向するために、アメリカがやむなく対応したということになる。これは「正統主義的解釈」と呼ばれているものである。もちろんこの場合の正統とは、アメリカの観点によるものである。(ii)では、それが反転してアメリカの非合理的な政治的ふるまいに対するソ連の合理的な反応という解釈がとられる。ベトナム戦争以降、台頭してきた修正主義的解釈がそれにあたる。それらに対して、(iii)はともに利権にもとづいた合理的な判断による戦争という、ポスト修正主義的解釈である。第二次世界大戦後にヨーロッパその他の各地で生じた「力の真空」とでも呼ぶべき事態にアメリカとソ連が対処しようとしたという解釈がそれにあたる。(iv)がカルドー独自の観点である。アメリカ、ソ連ともに国内的なコンフリクトを避けるための技術として「敵」を必要とするというものである。

この「想像上の戦争」でいわれている「敵」とは、なかば政治的であり、なかば神学的な概念である。外的なコンフリクトにおける敵とは、厳密にいえば敵というよりは政治、経済における「交渉相手」にちかいものである。一方で内的なコンフリクトでいわれている「敵」とは、厳密な意味における敵であり、定義上それは「敵のスペクタクル」のことを意味する。スペクタクルは、存在そのものでないという意味において、純粋に否定的な存在である。他のスペクタクル、たとえば鏡に写った自分の姿について考えてみればわかると思うが、鏡像がなければ自己もまた現象の世界から消えさるのとおなじように、敵の本体とは、じつはこのスペクタクル以外にはないのである。この「敵」は、世界と世界の向こう側を分ける境界そのものである一方、それ自身は世界のこちら側に属している。その意味で敵は「世界の向こう側」のアレゴリーでもある。冷戦は、イメージの領域において独自の地政学的な空間を形成していたのである。

こうして確認していくと、冷戦期においては、こうした敵対性の徴をまとうことなく「別のもの《オルタナティヴ》」でありつづけるような、イメージの地政学のなかの位置どりが可能であったことがわかる。すなわち「第三世界」である。資本主義陣営と共産主義陣営という、神学的な二元論が成立している世界において、第三世界は、双方における「バッファ」として機能を果たすようになる。むろん冷戦が「想像上の戦争」であるのに応じて、この第三世界も「想像上の領域」として認識される。しかしながら第三世界は「開発途上国」のスペクタクルなのではなく、むしろそれへの対抗という意味あいを持っている。冷戦の二元構造においては、共産圏が「敵」であることを引き受けているため、第三世界が「敵」であることなしに政治的にふるまうことが可能となる。スペクタクルの地政学において、第三世界は、それ自身が新しい価値観を提示しうるものとして立ち現れるのである。ヴィジャイ・プラシャドがいうように、それは実定的な地域の名称であると同時に、ある種の「プロジェクト」を指すものであるのだ（Prashad 2007＝2013）。

4　可能なるユートピア思想

冷戦が終焉をむかえるのと前後して、柄谷は「形式とその外部」という問題設定を破棄して『探求Ⅰ』『探求Ⅱ』を刊行し、さらにはカントの批判哲学に接近するようになる。一九九二年の末に「探求Ⅲ」として開始されたその試みは、やがて二〇〇一年に出版された『トランスクリティーク』として結実する。また「一九七〇年＝昭和四五年―近代日本の言説空間」をはじめとした、歴史の反復構造にもとづいての、予言めいた主張を発表するようになる（柄谷 1993→1999）。さらには『トランスクリティーク』の出版と平行して、資本主義および国家への対抗運動として「NAM」を立ち上げることとなる。紆余曲折はあるものの、冷戦の終焉とともに、柄谷は積極的に未来のビジョンを語り、またみずからも行動するようになるのであった。

言葉を変えると、この時期から現在に至る柄谷は、みずからの言説に「ユートピア」を導入することになる。もはや柄谷は臆することなく「可能なるコミュニズム」や「世界共和国」といったユートピア的ビジョンを実定的に語るようになる。それだけでなく近年の柄谷は、『世界史の構造』に象徴されるように、世界史の組み替えも積極的に試みるようになる。柄谷は「交換様式」にしたがって世界史を書き換える。すなわち、「互酬」「略取／再分配」「交換」からなる交換様式の移行として歴史を解釈し、さらには来るべき交換様式として「D」を提示する、もしくは来るべき交換様式を「D」と命名する。また古代イオニアに存在していたとされている「イソノミヤ」というユートピア的な統治形態について物語る。あるいは、かつて柳田国男が唱えた「山人」が持っていた遊動について物語る。近年展開されているこれらの言説は、それ自身がなかばユートピア小説のようでもある。

このような、フィクションと歴史のハイブリッドとでもいうべき言論が、冷戦以降の知的状況において前景化するようになる。その傾向は、アントニオ・ネグリとマイケル・ハートによる「マルチチュード」三部作のような活動に典型的にみられる。冷戦期においては、現実にある「第三世界」がオルタナティヴとして位置づけられていた。その意味で第三世界とは、やはりフィクションと歴史のハイブリッドである。それは歴史的な出来事と、カントのいう「可想界」とを媒介する役割をになっている——第三世界が「プロジェクト」と呼ばれるのはそのためである。冷戦が集結して以降、このようなプロジェクトを今度は構成的に語る必要が求められるようになる。それがネグリ／ハートの「マルチチュード」三部作であり、柄谷の『世界史の構造』だということになる。(3)

そうなると、これら現代のユートピア思想において前景化してくるのは、政治的アクターとしての「市民」をどのように考えたらいいのかという問題である。ここで文学理論を召喚しよう。ノースロップ・フライは主著のなかで、ヨーロッパの文学史における「ロマンス」というジャンルに着目し、その冒険的な性格についての説明を試みている。

ロマンスの筋に不可欠な要素は冒険である。ということは、ロマンスは当然、連続的で過程的な形をとる。だから、これはドラマより小説にはっきりしており、そのもっとも素朴な形においては、中心人物が全然成長せず、齢もとらず、次から次へと難問を切り抜け、作者が倒れるまでつづく際限ない形式だ。われわれが目にするこの形式は、連続漫画である。そこでは、中心人物たちが、何年間も凍結したような不死の状態のままだ。しかし、どんな本でも新聞の連続性にかなうものはない。そして、ロマンスは文学的な形式をとれば、すぐに一連の小さな冒険の群に収斂する。その小冒険郡は、最初から予告されている大冒険、ないしは最高潮の冒険へとつながってゆき、それが完結して物語に決着がつく。ロマンスに文学的形式をあたえる要素である。この大冒険を、われわれは探求と呼ぶことができる。(Frye 1957 = 1980：257-258)

中世の冒険物語のようなロマンスの主人公が、成長もしなければ齢もとらないという指摘は、たんなる様式の問題としてのみ考えるべきではない。たしかにロマンスの主人公は成熟することも老化することもなく、戦いに傷つきたおれるか、よろこばしい大団円をむかえることによって物語をおえる。そのことはロマンスの派生である少年漫画の主人公を思い浮かべればイメージできるだろう。たとえばカントは、可想的なものとしての主体のなかでは時間が止まっていると述べている。なぜなら時間というのは、あくまで現象の条件であり、可想的なものとしての道徳的主体には、そのような条件が欠けているからである。時間の流れから閉めだされているがゆえに、主体はあらゆる行為の連鎖の「原因」とみなされるのである。

その一方で、近代小説における登場人物は市民社会の住人であり、したがって社会的仮面、すなわち「ペルソナ」をかぶっている。たとえば村上春樹の長編小説における登場人物は、たとえどんなに奇抜な物語のなかにいても、ほぼ例外なく社会的ペルソナをかぶっている。近代小説は、市民社会における「病理学的」な側面を強調しがちである。ゆえに典型的な近代小説は、どうしても安定した社会の枠組みを必要とする。こうした保守性を回避するには、初期の大江健三郎のように、主人公を「子供」にし、作品の舞台を「第三世界」へと加工するほかはない(4)。寒村を舞台に捕虜にとられた黒人兵と子供の交流と惨劇を描いた『飼育』(一九五九年)は、その意味で日本という国のなかに「第三世界」を導入することに成功している。

ロマンスの主人公はきわめて類型的な人物であり、類型的な観念が具現化されたものである。こうしたロマンスの主人公は記号的な存在だといえる。ロマンスの主人公は革命的な性格を持っており、その作者からは「しばしば何か虚無的で野性的なものが迸り出される」とフライはいっている（Frye 1957＝1980）。それはなぜか。フライはここで、有名なユングの「原型」を持ちだしている。しかしここで重要なのは、ロマンスの主人公が「原型」であることではなく、それらが原型の「記号」であることなのである。ウィトゲンシュタインは、世界に関しての、どのような知識を動員しても「倫理」について構成的に語ることはできないと述べている。このような見解はきわめてカント的なものである。逆にいうと、倫理については修辞的にのみ語ることができるのである。このことによって、ロマンスの主人公においては、市民的な人格を構成しているあらゆる「レジスタ」が開放される。[5]

こうしてみていくと、近年の柄谷は講座派的な市民概念、つまり西洋近代の市民社会をモデルとした市民のイメージと、それを超えた修辞的な存在としての「市民」とのあいだを揺れ動いていることがわかる。柄谷は、講座派の近傍に位置する丸山眞男を参照しつつ、日本では何故にデモがおきないのかを論じている。そこではデモが日常となっている西洋およびアジアの各国がモデルとなっている。一方で、柳田国男における「山人」、古代イオニアにおける「イソノミヤ」、あるいはアナーキズム、これらは修辞的な存在なのであり、そこではあらゆる思考実験が可能となる。そこで問われているのは「空想《ユートピア》的社会主義」なのではなく「社会主義的な空想《ユートピア》」だということになる。物自体において、理論と実践を分けることはできないと柄谷はいう。おそらく柄谷の語るユートピアについても同様のことがいえる。それは、べつの角度からみられた世界であると同時に、世界と新たなる世界をむすびつける図式《ダイアグラム》でもあるのだ。

注

（1）産業としての映画は、ながらくブロックブッキングによって、安定した供給を維持していた。そこでは制作と配給と興行がひとつのラインとしてつながっていた。やがてハリウッドのスタジオシステムは解体し、それを補完しつつ加速するかたちでブロックバスター映画が登場する。たとえばスティーブン・スピルバーグ『ジョーズ』では、作品そのものだけでなく制作過程もスペクタクルとして消費の対象とされた。『ジョーズ』の公開は一九七五年であり、『限りなく透明に近いブルー』とほぼ同時期である。

（2）たとえばアラン・ソーカル『知の欺瞞』では、フランスの哲学者が使用あるいは批判している「科学」には科学的根拠が欠けていることが主張されている。この論争で問われているのは、科学としての言説と商品としての言説の違いである。問題なのは、知の欺瞞を告発するソーカルのほうが、なぜか「ソフィスト」にみえてしまうことである。

（3）ちなみにこうした観点からみると、ラカン派精神分析によるイデオロギー批判を展開しているスラヴォイ・ジジェクは、冷戦期の思考の枠組みから抜けでていないようにみえる。ジジェクがイデオロギー批判の素材として用いるのは、つねに娯楽映画をはじめとしたスペクタクルである。ラカン派精神分析が使用している「現実界」という概念を足がかりにジジェクが遂行しているのは、あくまで表象批判であり、冷戦期のように世界そのものが神学的なフィクションによって再帰的に構築されていた時代においては有効であった。ジジェクが「真実」を語りつづけるためには、それらのスペクタクルを参照しつづける必要がある。たとえフェイクだとしても。ラカン的な「真実」にしばられているジジェクには、ネグリや柄谷のように「ハイブリッド」を語る文法が欠けているのだ。おそらく、ジジェクの語る左翼的ビジョンがどこかシニカルにみえるのはそのためであろう。

（4）たとえば冨樫義博の漫画『HUNTER×HUNTER』では、ロマンスの主人公としての少年と、市民社会的なペルソナをかぶった少年という、ふたつのタイプの少年を主人公にしたてあげている。一方の主人公である「ゴン」は、意志と行為が一致した人物であり、その意味で彼に内面はみられない。もう一方の「キルア」は、典型的な近代人であり、社会的なペルソナの裏側に内面をかかえた人物として描かれている。

（5）このレジスタとは、もともとアメリカの文芸評論家であるフレドリック・ジェイムソンによる用語である（Jameson 1981＝1989）。たとえば楽器のレジスタといえば、その楽器の「音域」を意味することになる。言語においては、使用の痕跡そのものが「音域」となる。書き言葉の場合は、実際に書かれた文字痕跡の集積そのものがレジスタとなる。話し言葉では、言語を使用する者の「記憶」がそれにあたる。たとえば柳田国男の「民俗学」は、そのようなレジスタの集積そのものを扱っているといえるだろう。

【池田雄一】

梶村秀樹の思想――朝鮮史を通して人間性回復の道を探る

内在的発展論：戦後における新たな朝鮮史研究の出発

戦後日本の新たな朝鮮史研究の歩みは一九六〇年前後に始まった。この時期、日韓会談の進展にともない、日本政府・財界は過去の植民地支配の清算および朝鮮統一の要求とは逆に、ひも付きの「経済協力」というかたちで韓国への再侵出に踏み出そうとし、日本の大衆もそこに動員されようとしていた。朝鮮史研究会、日本朝鮮研究所などの団体が発足し、梶村秀樹（一九三五‐八九年）ら若手研究者が朝鮮史研究を開始したのは、そうした危機の時代であった。

それ以前は、五〇年代に旗田巍《たかし》の『朝鮮史』が書かれたのみで、戦前の植民地支配の合理化に寄与した朝鮮「停滞史観」「他律性史観」は克服されず、朝鮮人を主体性のない民族と見なす日本人の意識は強固に残存していた。それは新生中国には注目しても朝鮮は視野に入らないという当時の革新勢力の意識によく現れている。

梶村秀樹の内在的発展論は、こうした歴史観を克服し新たな朝鮮史のイメージをつくり上げようとするものだった。同じく六〇年前後には南北朝鮮の、特に朝鮮民主主義人民共和国の歴史家が「資本主義萌芽」を確認することを通じて朝鮮の自生的な資本主義発展の可能性、つまり朝鮮が停滞していなかったことを論証する作業を行っていた。朝鮮の綿業の流通と生産の過程に関する梶村の初期の論文は、この資本主義萌芽を歴史的・実証的に確認したものである。だが彼がさらに重視したのは、それが開花し展開する契機・過程を日本帝国主義の朝鮮支配がいかに歪めたかということであった。梶村は、朝鮮ブルジョアジーという日本帝国主義と朝鮮人民との基本矛盾の中間に立たざるをえない存在のあり方を分析することで、「歪曲されつつの発展」のありようを描いた（『朝鮮における資本主義の形成と展開』）。

しかし梶村の内在的発展論は、単に社会経済的発展の「一筋の赤い糸」を紡ぎ出そうとするだけのものではない。それを有機的に包摂した民族解放闘争の意味を明らかにするというもう一つのより重要な課題があり、その民族解放を徹底的に追求する朝鮮民衆のあり方とその意味こそ日本人が最も直視しなければならないものであった。それは、そうした状況をつくり上げ、それを克服できなかった、もしくは今もできずにいる日本人の責任の問題と結びつくと同時に、なぜ侵略がいけないのかという認識を必然化する朝鮮史のイメージに関わるものであった。朝鮮民衆の力強さに学ぶこと、それは梶村にとって「侵略史の暴露」という重要な作業を血肉化し、日本人の生き方そのものを問うことと結びついていた。

「ことばがちがってこそ近づける」

それはまた梶村の在日朝鮮人についての認識と不可分のものだった。梶村は一九六八年の金嬉老《キムヒロ》事件の裁判闘争などを通して在日朝鮮人の生身の具体的な姿に触れ、暴力・差別と一体の関係にある同化主義の問題に直面し、在日朝鮮人の「人間解体的状況」に日本人がいかに向き合うべきかを考えざるをえなくなった。梶村は、日本の朝鮮人差別のなかで「八方破れ」の人生を歩んできた金嬉老が刑務所のなかで朝から晩まで朝鮮語の勉強に没頭して民族的価値を回復しようとするその営為に注目する。朝鮮人の人間解体的状況の克服には必ず民族として自己を回復せんとする苦闘があることを梶村は見ていた。一方で「帝国主義イデオロギーの呪縛と疎外の極点」（『朝鮮からみた現代東アジア』『梶村秀樹著作集第二巻』）にあり、朝鮮人差別を日常的に再生産している日本人・日本民衆には、その克服という別の課題がある。梶村はその主著『朝鮮史—その発展』の末尾で「朝鮮人と日本人とは、「ことばがちがってこそ近づける」と思う」と述べているが、その意味は日本人と朝鮮人の歴史的存在規定性が異なるということ、そこから真の人間的関係性を構築するためにはそれぞれ別の課題があるということである。

全朝鮮史的視点

ここで重要なのは、その視座が在日朝鮮人だけでなく朝鮮民衆全体を貫いていることである。「ソウルの人は、その別の状況と苦闘しているから、内容はちがうが、苦闘しているというそのこと自体に変わりがあるわけではなく、その総和が、全体としての民族的な闘いを新たに創っていくのだ。……はじめ、私たちは、このような葛藤を、同化状況下の在日朝鮮人の問題としてのみ考えていました。だが、そのような意識で考えなおしてみると、それは、南北朝鮮においても、程度や内容がちがうとはいえ、同じ問題としてあるのだということが見えてきたように思います。実際、政治経済的レベルで考えても、当初内在的に展開してきた民族資本が、一面日本によって解体されながら、一面歪められつつ支配体系の中にくみこまれ、そういう発展の軌跡を歩んでしまった。一旦歩んでしまった以上そのことをあとかたもなく消してしまうわけにはいかないということがあります。国際的な力、支配者の論理が一旦、内部にまで入りこんでしまった。それを無かったことにして、純粋民族的なものを古い郷愁の世界に求めていくだけでは、現実から離れてしまう。……国際的な条件をあえて見まいとするのではなく、それを直視しつつむしろ逆手にとる中でつらぬいていこうとするナショナリズムであり、開かれたナショナリズムだと思います」(「朝鮮史研究の方法をめぐって」『梶村秀樹著作集　第二巻』)。

ここに見られるのは個々の朝鮮人の闘いを「全体としての民族的な闘い」に接続する視点、つまり滝沢秀樹が「全朝鮮史的視点」(『歴史としての国民経済』)と呼んだものである。梶村はどのような個々の事象について記述するときも、必ずそれを朝鮮全体の状況と不可分のものとして捉えた。たとえば在日朝鮮人のあり方をめぐって書かれた「定住外国人としての在日朝鮮人」(『梶村秀樹著作集　第六巻』)は、朝鮮人として本国とつながりを持ちながら日本で生きるという当為性をも含んだあり方を歴史的根拠にもとづく事実として提示したものである。このように梶村が「日本人の責任」をいうとき、具体的・歴史的根拠に裏打ちされた朝鮮民衆の「全体としての民族的な闘い」がその視座の根底にあった。

梶村の朝鮮史の枠組みと思想は、このように現実と格闘する他者との関係性のあり方を模索する過程のなかで練り上げられた。ここで問うべきは、日本の戦後思想は朝鮮人にとっての「民族」の問題に向き合う視座を確立できたのかということである。わたしたちが向き合ってきた他者はみずからの観念のなかでつくり上げられた「他者」ではなかっただろうか。現実と思想の関係という点から考えるとき、そして排外主義が大衆的次元でも拡大再生産され、在日朝鮮人の民族自主権・生存権が脅かされる今日の日本の深刻な現実を考えるとき、次の梶村の言葉は戦後思想の足下を再照明するものとして何度も参照するに値する。「いかに自己とのたたかいが観念の世界でだけ深まったとしても、日本帝国主義の分析が論理として精密になったとしても、日本総体の物質的・精神的現実が動かせないかぎり、それはゼロであるかもしれないのである」(「日本帝国主義の問題」『梶村秀樹著作集　第二巻』)。

【山本興正】

終　『戦後思想の再審判』からのメッセージ

これまで一二人の戦後思想家を論じ、四つのコラムで関連するテーマを考察してきた。このような戦後思想の遺産は、われわれに何を訴えているのか。また、本書での議論を通じ、われわれがいま向き合うべき課題とは、そして未来に向けて築きうる思想とは何なのか。

本章では、編者の四人が、それぞれの仕方で戦後思想を受けとめつつ、それをこれからどのように展開させるべきか、各自のメッセージを送りたい。

戦後思想と「戦前・戦中」

二〇一五年は「戦後七〇年」という節目の年であるということに加えて、戦後の日本の歩んできた道を変えようとする現実政治の動きなどもあり、「戦後」という枠組みそのものを問う動きが色々と出てきている。もっとも、戦後ということばはそれ自体、戦争を前提として含んでいる。「戦前・戦中」という時代をどう考えるか抜きに、戦後だけを取り出して考えるならば、薄っぺらい戦後認識になってしまうであろう。

日高六郎は、一九八〇年、『戦後思想を考える』の冒頭で、三木清が一九四五年九月二六日に獄死したことの意味を考えつつ、戦後が八月一五日に始まったというような単純な話ではないことを確認している。むろん今日では、八月一四日（ポツダム宣言受諾）や九月二日（降伏文書調印）といった、八・一五以外の日付の重要性も考えておかなければなるまい。また、ＧＨＱの戦後改革も、不平等で権威主義的な社会の見直しや権利の平等など、戦前日本の問題点を克服する要素を持ったからこそ、特に戦前の支配層以外の多くの人々に歓迎された点を押さえておく必要があろう。

本書で取り上げてきた思想家の多くは、みずからの生きる戦後という時代の姿を模索するにあたり、「戦前・戦中」という時代への対決を思考の核に据えていたといえる。それは侵略の果てに国が崩壊するほどの無謀な戦争をやった「日本」という国家への痛切な問いであり、そのなかで亡くなっていったおびただしい人々への思い、とりわけ、志半ばで倒れた知人たちへの思いであっただろう。

その問いは、社会科学者や文学者としての大きな問いと結びつくものであった。たとえば丸山眞男であれば、天皇制が人々の内面までを支配するなかで、「抑圧の移譲」によって弱者がさらに弱い立場の者を圧迫することでバランスを維持する体系をえぐり出した。内田義彦であれば、戦前の日本経済の構造が「歪んだ近代化」をもたらしてしまったことを課題として思索を進めた。竹内好にとっては、外から輸入したものによって近代化を成し遂げようとした日本と、内部から自発的に近代化を進めようとする中国との違いという問題であったわけだ。

あるいは、そうした「戦前・戦中」の、より個人的な時代経験、とりわけ戦争体験への考察が、戦後思想にとっては大きな意味を持っていた点も見逃すことはできない。それは軍隊や戦場における体験が、むき出しの権力が個々人にのしかかってくる体験としてあり、実存的に大きな意味を持ったからであった。同時に、その極限的とすら思える体験から、日本社会のあり方の本質を思想家たちが引き出したということでもあった。

丸山の「抑圧の移譲」は、内務班での体験抜きにはありえなかっただろう。橋川文三が日本浪曼派に接近したのは、常に徴兵されて死ぬ可能性を念頭に自己形成せざるをえなかった世代として、死を身近なものとして意識していた時代経験がストレートに反映されている。鶴見俊輔や竹内好は、個々人が戦争体験を掘り下げて考えることが権力批判の拠り所となる可能性を見出し、戦争体験が思想的に持つ重要性を論じていた。小田実は、空襲で見た無残で大義づけのしようのない大量の死を、「難死」として平和思想に結晶化していったわけである。

ここでもちろん、一九七〇年代ごろまで、その日本が戦った戦争で大きな被害を受けたアジア諸国の人々のことが十分に視野に入っていなかったことの批判は必要であるといえるが、それは結局のところ、まだ十分にその加害の記憶が日本の人々に認識されていない点で、現在を生きる世代に残された課題でもあることを忘れてはなるまい。いずれにせよ、「戦前・戦中」までをも視野に入れてその意味を考えること抜きに、「戦後思想」を問いなおすことはできないのではないかと筆者は考えている。

【神子島健】

戦後思想を「受け継ぐ」ということ

日本の学会では、みずからが「ノンポリ」であることを、時に自嘲気味に、あるいは何かの予防線のごとく表明する光景はしばしば目にする反面、政治に関する自身の立場性や偏頗性を自覚化し、それをあえて表明して聴衆に批判的意識を喚起させることは、おそらく社会認識をめぐる重要な学問的作法の一つであるにもかかわらず、稀である。本論集は、いわゆる「戦後啓蒙」や「戦後民主主義」を無条件に肯定した世代とも、またそれらを克服対象と位置づけ体系的批判を展開した世代とも異なり、戦後思想への批判をふまえたうえで、その肯定的遺産を掬い出す複眼的視点を持とうと努めた。もとより、戦後思想への批判と評価について、そのどちらにバランスを置くかは、執筆者間でも差異があろう。筆者は比較的、肯定的部分の継承を重視しており、その立場性をまず明確にしておきたい。

その背後には、「戦後民主主義」と称される論者たちが取り組んできた課題が、本当にそれほど「過去のもの」なのだろうか、という疑問が横たわっている。もちろん、精神分析から国民国家批判まで、様々に知の枠組みを揺さぶったポストモダンの言説を知らないわけではない。しかしそれでなお、「戦後民主主義」が格闘してきた問題圏から、わたしたちはすでに本当に抜け出てしまったのか、という疑義を、筆者はまだ完全には払拭できないでいるからである。

たとえば丸山眞男は民主主義を「永久革命」として位置づけたが、そうであるならば、日本社会の「民主化」とは、戦後のある時期で「達成」されたらそれきりという問題ではなく、常に動的な過程として考察、追求されるべき課題であろう。そしてそれは、二〇一一年の三・一一と原発事故を経て生じた、日本におけるデモや社会運動の再興を見るとき、きわめて今日的な課題として浮かび上がってくる。

本論集の最後に取り上げられた柄谷行人は、脱原発デモが高揚した二〇一一年、デモによって何が変わるかと問われ、「デモのある社会に変わる」と応えた。柄谷によれば、デモは政治目的のための「手段」であると同時に、人々が主権者である社会にとって、必須の「目的」だという。そして二〇一一年以降、国会を取り巻くデモ文化は、脱原発、秘密保護法反対、そして集団的自衛権への抗議に至るまで、もはやこの国の政治風景の一つとなっている。世論と隔絶する議会政治と、それに対するデモ文化の再興を目の当たりにして、「永久革命」としての民主主義という共通の問いを、われわれ自身の新たな文脈で、再び問い返すことが必要となっている。

民主主義を支える「材料」たる個人についても同様のことがいえよう。丸山ら「戦後啓蒙」がめざした、政治判断において「自由で自立的な個人」もまた、戦後のある時期に「達成」されたら消滅するような性質の課題ではない。端的な事実として、人間は知識や精神を遺伝的に後世に伝えることなく、およそ八〇年の寿命で死ぬ。これは現在における人間の宿命であり、社会を構成する人間は常に入れ替わっていく。したがって、民主主義を支えるある種の人間像も、われわれ自身の新たな文脈で「獲得」し続けるべき課題といえる。

一八歳選挙権が実現しようとする現在、「自由で自立的な個人」が古臭い説教とされる一方、「シティズンシップ教育」という横文字がにわかに人口に膾炙する現実に、どこか皮肉な思いを抱かないでもないが、いずれにせよ、みずからの思考と権威に依拠して自律的に政治判断を行う個人の形成という課題もまた、永久革命的な性格を持つものであろう。

もちろん、「戦後啓蒙」と呼ばれる思想的遺産の「批判的克服」は大切であり、後続世代の学問的営為が過去の「縮小再生産」になってはいけない。また、「戦後民主主義」が見過ごしてきた課題や論点も決して少なくない。だがしかし、それらに対する近年の批判には、先行世代の研究を無暗やたらに「克服」しようとする職業学問に固有のドライブにのみ駆動されていた側面はなかったか。あるいはまた、「戦後民主主義」を退屈な良識と退け、耳目を引きつける「目新しい主張」を目的化した競い合いという側面はなかったか。再考の秋《とき》と思える。

「戦後七〇年」という地平に立ったとき、すでに「戦後知識人の総退場」がいわれて久しいながら、われわれの眼前に繰り広げられる課題は、立憲主義の擁護にしても、デモと民主主義の再興にしても、集団的自衛権と平和の問題にしても、ある意味で驚くほど「クラシカルな問題」ばかりである。本論集を編み終えた今、筆者としては、戦後思想の「克服」へと進む前に、いま一度、その遺産を「受け継ぐこと」を、もう少しまじめに考えてみたい思いがしている。

【大井赤亥】

戦後思想の課題と「対話のすゝめ」

かつて「過ぎ去ろうとしない近代」という議論が国内外で盛んになされた（遅塚忠躬・近藤和彦編『過ぎ去ろうとし

ない近代―ヨーロッパ再考』山川出版社、一九九三年）。現在を「新たな時代・段階」と捉えようとするとき、先行する時代・段階を「過ぎ去ったもの」として片づけようとする誘惑に囚われるのが常である。それに対して、ヨーロッパを代表する戦後知識人のひとり、ユルゲン・ハーバーマスは「未完のプロジェクト」として近代を擁護してみせた（ユルゲン・ハーバーマス『近代―未完のプロジェクト』岩波書店、二〇〇〇年）。日本の戦後思想についても同様のことがいえないだろうか。戦後七〇年が経過した現在、「過ぎ去ろうとしない戦後思想」に対する批判には事欠かない。しかし、戦後思想が取り上げてきた多くの課題は、依然として未解決なまま残されている。その意味で、日本の戦後思想もまた「未完の課題」であると考えざるをえない。

自立した個人からなる社会をめざした丸山眞男や内田義彦、自立した日本外交の構想を提示し続けた坂本義和らの掲げた理念は今もなお参照に値する。一方、中国の近代（「抵抗」「回心」）と対比するかたちで日本の近代（「優等生」「転向」）を鋭く批判した竹内好や、日本の土着的文化や大衆に期待した鶴見俊輔・橋川文三・吉本隆明らの試みも魅力的である。また、高度成長期以降の日本社会の変容に対して、石牟礼道子や松下圭一、小田実らは独自の世界観を示そうとした。そして見田宗介と柄谷行人は「戦後思想の申し子」という側面を有していると思われる。これらの戦後思想家はいずれも、専門分野（「であること（身分や肩書）」）などの領域にこだわらず活躍し、実際に「すること（行為や業績）」によって評価されてきた思想家ばかりである。また、あえてその共通点を指摘するとすれば、最終的に一人ひとりの人間の「個」の持つ力の可能性を信じ、借り物ではない自前の思想を紡ぎ出すことができた点にあるのではないだろうか。丸山は、日本には依拠すべき「思想的伝統」がないと嘆いたが、われわれには少なくともこの戦後思想という「思想的遺産」が残されている。その豊かな可能性に賭けてみる価値はまだまだあると考えている。

では、日本の戦後思想にさらなる課題はないのかといえば、むろんある。ここでは三点指摘しておきたい。第一に、戦後思想は決して独立・孤立して存在しているのではなく、先行する「戦前との連続性と断絶性」をあらためて問題とすべきであろう。戦前の「天皇制」「アジア主義」「近代の超克」「帝国主義」「植民地」「歴史認識」などの問題は未決着であり、過去の思想との「タテの対話」がいまなお必要である（出原政雄編『戦後日本思想と知識人の役割』法律文化社、二〇一五年）。第二に、異なる文化圏の思想との「ヨコの対話」も重要である。日本の戦後思想とヨーロッパやアジアなど他の地域における戦後思想との比較の作業や、日本という非西洋地域から発信された思想がどのような普遍的可能性を持ちうるのかについても検証作業が必要である。したがって戦後思想は国内消費向け（ドメスティック）の思想に陥ることなく、より開かれたかたちで議論されるべきだと考える。そして第三に、何よりも望みたいのが「世代間の対話」である。本論集では戦後思想家を三つの世代に区分したが、それら戦後思想を受け止める側にも世代的な差異がある。異なる世代間での対話はともすればお互いのこだわりを示すのみで議論が平行線に陥る危険性がある。どうすれば「他者感覚」を持った対話が可能となるのだろうか（平田オリザ『対話のレッスン―日本人のためのコミュニケーション術』講談社、二〇一五年）。戦後思想家たちは相互に影響や刺激を与え合うことによってみずからの思想を鍛えていったと思われるが、異なる世代に属する者どうしもまた自由闊達に議論することでみずからの思想を鍛えていくべきであろう。それが「戦後精神」を引き継ぎ、戦後思想の遺産を生かす道ではないだろうか（宮村治雄『戦後精神の政治学―丸山眞男・藤田省三・萩原延壽』岩波書店、二〇〇九年）。

もし、人類における「理性の狡知」（ヘーゲル）なるものが働くことがあるとすれば、それは、人種や民族、言語や宗教、伝統や文化など、様々な差異があるにもかかわらず、お互いにそれらの差異を認め合い、「閉ざされた特殊な空間」ではなく「開かれた公共的な空間」において、お互いの「対話的理性」が十分に発揮されたときであろう。異質な他者が共存できる世界を実現するには、われわれ一人ひとりが「対話」を繰り返し、「他者感覚」を磨いていくほかない。筆者が「対話」をすすめる所以である。ただし、この場合の「対話」とは単なる話し合いではなく、異なる他者と他者との真剣な「ぶつかり合い」であり、生半可な気持ちでできるような生易しい行為では決してないことはあえて指摘しておきたい（中島義道『〈対話〉のない社会—思いやりと優しさが圧殺するもの』PHP研究所、一九九七年）。

まずは、本論集をきっかけとして、今後、様々な場面において「戦後思想」をめぐる対話が活発化することを切に願っている。

【大園誠】

現実世界に「参加」すること

無着成恭『山びこ学校』（青銅社、一九五一年）や鶴見和子『エンピツを握る主婦』（毎日新聞社、一九五四年）の刊行に象徴されるように、一九五〇年代は生活記録運動が盛んな時代であり、知識人とはさしあたり区別される民衆が自己を表現し始めた固有の時代であった。この生活記録運動を「戦後思想」の問題として着目した知識人の一人が鶴見俊輔であった。

鶴見は、民衆が生活記録運動に参加することで、平和で民主的な社会の担い手として民衆が自己を形成する可能性を、言い換えれば、生活記録運動という文化運動の持つ主体形成機能に着目していた。集団のなかに埋没するのではなく、個としての尊厳を持った表現主体に民衆がなることで、新しい政治文化が、コミュニケーション空間が日本社会に切り拓かれることを鶴見は期待していた。

それと同時に鶴見にとって生活記録運動とそこでの主体形成のあり方は、同時代の知識人の思想と行動に反省を促す「鏡」としてもつかまれていた。一九五二年七月に執筆された「らくがきと綴り方」という文章のなかで、民衆との比較で知識人について鶴見は以下のように述べている。

問題は、左か右かにあるだけでなく、どのくらい強く、どのくらいはっきりと、左翼思想を把握しているか、あるいはどのくらい強く、どのくらいはっきりと、右翼思想を把握しているかにも、かかっている。近代日本にとって、強く明らかな思想が育たなかったことをふりかえるならば、今のわれわれの任務は、第一に、強く明らかな思想を育てることにあると思う。この問題をほっておいて、左とか右とかいう思想のレッテルの問題に集中するところに、敗戦によっても正されにくいぼくら知識人の弱さがある。（『限界芸術論』筑摩書房、一九九九年、一〇八頁）

鶴見にとって、「戦後」が始まるとは、日本の知的世界における思想のあり方、思想についての取り扱い方を変えることであった。それは学問の文化を変える闘いでもあり、鶴見が思想の科学研究会を日本社会のなかで大事に育てようとした所以である。また、知識人のあり方について、現実世界に対してシニカルに構えるのではなく、責任をもってこの現実に参加する思想と行動の主体として生きることを呼びかけている。本書が扱った知識人は、鶴見のいう意味での「強く明らかな思想」の持ち主である。

知識人として生きるとは、学者・研究者として各学問領域の専門性を深めるだけでは不十分であり、その学問的営為が同時代の社会や人間と批判的に切り結ばれることが必要不可欠である。

だが、高度成長は経済の世界だけではなく、学問の世界も変えたのであり、サラリーマンとしての大学教員や、学会の世界に安住する専門家を生み出した。こうした延長線上に、過度な業績主義に囚われる研究者志望の院生の登場もあるだろう。そこでは、学問的営為の持つ思想性や批評性の次元が見失われ、現実社会に実践的に参与する研究者像は過去の遺物として封印される。裏を返していえば、学問的自律性に自閉するのではなく、学問的営為が思想性や批評性を含み込んで展開されるということは、学者・研究者の思想性や批評性が問われるということである。この時代はどういう時代であり、わたしたちは何をなすべきかという問いと学問的業績は無縁であってはならないということだと言い換えられる。

本書では、上記のような「再審判」に耐えうる知識人（学者・研究者）が取り上げられている。各知識人の「強く明らかな思想」性が主題となっている。それは本書の分析対象である知識人にだけ求められるのではなく、本書の書き手にも、さらには読者にも等しく問われているといえる。本書が「戦後思想」を「どのくらい強く、どのくらいはっきりと」把握できているかは読者の判断に委ねるしかないが、「戦後思想」に真摯に向き合い、知識人としてわたしも、あなたも、生きるということが、この時代を切り拓くはずだというのが本書に通底するメッセージであることは間違いないと思っているのだが、どうだろう。

【和田悠】

あとがき

本書全体を振り返り、この論集が、『戦後思想の再審判』という大仰なタイトルにふさわしい問題提起をなしえているかどうか、読者の判断を俟つしかない。しかし、限られた時間のなかで、現時点での最善を尽くしたという思いは存在している。

本書の企画は、二〇一四年春の日本平和学会での法律文化社の上田哲平さんと大井との出会いを契機に始まり、以後、四人の編者で企画内容を練り上げ、対象思想家を選定したうえで、問題意識を共有する若手・中堅研究者に広く執筆を呼びかけて成りたったものである。

その後、二〇一五年二月に東京、三月に名古屋で構想報告会を開き、全執筆者に論文構想を発表してもらった。各報告をめぐる率直な議論は、丸一日続いた報告会ではもちろんのこと、酒席に移動しても延々と続いた。また原稿提出後も、五月に立教大学で編者全員と上田さんとで原稿検討会を行い、すべての章に対して忌憚のない意見を出し合い、執筆者に必要な変更を要請して、各章の問題提起が可能な限り明晰な表現で読者に届けられるよう、努力を重ねた。それらの過程は、学問における相互研鑽の機会であったと同時に、それぞれの「戦後思想」への態度決定や、学問と現実との関係をめぐる熱い議論の場となり、かけがえのない時間となった。

戦後七〇年を迎え、現下の論壇や学問、そして政治的現実に対して危惧や批判意識を持ちながら、「戦後思想の再審判」を通して、われわれの視点からその肯定的遺産を掬い出したいという思いが、少なくとも編者四人のあいだで共有されていたことは事実である。したがって、この論集は、同時代から遊離した学問研究報告でも、「価値中立的」な思想史研究でもなく、一定の「立場性」を自覚している。それは編者の自負であると同時に、まさにそれゆえ、本書が読者の側からの批判的視点にとりわけ強く曝されなければならない理由でもあろう。

遺された課題も少なくない。当初収録予定であった加藤周一論と藤田省三論は諸般の事情で残念ながら掲載できなかった。マルクス主義、沖縄、フェミニズム、戦後日本の朝鮮史研究については、独立した章として取り上げることはできず、コラムというかたちで触れるにとどまっている。また、本書で取り上げた論者とは毛色を異にする戦後思想家たち――たとえば林健太郎、福田恆存、高坂正堯、江藤淳など――の検討なども、今後の課題の一つといえよう。

本書の完成は多くの人の協力に負っている。成田龍一先生と宇野重規先生には、本書を温かく見守り、帯に推薦を寄せていただいた。そして何より、法律文化社の上田哲平さんは、若手・中堅研究者による問題提起の重要性を理解し、一貫して本書の執筆者と伴走することで、われわれを勇気づけていただいた。その意気に応えようという意志が、執筆者を支え、本書を実現させたといえる。記して深く感謝したい。

二〇一五年七月一六日

編者を代表して　大井赤亥

執筆者紹介

（執筆順，＊は編者）

＊大園　　誠（おおぞの　まこと）　**01**

1971年生まれ。名古屋大学大学院法学研究科博士課程単位取得満期退学。現在，名古屋大学法学研究科大学院研究生，大同大学・名古屋外国語大学・南山大学・椙山女学園大学非常勤講師，同志社大学人文科学研究所嘱託研究員（2015年度）。「丸山眞男と「平和の条件」―戦後日本における「平和主義」再考」（南原繁研究会編『南原繁と平和』EDITEX，2015年），「南原繁と丸山眞男―理想主義と現実主義のあいだ」（南原繁研究会編『南原繁と国際政治』EDITEX，2014年），「丸山眞男における「他者感覚」と「主体像」―福沢諭吉論を手がかりとして」（田村哲樹・堀江孝司編『模索する政治―代表制民主主義と福祉国家のゆくえ』ナカニシヤ出版，2011年）など。

小野寺研太（おのでら　けんた）　**02**

1982年生まれ。東京大学大学院総合文化研究科博士課程修了。博士（学術）。現在，東京大学大学院総合文化研究科学術研究員。『戦後日本の社会思想史―近代化と「市民社会」の変遷』（以文社，2015年），「日本における市民社会論の生成―戦時・戦後のアダム・スミス受容とその思想的射程」（『社会思想史研究』第34号），「内田義彦の市民社会論」（『相関社会科学』第19号）など。

＊大井　赤亥（おおい　あかい）　**03，*Column*①**

1980年生まれ。東京大学大学院総合文化研究科博士課程単位取得退学。現在，日本学術振興会特別研究員（PD），東京大学・昭和女子大学非常勤講師。「H・ラスキの見た1930年代アメリカのニューディール―「マルクス主義者」によるリーダーシップ論」（『政治思想研究』第15号），「ラスキにおける「二つの全体主義」認識の変容と自由民主政への批判的省察」（『年報政治学 2012－Ⅱ』木鐸社，2012年），「福田歓一における戦後東アジアと内発的「国民形成」の問題」（『相関社会科学』第20号）など。

田澤　晴子（たざわ　はるこ）　**04**

1966年生まれ。名古屋大学大学院環境学研究科博士課程修了。博士（法学）。現在，岐阜大学教育学部准教授。『吉野作造―人世に逆境はない』（ミネルヴァ書房，2006年），「柳田国男における「固有信仰」と「世界民俗学」―キリスト教との関連から」（『年報近現代史研究』 4 号），「「郷土研究」とアカデミズム史学」（『年報近現代史研

究』7号）など。

松井　隆志（まつい　たかし）　**05**

1976年生まれ。東京大学大学院人文社会系研究科博士課程満期退学。現在，武蔵大学社会学部准教授。「鶴見プラグマティズムの一つの帰結」（『現代思想』2015年7月号），「運動のつくり方の知恵―ベ平連・鶴見俊輔・プラグマティズム」（『現代思想』2014年11月号），「対抗暴力批判の来歴」（千田有紀編『上野千鶴子に挑む』勁草書房，2011年），「60年安保闘争とは何だったのか」（岩崎稔ほか編『戦後日本スタディーズ2―「60・70」年代』紀伊國屋書店，2009年）など。

山之城有美（やまのじょう　ゆみ）　**06**

1976年生まれ。中央大学大学院法学研究科博士前期課程修了。現在，日本女子大学大学院人間社会研究科博士後期課程在籍中。「社会的自我像をめぐる普遍性／特殊性の考察―橋川文三が語る日本ロマン派の「煩悶」の論理」（『人間社会研究科紀要』第21号），「戦後日本における橋川文三の「1930年代像」―「日本浪曼派批判序説」を素材として」（『人間社会研究科紀要』第20号）など。

新倉　貴仁（にいくら　たかひと）　**07**

1978年生まれ。東京大学大学院情報学環・学際情報学府博士課程修了。博士（社会情報学）。現在，成城大学文芸学部専任講師。「存在拘束性のナショナリズム―丸山眞男と知識社会学」（『相関社会科学』第18号），「戦後日本の知識人と語りの構造―藤田省三におけるレトリックと読むことについて」（『年報社会学論集』第24号），「中間の思考―文化社会学の学説史的考察」（吉見俊哉編『文化社会学の条件―20世紀日本における知識人と大衆』日本図書センター，2014年）など。

徳田　　匡（とくだ　まさし）　***Column②***

1979年生まれ。現在，東京大学大学院総合文化研究科博士課程在籍中，和光大学非常勤講師。「「反復帰・反国家」の思想を読みなおす」（藤澤健一編『沖縄・問いを立てる6　反復帰と反国家』社会評論社，2008年），「兵士たちの武装「放棄」―反戦兵士たちの沖縄」（田仲康博編『占領者のまなざし　沖縄／日本／米国の戦後』せりか書房，2013年），「〈占領〉とカラー写真 東松照明と島々」（『現代思想』2013年5月臨時増刊号）など。

丹波　博紀（たんば　ひろき）　**08**

1979年生まれ。東京大学大学院総合文化研究科博士課程満期退学。現在，和光大学・関東学院大学非常勤講師。『水俣五〇年 ひろがる「水俣」の思い』（最首悟との

共編，作品社，2007年)，「「死民」の地政学―谷川雁と石牟礼道子の「手紙」から読み解けるもの」(『情況』2008年８月号)，「イバン・イリイチの水俣―それで患者は救われるのか」(『情況』2010年８・９月号)，「天とあま－あめ－うみ的「せかい」」(『季刊 魂うつれ』第47号）など。

＊和田　悠（わだ　ゆう）　09

1976年生まれ。慶應義塾大学大学院社会学研究科博士課程単位取得退学。現在，立教大学文学部准教授。「社会科討論授業の可能性についての断章―「シティズンシップ教育」へのヒント」(『現代思想』2015年４月号)，「香里ヶ丘文化会議による地域社会づくり―1960年代前半の団地における「市民」と市民運動」(『社会文化研究』15号)，「松田道雄と集団保育の〈発見〉―1960年代の保育運動のなかで」(大門正克ほか編『高度成長の時代３　成長と冷戦への問い』大月書店，2011年）など。

＊神子島　健（かごしま　たけし）　10，*Column*③

1978年生まれ。東京大学大学院総合文化研究科博士課程単位取得退学。博士（学術)。現在，成城大学ほか非常勤講師。『戦場へ征く，戦場から還る』(新曜社，2012年)，「当事者なき後の戦後責任論―戦争体験と戦争責任の交錯をめぐって」(『世界』2014年９月号)，「二重の不在―戦後と３・11以後の死者について」(『批評研究』第１号）など。

片上平二郎（かたかみ　へいじろう）　11

1975年生まれ。立教大学大学院文学研究科博士課程修了。博士（比較文明学)。現在，立教大学兼任講師，明星大学非常勤講師。「断片化された世界へのまなざしと弁証法」(『社会学評論』262号)，「アドルノの「伝統」概念―文化的保守主義は，批判理論に接続可能か？」(『社会学評論』235号)，「転回点としての「宮沢賢治」―1980年代と見田宗介」(『現代社会理論研究』９号）など。

池田　雄一（いけだ　ゆういち）　12

1969年生まれ。法政大学文学部卒業。現在，東北芸術工科大学芸術学部准教授。『メガクリティック―ジャンルの闘争としての文学』(文藝春秋，2011年)，『カントの哲学―シニシズムを超えて』(河出書房新社，2006年）など。

山本　興正（やまもと　こうしょう）　*Column*④

1981年生まれ。東京大学大学院総合文化研究科博士課程単位取得退学。「梶村秀樹における民族的責任の位置―ナショナリズムをめぐる議論を中心に」(『コリアン・スタディーズ』２号)，「日本社会から消去，排除される人々―最近の在日外国人管理

政策の変化をめぐって」(『情況』2009年6月号)，共訳書に金廣烈ほか著『帝国日本の再編と二つの「在日」―戦前，戦後における在日朝鮮人と沖縄人』(明石書店，2010年) など。

参考文献一覧

Ⅰ　戦後思想の出発点

01　丸山眞男——日本発の「普遍的主体」像をめざして

丸山眞男（1946a→1995）「近代的思惟」『丸山眞男集 3』岩波書店
丸山眞男（1946b→1995）「超国家主義の論理と心理」『丸山眞男集 3』岩波書店
丸山眞男（1947→1995）「日本における自由意識の形成と特質」『丸山眞男集 3』岩波書店
丸山眞男（1950→1995）「ある自由主義者の手紙」『丸山眞男集 4』岩波書店
丸山眞男（1952→1995）「日本政治思想史「あとがき」」『丸山眞男集 5』岩波書店
丸山眞男（1957→1996）「日本の思想」『丸山眞男集 7』岩波書店
丸山眞男（1958→1996）「政治的判断」『丸山眞男集 7』岩波書店
丸山眞男（1959→1996）「開国」『丸山眞男集 8』岩波書店
丸山眞男（1966→1996）「好（ハオ）さんについての談話」『丸山眞男集 9』岩波書店
丸山眞男（1972→1996）「歴史意識の「古層」」『丸山眞男集 10』岩波書店
丸山眞男（1979→1996）「日本思想史における「古層」の問題」『丸山眞男集 11』岩波書店
丸山眞男（1989→1996）「昭和天皇をめぐるきれぎれの回想」『丸山眞男集 15』岩波書店
丸山眞男（1997）「年譜」『丸山眞男集 別巻』岩波書店
丸山眞男（1998）『自己内対話—3冊のノートから』みすず書房
丸山眞男（1998-2000）『丸山眞男講義録（全7冊）』東京大学出版会
丸山眞男（2015）『丸山眞男集 別集 4・5』岩波書店〔近刊〕
丸山眞男手帖の会（1997-2014）『丸山眞男手帖（全69号）』丸山眞男手帖の会
飯田泰三（1997）『批判精神の航跡—近代日本精神史の一稜線』筑摩書房
飯田泰三（2006）『戦後精神の光芒—丸山眞男と藤田省三を読むために』みすず書房
石田雄（2005）『丸山眞男との対話』みすず書房
石田雄（2010）『誰もが人間らしく生きられる世界をめざして』唯学書房
大隅和雄・平石直昭編（2002）『思想史家 丸山眞男論』ぺりかん社
大園誠（2011）「丸山眞男における「他者感覚」と「主体像」—福沢諭吉論を手がかりとして」田村哲樹・堀江孝司編『模索する政治—代表制民主主義と福祉国家のゆくえ』ナカニシヤ出版
小熊英二（2002）『〈民主〉と〈愛国〉—戦後日本のナショナリズムと公共性』新曜社
苅部直（2006）『丸山眞男—リベラリストの肖像』岩波書店

小林正弥編（2003）『丸山眞男論―主体的作為，ファシズム，市民社会』東京大学出版会
酒井直樹（2011）「「無責任の体系」三たび」『現代思想』2011年５月号
坂本多加雄（2005）「丸山眞男と知識人」『坂本多加雄選集 Ⅰ』藤原書店
田中久文（2009）『丸山眞男を読みなおす』講談社
鶴見俊輔（2007）『たまたま，この世界に生まれて―半世紀後の「アメリカ哲学」講義』SURE
冨田宏治（2001）『丸山眞男―「近代主義」の射程』関西学院大学出版会
冨田宏治（2015）『丸山眞男―「古層論」の射程』関西学院大学出版会
樋口陽一（1996）『一語の辞典 人権』三省堂
樋口陽一（2014）『加藤周一と丸山眞男―日本近代の〈知〉と〈個人〉』平凡社
平石直昭（1984）『荻生徂徠年譜考』平凡社
松沢弘陽・植手通有編（2006）『丸山眞男回顧談（上・下）』岩波書店
吉本隆明（1962-63→2014）「丸山真男論」『吉本隆明全集 7』晶文社
渡辺浩（1998）「解題」『丸山眞男講義録 第３冊』東京大学出版会
渡辺浩（2010）『日本政治思想史［十七～十九世紀］』東京大学出版会

02 内田義彦――戦後啓蒙の「市民社会」論

内田義彦（1946→1989）「「資本主義論争」ノート」『内田義彦著作集 10』岩波書店
内田義彦（1953→1988）『経済学の生誕』『内田義彦著作集 1』岩波書店
内田義彦（1966→1988）『資本論の世界』『内田義彦著作集 4』岩波書店
内田義彦（1967→1988）『日本資本主義の思想像』『内田義彦著作集 5』岩波書店
内田義彦（1971→1988）『社会認識の歩み』『内田義彦著作集 4』岩波書店
内田義彦（1981→1989）『作品としての社会科学』『内田義彦著作集 8』岩波書店
石堂清倫・山辺健太郎編（1961）『日本にかんするテーゼ集』青木書店
鈴木信雄（2010）『内田義彦論―ひとつの戦後思想史』日本経済評論社
竹本洋（2005）『『国富論』を読む―ヴィジョンと現実』名古屋大学出版会
中林真幸（2006）「日本資本主義論争―制度と構造の発見」杉山伸也編『「帝国」の経済学』岩波書店
中村隆英（2007）『昭和経済史』岩波書店
平田清明（1969）『市民社会と社会主義』岩波書店
丸山眞男（1974→1983）「英語版への著者の序文」丸山眞男『日本政治思想史研究』東京大学出版会
山田盛太郎（1934→1977）『日本資本主義分析』岩波書店

03 坂本義和――革新ナショナリズムの思想

坂本義和（1959→2004）「中立日本の防衛構想」『坂本義和集 3』岩波書店
坂本義和（1960→2004）「革新ナショナリズム試論」『坂本義和集 3』岩波書店
坂本義和（1961a→2004）「イデオロギー対決とナショナリズム」『坂本義和集 3』岩波書

店
坂本義和（1961b→2004）「権力政治と平和運動」『坂本義和集 3』岩波書店
坂本義和（1963a→2004）「核時代の日中関係」『坂本義和集 2』岩波書店
坂本義和（1963b→2004）「日本における国際冷戦と国内冷戦」『坂本義和集 3』岩波書店
坂本義和（1967a→2004）「追記」・「イデオロギー対決とナショナリズム」『坂本義和集 3』岩波書店
坂本義和（1967b→2004）「返還運動の思想とは何か」『坂本義和集 4』岩波書店
坂本義和（1968→2004）「チェコ事件について世界の知識人に訴える」『坂本義和集 3』岩波書店
坂本義和（1975→2005）「グローバル・アイデンティティをめざして」『坂本義和集 6』岩波書店
坂本義和（1982a）『軍縮の政治学』岩波書店
坂本義和（1982b）「追記」坂本義和『新版 核時代の国際政治』岩波書店
坂本義和（1987）「日本占領の国際環境」坂本義和／R. E. ウォード編『日本占領の研究』東京大学出版会
坂本義和（1993a→2004）「若者の夢かきたてる国際貢献を」『坂本義和集 4』岩波書店
坂本義和（1993b→2005）「市民のための国連改革」『坂本義和集 6』岩波書店
坂本義和（1994→2004）「平和主義の制度構想」『坂本義和集 4』岩波書店
坂本義和（2000→2004）「問われる日本の構想力」『坂本義和集 4』岩波書店
坂本義和（2002→2005）「テロと「文明」の政治学」『坂本義和集 6』岩波書店
坂本義和（2005）「まえがき」『坂本義和集 6』岩波書店
坂本義和（2011）『人間と国家（上・下）』岩波書店
坂本義和・安江良介（1991）『地球時代に生きる日本』岩波書店
石田淳（2004）「解題」『坂本義和集 5』岩波書店
大井赤亥（2014）「南原・吉田論争と坂本・宮沢論争」南原繁研究会編『南原繁と国際政治』EDITEX
大串和雄（2005）「解題」『坂本義和集 6』岩波書店
酒井哲哉（2010）「戦後論壇の位相と高坂正堯」『外交フォーラム』259号

Ⅱ 戦後思想の相対化

04 竹内好――「変革のための学問」をめざして

竹内好（1942→1981）「大東亜戦争と吾等の決意」『竹内好全集 14』筑摩書房
竹内好（1948→1980）「中国の近代と日本の近代」『竹内好全集 4』筑摩書房
竹内好（1949→1980）「中国のレジスタンス―中国人の抗戦意識と日本人の道徳意識」『竹内好全集 4』筑摩書房
竹内好（1953a→1981）「天皇制について」『竹内好全集 7』筑摩書房
竹内好（1953b→1981）「文学」『竹内好全集 7』筑摩書房

竹内好（1954a→1981）「吉川英治論」『竹内好全集 7』筑摩書房
竹内好（1954b→1980）「日本思想史へ踏み込むために」『竹内好全集 8』筑摩書房
竹内好（1957→1980）「人権感覚ということ」『竹内好全集 6』筑摩書房
竹内好（1958→1981）「権力と芸術」『竹内好全集 7』筑摩書房
竹内好（1959→1980）「近代の超克」『竹内好全集 8』筑摩書房
竹内好（1960a→1981）「「民族的なもの」と思想—60年代の課題と私の希望」『竹内好全集 9』筑摩書房
竹内好（1960b→1981）「革命伝説について」『竹内好全集 9』筑摩書房
竹内好（1961a→1980）「明治維新百年祭・感想と提案」『竹内好全集 8』筑摩書房
竹内好（1961b→1980）「戦争体験の一般化について」『竹内好全集 8』筑摩書房
竹内好（1961c→1980）「日本とアジア」『竹内好全集 8』筑摩書房
竹内好（1963a→1981）「転形期」『竹内好全集 16』筑摩書房
竹内好（1963b→1980）「日本のアジア主義」『竹内好全集 8』筑摩書房
竹内好（1964→1980）「「戦争体験」雑感」『竹内好全集 8』筑摩書房
竹内好（1966→1980）「学者の責任について」『竹内好全集 8』筑摩書房
竹内好（1967→1980）「明治維新と中国革命」『竹内好全集 4』筑摩書房
竹内好（発言）（1952）「平和談話会記録 歴史学はどうあるべきか」『歴史学研究』155号
飯倉照平（1981）「解題」『竹内好全集 16』筑摩書房
市井三郎（1978）「竹内好と明治維新」『思想の科学・第6次』91号
鵜飼哲（2003）「歴史を書きかえるということ—竹内好「中国の近代と日本の近代」」『応答する力—来るべき言葉たちへ』青土社
小熊英二（2002）『〈民主〉と〈愛国〉—戦後日本のナショナリズムと公共性』新曜社
鹿野政直（1999）『近代日本思想案内』岩波書店
鹿野政直・竹内好（対談）（1969→1970）「明治維新への視点」『状況的—竹内好対談集』合同出版
川本隆史（1998）「民族・歴史・愛国心—「歴史教科書論争」を歴史的に相対化するために」小森陽一・高橋哲哉編『ナショナル・ヒストリーを超えて』東京大学出版会
桑原武夫（1956→1980）「明治の再評価」『桑原武夫集 4』岩波書店
桑原武夫・竹内好（対談）（1964→1970）「日本の近代百年」『状況的—竹内好対談集』合同出版
佐藤美奈子（2006）「「アジア」を語るということ—1980年代以降の竹内好論」『社会科学研究』58巻1号
鈴木洋仁（2014）「「明治百年」に見る歴史意識—桑原武夫と竹内好を題材に」『人文学報』105号
孫歌（2005）『竹内好という問い』岩波書店
遠山茂樹（1965）「明治維新研究の社会的責任」『展望』84号
萩原稔（2015）「竹内好の「アジア」「中国」「日本」」出原政雄編『戦後日本思想と知識人の役割』法律文化社

松本健一（2000）『竹内好「日本のアジア主義」精読』岩波書店
松本三之介（1988）「戦後思想と竹内好」テツオ・ナジタ／前田愛／神島二郎編『戦後日本の精神史―その再検討』岩波書店
丸川哲史（2010）『竹内好―アジアとの出会い』河出書房新社
丸山眞男（1957→1996）「日本の思想」『丸山眞男集 7』岩波書店
ライシャワー，E. O.（1965）『日本近代の新しい見方』講談社

05 鶴見俊輔――後ろ向きの前進

鶴見俊輔（1967）『限界芸術論』勁草書房
鶴見俊輔（1971）『北米体験再考』岩波書店
鶴見俊輔（1975a）『鶴見俊輔著作集 1 哲学』筑摩書房
鶴見俊輔（1975b）『鶴見俊輔著作集 2 思想１』筑摩書房
鶴見俊輔（1975c）『鶴見俊輔著作集 3 思想２』筑摩書房
鶴見俊輔（1976）『鶴見俊輔著作集 5 時論・エッセイ』筑摩書房
鶴見俊輔（1980）『戦争体験―戦後の意味するもの』ミネルヴァ書房
鶴見俊輔（1991）『鶴見俊輔集 8 私の地平線の上に』筑摩書房
鶴見俊輔（1996）『鶴見俊輔座談 思想とは何だろうか』晶文社
鶴見俊輔（1997）『期待と回想（上）』晶文社
鶴見俊輔（2001）『戦後日本の大衆文化史』岩波書店
鶴見俊輔（2007）『たまたま，この世界に生まれて―半世紀後の「アメリカ哲学」講義』SURE
鶴見俊輔（2009）『言い残しておくこと』作品社
鶴見俊輔（2010）『竹内好―ある方法の伝記』岩波書店
鶴見俊輔ほか（2008）『KAWADE 道の手帖 鶴見俊輔―いつも新しい思想家』河出書房新社
天野正子・安田常雄編（1992）『戦後「啓蒙」思想の遺したもの』久山社
上田耕一郎（2006）『人生の同行者』新日本出版社
上野千鶴子・小熊英二・鶴見俊輔（2004）『戦争が遺したもの―鶴見俊輔に戦後世代が聞く』新曜社
上原隆（1990）『「普通の人」の哲学―鶴見俊輔・態度の思想からの冒険』毎日新聞社
海老坂武（1986）『雑種文化のアイデンティティ―林達夫，鶴見俊輔を読む』みすず書房
加藤典洋・黒川創・鶴見俊輔（2006）『日米交換船』新潮社
菅孝行（1980）『鶴見俊輔論』第三文明社
記念シンポジウムを記録する会編（2010）『読む人・書く人・編集する人―『思想の科学』50年と，それから』思想の科学社
木村倫幸（2005）『鶴見俊輔ノススメ―プラグマティズムと民主主義』新泉社
久野収・鶴見俊輔（1956）『現代日本の思想―その５つの渦』岩波書店
粉川哲夫・鶴見俊輔（1985）『思想の舞台―メディアへのダイアローグ』田畑書店

思想の科学研究会編（1959-62）『共同研究 転向（上・中・下）』平凡社
原田達（2001）『鶴見俊輔と希望の社会学』世界思想社
松井隆志（2014）「運動のつくり方の知恵―ベ平連・鶴見俊輔・プラグマティズム」『現代思想』2014年11月号
和田悠（2005）「鶴見俊輔と「思想の科学」の1950年代―戦後啓蒙の思想的転回に関する一考察」有末賢・関根政美編『戦後日本の社会と市民意識』慶應義塾大学出版会

06 橋川文三――「イロニイ的存在」としての「煩悶」のビジョン

橋川文三（1964→2000b）「柳田国男」『橋川文三著作集 2』筑摩書房
橋川文三（1964→2001a）「昭和超国家主義の諸相」『橋川文三著作集 5』筑摩書房
橋川文三（1964→2001b）「ネオ・ナショナリズムの所在」『橋川文三著作集 6』筑摩書房
橋川文三（1965→2001a）「新官僚の政治思想」『橋川文三著作集 5』筑摩書房
橋川文三（1967→2001b）「安保後八年目の独白」『橋川文三著作集 6』筑摩書房
橋川文三（1974→2001b）「日本文化・フォニイ史論雑考」『橋川文三著作集 6』筑摩書房
橋川文三（1977→2000a）「竹内好と日本ロマン派のこと」『橋川文三著作集 1』筑摩書房
橋川文三（2000a）「日本浪曼派批判序説」『橋川文三著作集 1』筑摩書房
橋川文三（2001c）「昭和維新試論」『橋川文三著作集 9』筑摩書房
赤藤了勇（2000a）「解題」『橋川文三著作集 1』筑摩書房
赤藤了勇（2001a）「解題」『橋川文三著作集 5』筑摩書房
赤藤了勇（2001c）「解題」『橋川文三著作集 9』筑摩書房
井口時男（2011）「解説 超越者としての戦争」『日本浪曼派批判序説』講談社
大澤真幸・成田龍一（2014）『現代思想の時代』青土社
桶谷秀昭（1984）「「日本浪曼派批判序説」について」『思想の科学』50号
竹内好（1948→1981a）「近代とは何か」『竹内好全集 4』筑摩書房
竹内好（1951→1981b）「近代主義と民族の問題」『竹内好全集 7』筑摩書房
竹内好（1959→1980）「近代の超克」『竹内好全集 8』筑摩書房
竹内好（1960→1980）「戦争責任について」『竹内好全集 8』筑摩書房
平野敬和（2006）「ロマン派体験の思想史―橋川文三「日本浪曼派批判序説」を手掛かりに」『甲南女子大学研究紀要 文学・文化編』2号
松本健一（1984）「橋川文三論〈歴史〉を見つめる人」『思想の科学』50号
丸山眞男（1940→2003a）「近世儒教の発展における徂徠学の特質並にその国学との関連」『丸山眞男集 1』岩波書店
丸山眞男（1941→2003b）「近世日本政治思想における「自然」と「作為」」『丸山眞男集 2』岩波書店
安丸良夫（2012）『現代日本思想論』岩波書店

07 吉本隆明――個人と共同体のあいだ

吉本隆明（1957→1991）『高村光太郎』講談社

吉本隆明（1958a→1990）「芸術的抵抗と挫折」『マチウ書試論・転向論』講談社
吉本隆明（1958b→1990）「芥川龍之介の死」『マチウ書試論・転向論』講談社
吉本隆明（1958c→1990）「転向論」『マチウ書試論・転向論』講談社
吉本隆明（1960）「擬制の終焉」谷川雁・吉本隆明・埴谷雄高・森本和夫・梅本克己・黒田寛一『民主主義の神話―安保闘争の思想的総括』現代思潮社
吉本隆明（1962）「日本のナショナリズムについて」『思想』454号
吉本隆明（1963→1990）「無方法の方法」『柳田國男論集成』JICC出版局
吉本隆明（1963→2001）「丸山眞男論」『柳田国男論・丸山眞男論』筑摩書房
吉本隆明（1964→1966）「日本のナショナリズム」『自立の思想的拠点』徳間書店
吉本隆明（1966→1966）「情況とはなにかⅥ」『自立の思想的拠点』徳間書店
吉本隆明（1968）『共同幻想論』河出書房新社
石母田正（1971）『日本の古代国家』岩波書店
石母田正（1973）『日本古代国家論』岩波書店
石母田正（1977）『戦後歴史学の思想』法政大学出版局
植田浩史（2010）「二重構造と中堅企業」石井寛治・原朗・武田晴人編『日本経済史 5 高度成長期』東京大学出版会
内田隆三（1997）「丸山眞男と吉本隆明」『大航海』18号
宇野邦一（2013）『吉本隆明 煉獄の作法』みすず書房
小熊英二（2002）『〈民主〉と〈愛国〉―戦後日本のナショナリズムと公共性』新曜社
小熊英二（2009a）『1968（上）―若者たちの叛乱とその背景』新曜社
小熊英二（2009b）『1968（下）―叛乱の終焉とその遺産』新曜社
鹿島茂（2009）『吉本隆明 1968』平凡社
合田正人（2011）『吉本隆明と柄谷行人』PHP 研究所
鶴見俊輔（1959→2005）「虚無主義の形成―埴谷雄高」『埴谷雄高』講談社
中村隆英（1989）「概説」中村隆英編『日本経済史 7「計画化」と「民主化」』岩波書店
新倉貴仁（2010）「何もない私たち―小熊英二『1968』をめぐって」『書評ソシオロゴス』6号
丸山眞男（1948→1998）『丸山眞男講義録 第1冊 日本政治思想史 1948』東京大学出版会
丸山眞男（1965→1996）「20世紀最大のパラドックス」『丸山眞男集 9』岩波書店
丸山眞男（1998）『自己内対話』みすず書房
丸山眞男・鶴見俊輔（1967→1998）「普遍的原理の立場」『丸山眞男座談 7』岩波書店
宮村治雄（2009）『戦後精神の政治学―丸山眞男・藤田省三・萩原延壽』岩波書店
渡辺和靖（2013）『闘う吉本隆明 60年安保闘争から70年安保へ』ぺりかん社

Ⅲ 戦後思想の新展開

08 石牟礼道子――もうひとつのこの世はどこにあるのか

石牟礼道子（1962→1974a）「故郷と文体」『潮の目録 石牟礼道子初期散文』葦書房

石牟礼道子（1964→1974b）「この世がみえるとは　谷川雁への手紙」『潮の目録　石牟礼道子初期散文』葦書房
石牟礼道子（1964→2012）「［附］“隠れ”の思想と，壮大な自己復権」『最後の人　詩人高群逸枝』藤原書店
石牟礼道子（1967-68→1974c）「高群逸枝との対話のために　まだ覚え書の『最後の人・ノート』」『潮の目録　石牟礼道子初期散文』葦書房
石牟礼道子（1968→1972）『苦海浄土　わが水俣病』講談社
石牟礼道子（1970→1973b）「もうひとつのこの世へ」『流民の都』大和書房
石牟礼道子（1970→1973c）「道行」『流民の都』大和書房
石牟礼道子（1971→1973a）「自分を焚く」『流民の都』大和書房
石牟礼道子（1971→2005）「わが死民」『水俣病闘争　わが死民（復刻）』創土社
石牟礼道子（1974→1977）「ゆうひのジュリー」『草のことづて』筑摩書房
石牟礼道子（1974→1986b）「生命の賑わいとかなしみ」『陽のかなしみ』朝日新聞社
石牟礼道子（1979→1994b）「悶える神」『葛のしとね』朝日新聞社
石牟礼道子（1980→1986a）「ビキニ模様の天気」『陽のかなしみ』朝日新聞社
石牟礼道子（1982）「天の傘」『常世の樹』葦書房
石牟礼道子（1986→2000）「神話の世紀」『潮の呼ぶ声』毎日新聞社
石牟礼道子（1988→1994a）「苦海に生きる　中村了権氏との対談」『葛のしとね』朝日新聞社
石牟礼道子（1989）『石牟礼道子歌集　海と空のあいだに』葦書房
石牟礼道子（1991→2001）「草の道」『煤の中のマリア　島原・椎葉・不知火紀行』平凡社
石牟礼道子（2002）「反近代の花火」『現代詩手帖』４月号
石牟礼道子（2014）『葭の渚　石牟礼道子自伝』藤原書店
石牟礼道子・最首悟（2007）「いのち華やぐ　ビデオレター」最首悟・丹波博紀編『水俣50年　ひろがる「水俣」の思い』作品社
色川大吉（1983）「不知火海民衆史　水俣病民衆史序説」色川大吉編『水俣の啓示　不知火海総合調査報告（下）』筑摩書房
宇井純（1968）『公害の政治学　水俣病を追って』三省堂
上原こずえ（2015）「生存の痕跡として戦後史を学ぶ」『越境広場』０号
臼井隆一郎（2014）『『苦海浄土』論　同態復讐法の彼方』藤原書店
河野信子・田部光子（1992）『夢劫の人　石牟礼道子の世界』藤原書店
最首悟（2006→2010b）「おろおろ神」『「痞」という病からの　水俣誌々パート２』どうぶつ社
最首悟（2010a）『「痞」という病からの　水俣誌々パート２』どうぶつ社
清水幾多郎（1966）『現代思想（下）』岩波書店
谷洋一（2013）「現場から　水俣病事件の現状と課題」『季刊ピープルズ・プラン』62号
谷川雁（1952→1960）「東京へゆくな」『谷川雁詩集』国土社
谷川雁（1954→1976）「原点が存在する」『原点が存在する』潮出版社

津田敏秀（2004→2014）『医学者は公害事件で何をしてきたのか』岩波書店
鶴見俊輔（1995）「印象記」『文藝』1995夏季号
徳富蘆花（1917）『死の蔭に』大江書房
西村肇・岡本達明（2001）『水俣病の科学』日本評論社
羽生康二（1982）『近代の呪術師・石牟礼道子』雄山閣
原田正純・宮本憲一（1983）『いま，水俣病は？』岩波書店
日高六郎ほか（1983）「座談会「水俣調査の課題をめぐって」」色川大吉編『水俣の啓示（下）』筑摩書房
藤田省三・石牟礼道子（1975→1983）「文化と風土と人間」石牟礼道子『対談集 樹の中の鬼』朝日新聞社
本渡市教育委員会（1985）「天草の歴史 4版」
松下圭一（1956）「大衆国家の成立とその問題性」『思想』11月号
見田宗介（1996）『現代社会の理論―情報化・消費化社会の現代と未来』岩波書店
ヤスパース，カール（1950＝1954）『哲学入門』草薙正夫訳，新潮社
吉本隆明（1983）「序 〈信〉についてのメモ」『〈信〉の構造１―吉本隆明・全仏教論集成 1944.5～1983.9』春秋社
吉本隆明（1995）「親鸞論」吉本隆明・桶谷秀昭・石牟礼道子『親鸞―不知火よりのことづて』平凡社

09 松下圭一――高度成長期の変革思想

松下圭一（1956→1959）「大衆国家の形成とその問題性」『現代政治の条件』中央公論社
松下圭一（1957a→1959）「現代政治における自由の条件」『現代政治の条件』中央公論社
松下圭一（1957b→1959）「日本における大衆社会論の意義」『現代政治の条件』中央公論社
松下圭一（1959）「後記」『現代政治の条件』中央公論社
松下圭一（1959→1962）「社会民主主義の二つの魂」『現代日本の政治的構成』東京大学出版会
松下圭一（1960→1962）「社会科学の今日的状況」『現代日本の政治的構成』東京大学出版会
松下圭一（1961→1962）「地域民主主義の課題と展望」『現代日本の政治的構成』東京大学出版会
松下圭一（1962→1962）「憲法擁護運動の理論的展望」『現代日本の政治的構成』東京大学出版会
松下圭一（1965→1971）「知的生産性の現代的課題」『シビル・ミニマムの思想』東京大学出版会
松下圭一（1966→1994）「「市民」的人間型の現代的可能性」『戦後政治の歴史と思想』筑摩書房
松下圭一（1975）『市民自治の憲法理論』岩波書店

荒川章二（2009）『豊かさへの渇望』小学館
大門正克（2006）「昭和史論争とは何だったのか」大門正克編著『昭和史論争を問う―歴史を叙述することの可能性』日本経済評論社
大塚信一（2014）『松下圭一 日本を変える―市民自治と分権の思想』トランスビュー
岡崎晴輝（2009）「市民自治の技術論のための覚書」関口正司編『政治における「型」の研究』風行社
国民政治年鑑編集委員会編（1962）『国民政治年鑑』日本社会党機関紙局
小島亮（1987）『ハンガリー事件と日本―1956年・思想史的考察』現代思潮新社
後藤道夫（2006）『戦後思想ヘゲモニーの終焉と新福祉国家構想』旬報社
戸邉秀明（2006）「昭和史が生まれる―1950年代における史学史的文脈の再定位」大門正克編著『昭和史論争を問う―歴史を叙述することの可能性』日本経済評論社
中北浩爾（2003）「日本社会党の分裂―西尾派の離党と構造改革派」石川真澄・山口二郎編『日本社会党―戦後革新の思想と行動』日本経済評論社
中北浩爾（2010）「松下圭一と市民主義の成立」『立教法学』86号
丸山眞男（1956→1995）「戦争責任論の盲点」『丸山眞男集 6』岩波書店
道場親信（2004）「天皇制・総力戦・農本主義―初期藤田省三と松下圭一をつなぐもの」『現代思想』32巻2号
山田竜作（2004）『大衆社会とデモクラシー―大衆・階級・市民』風行社

10 小田実――第三世界を見すえた知の旅人

小田実（1965→1991）「「難死」の思想」『「難死」の思想』岩波書店
小田実（1966→1991）「平和の倫理と論理」『「難死」の思想』岩波書店
小田実（1978a）『軍の論理・民の論理』岩波書店
小田実（1978b）『「共生」への原理』筑摩書房
小田実（1981a）『二つの戦後を旅する』朝日新聞社
小田実（1981b）『海冥 太平洋戦争にかかわる16の短編』講談社
小田実（1984）『「ベトナム以後」を歩く』岩波書店
小田実（1995a）『「ベ平連」・回顧録でない回顧』第三書館
小田実（1995b）『「殺すな」と「共生」―大震災とともに考える』岩波書店
小田実（1996）『被災の思想 難死の思想』朝日新聞社
阿川尚之（1998）『アメリカが見つかりましたか 戦後篇』都市出版
小熊英二（2002）『〈民主〉と〈愛国〉―戦後日本のナショナリズムと公共性』新曜社
小熊英二（2009）『1968（下）―叛乱の終焉とその遺産』新曜社
神子島健（2012）『戦場へ征く，戦場から還る―火野葦平，石川達三，榊山潤の描いた兵士たち』新曜社
黒古一夫（2002）『小田実―「タダの人」の思想と文学』勉誠出版
越村衛一（1979）「オセアニアの新独立国「キリバス」」『海外事情』27巻12号
小中陽太郎（1978）「小田実―ハノイから南太平洋へ」日本アジア・アフリカ作家会議編

『戦後文学とアジア』毎日新聞社
桜井哲夫（2002）『アメリカはなぜ嫌われるのか』筑摩書房
杉浦明平（1970）「『何でも見てやろう』の出現」小田実『小田実全仕事 月報４（全仕事９に付属）』河出書房新社
高橋和巳（1965→1991）「戦後民主主義の立脚点」『孤立無援の思想』岩波書店
鶴見俊輔（1970）「手ぶらの男」小田実『小田実全仕事 2』河出書房新社
埴谷雄高（1970）「現代の行者，小田実」小田実『小田実全仕事 月報３（全仕事２に付属）』河出書房新社
Pham Xuan Thu Van（2012）「「ベトナムに平和を！ 市民連合」（略称「べ平連」）—ベトナムへの理解と戦後日本平和運動における位置づけについて」東京大学大学院総合文化研究科修士論文
防衛庁防衛研修所編（1973）『戦史叢書 中部太平洋方面海軍作戦〈2〉—昭和17年６月以降』朝雲新聞社
道場親信（2005）『占領と平和』青土社
道場親信（2009）『抵抗の同時代史—軍事化とネオリベラリズムに抗して』人文書院
道場親信（2014）「「核」の連鎖・「難死」の連鎖—小田実『HIROSHIMA』を読む」『原爆文学研究』13号
武藤一羊（1971）「革命的不機嫌」小田実『小田実全仕事 10』河出書房新社
室謙二（1975）「小田実とアメリカ体験」『現代の眼』16巻１号
山口誠（2007）『グアムと日本人—戦争を埋立てた楽園』岩波書店

Ⅳ 戦後思想の現在

11 見田宗介——戦後思想の「幸福」に向けた〈転回〉

見田宗介（1965）『現代日本の精神構造』弘文堂
見田宗介（1966）『価値意識の理論』弘文堂
見田宗介（1971）『現代日本の心情と論理』筑摩書房
見田宗介（1979）『青春 朱夏 白秋 玄冬 時の彩り・88章』人文書院
見田宗介（1987）『白いお城と花咲く野原 現代日本の思想の全景』朝日新聞社
見田宗介（2011-12）『定本 見田宗介著作集 Ⅰ〜Ⅹ』岩波書店
見田宗介・大澤真幸（2012）『二千年紀の社会と思想』太田出版
真木悠介（1971）『人間解放の理論のために』筑摩書房
真木悠介（2012-13）『定本 真木悠介著作集 Ⅰ〜Ⅳ』岩波書店
真木悠介・廣松渉（1990）「物象化社会」廣松渉『学際対話 知のインターフェイス』青土社
真木悠介・大澤真幸（2014）『現代社会の存立構造／『現代社会の存立構造』を読む』朝日出版社

12　柄谷行人――社会主義的ユートピアに向けて

柄谷行人（1972→1990）『畏怖する人間』講談社
柄谷行人（1975→1989）『意味という病』講談社
柄谷行人（1978→1990）『マルクスその可能性の中心』講談社
柄谷行人（1979→1989）『隠喩としての建築』講談社
柄谷行人（1980→2008）『定本 日本近代文学の起源』岩波書店
柄谷行人（1985）『批評とポスト・モダン』福武書店
柄谷行人（1985→1988）『内省と遡行』講談社
柄谷行人（1993→1999）『ヒューモアとしての唯物論』講談社
柄谷行人（1994→2001）『〈戦前〉の思考』講談社
柄谷行人（2001→2010）『トランスクリティーク―カントとマルクス』岩波書店
柄谷行人（2005）『思想はいかに可能か』インスクリプト
柄谷行人（2006）『世界共和国へ』岩波書店
柄谷行人（2010）『世界史の構造』岩波書店
柄谷行人（2014）『遊動論―柳田国男と山人』文藝春秋
カント，イマヌエル（1781／1787＝2005）『純粋理性批判（中）』原佑訳，平凡社
ジェイムソン，フレドリック（1981＝1989）『政治的無意識―社会的象徴行為としての物語』大橋洋一・木村茂雄・太田耕人訳，平凡社
新谷卓（2007）『冷戦とイデオロギー 1945～1947―冷戦起源論の再考』つなん出版
絓秀実（2014）『天皇制の隠語』航思社
スローターダイク，ペーター（1983＝1996）『シニカル理性批判』高田珠樹訳，ミネルヴァ書房
デリダ，ジャック（1967＝2013）『エクリチュールと差異』合田正人・谷口博史訳，法政大学出版局
デリダ，ジャック（1978＝1997）『絵画における真理（上）』阿部宏慈・高橋允昭訳，法政大学出版局
デリダ，ジャック（1994＝1999）『法の力』堅田研一訳，法政大学出版局
ハラウェイ，ダナ（1991＝2000）『猿と女とサイボーグ―自然の再発明』高橋さきの訳，青土社
フライ，ノースロップ（1957＝1980）『批評の解剖』海老根宏・出淵博・山内久明・中村健二訳，法政大学出版局
プラシャド，ヴィジャイ（2007＝2013）『褐色の世界史―第三世界とはなにか』粟飯原文子訳，水声社

Horitsu Bunka Sha

戦後思想の再審判
――丸山眞男から柄谷行人まで

2015年10月5日　初版第1刷発行

編　者　大《おお》井《い》赤《あか》亥《い》・大《おお》園《ぞの》　誠《まこと》
　　　　神《か》子《ご》島《しま》 健《たけし》・和《わ》田《だ》　悠《ゆう》

発行者　田　靡　純　子

発行所　株式会社 法律文化社

〒603-8053
京都市北区上賀茂岩ヶ垣内町71
電話 075(791)7131　FAX 075(721)8400
http://www.hou-bun.com/

＊乱丁など不良本がありましたら、ご連絡ください。
　お取り替えいたします。

印刷：㈱冨山房インターナショナル／製本：㈱藤沢製本
装幀：白沢　正

ISBN 978-4-589-03698-8

河田潤一著
政治学基本講義
Ａ５判・二二四頁・二五〇〇円

欧米の主要な理論家たちを取り上げ、民主主義論・政治権力論・政治文化論・政治参加論の観点から現代政治学の生成と発展過程を解説。基礎知識や主要な理論、概念、学説に加え、アクチュアルな論点も扱うコンパクトな基本書。

仲正昌樹編
政治思想の知恵
—マキャベリからサンデルまで—
Ａ５判・二五二頁・二五〇〇円

基礎知識や概念をしっかりと解説しつつ、コンパクトにまとめた政治思想の入門テキスト。ホッブズ、ロック、ルソー、スミス、カント、ベンサム、ミルら総勢14人の代表的思想家をとりあげ、古来の叡智に対する読者の興味を喚起する。

仲正昌樹編
現代社会思想の海図《チャート》
—レーニンからバトラーまで—
Ａ５判・二六八頁・二八〇〇円

現代日本で領域横断的に読まれている一七人の批判的社会理論家——レーニン、グラムシ、アドルノ、フーコー、ネグリ、ムフ、シンガー、コーネル、バトラーらを「脱ヒューマニズム」の共通項で結んで編んだ入門書。

出原政雄編
戦後日本思想と知識人の役割
Ａ５判・四一六頁・八五〇〇円

戦前・戦中と戦後の間にみられる断絶と継続という問題意識から、講話や外交・天皇制等が熱く論じられた一九五〇年代に注目。時代の変革をめざす「知識人」たちが、人権・平和などの課題とどう格闘してきたのかを分析する。

新川敏光編
現代日本政治の争点
Ａ５判・二七二頁・四〇〇〇円

政治学の幅広い領域で業績を残し、日本の政治学を牽引してきた大嶽秀夫先生の古稀を祝賀するために編まれた論文集。大嶽政治学の継承を試みるために、薫陶を受けた研究者が主要な現代的課題へ意欲的に取り組む。